职业教育课程改革与创新系列教材

汽 车 空 调

第 3 版

主　编　张　蕾
副主编　王　杰
参　编　温晓娟　李晓霖　王新建　昝继薇
主　审　董恩国

机械工业出版社

本书是"十四五"职业教育国家规划教材。本书以学习情境的方式全面、系统地介绍了汽车空调的工作原理、结构、使用和检修技术，汽车空调的基础知识、制冷系统、暖风系统、空调电路、控制系统、空调新技术、电动汽车空调系统以及多种类型的汽车空调系统的使用与检修技术。

本书图文并茂，内容丰富，条理清晰；叙述深入浅出，易于接受和掌握；基本原理与操作紧密结合，有较强的实用性和可读性。

本书可作为职业院校汽车专业、制冷专业、暖风空调专业和交通运输、机电类及相关专业的教材，同时适用于汽车空调的工程技术人员、汽车空调检修人员及广大汽车驾驶人阅读参考。

本书配有电子课件及试卷、视频等，凡使用本书作为教材的教师可登录机械工业出版社教育服务网 www.cmpedu.com 注册后下载。咨询电话：010-88379375。

图书在版编目（CIP）数据

汽车空调/张蕾主编. —3版. —北京：机械工业出版社，2020.1（2025.6重印）

职业教育课程改革与创新系列教材

ISBN 978-7-111-65005-8

Ⅰ.①汽⋯ Ⅱ.①张⋯ Ⅲ.①汽车空调-高等职业教育-教材 Ⅳ.①U463.85

中国版本图书馆 CIP 数据核字（2020）第 039878 号

机械工业出版社（北京市百万庄大街22号　邮政编码100037）
策划编辑：葛晓慧　责任编辑：葛晓慧　谢熠萌
责任校对：潘　蕊　封面设计：马精明
责任印制：单爱军
北京盛通印刷股份有限公司印刷
2025年6月第3版第10次印刷
184mm×260mm・14.75印张・357千字
标准书号：ISBN 978-7-111-65005-8
定价：49.00元

电话服务　　　　　　　　　　网络服务

客服电话：010-88361066　　　机　工　官　网：www.cmpbook.com
　　　　　010-88379833　　　机　工　官　博：weibo.com/cmp1952
　　　　　010-68326294　　　金　书　网：www.golden-book.com
封底无防伪标均为盗版　　　　机工教育服务网：www.cmpedu.com

关于"十四五"职业教育
国家规划教材的出版说明

　　为贯彻落实《中共中央关于认真学习宣传贯彻党的二十大精神的决定》《习近平新时代中国特色社会主义思想进课程教材指南》《职业院校教材管理办法》等文件精神，机械工业出版社与教材编写团队一道，认真执行思政内容进教材、进课堂、进头脑要求，尊重教育规律，遵循学科特点，对教材内容进行了更新，着力落实以下要求：

　　1. 提升教材铸魂育人功能，培育、践行社会主义核心价值观，教育引导学生树立共产主义远大理想和中国特色社会主义共同理想，坚定"四个自信"，厚植爱国主义情怀，把爱国情、强国志、报国行自觉融入建设社会主义现代化强国、实现中华民族伟大复兴的奋斗之中。同时，弘扬中华优秀传统文化，深入开展宪法法治教育。

　　2. 注重科学思维方法训练和科学伦理教育，培养学生探索未知、追求真理、勇攀科学高峰的责任感和使命感；强化学生工程伦理教育，培养学生精益求精的大国工匠精神，激发学生科技报国的家国情怀和使命担当。加快构建中国特色哲学社会科学学科体系、学术体系、话语体系。帮助学生了解相关专业和行业领域的国家战略、法律法规和相关政策，引导学生深入社会实践、关注现实问题，培育学生经世济民、诚信服务、德法兼修的职业素养。

　　3. 教育引导学生深刻理解并自觉实践各行业的职业精神、职业规范，增强职业责任感，培养遵纪守法、爱岗敬业、无私奉献、诚实守信、公道办事、开拓创新的职业品格和行为习惯。

　　在此基础上，及时更新教材知识内容，体现产业发展的新技术、新工艺、新规范、新标准。加强教材数字化建设，丰富配套资源，形成可听、可视、可练、可互动的融媒体教材。

　　教材建设需要各方的共同努力，也欢迎相关教材使用院校的师生及时反馈意见和建议，我们将认真组织力量进行研究，在后续重印及再版时吸纳改进，不断推动高质量教材出版。

机械工业出版社

前言

随着我国汽车工业的高速发展，汽车空调技术作为汽车技术现代化标志之一在我国蓬勃发展。汽车空调大大改善了乘员的乘坐环境，提高了汽车舒适性。各类完善的多功能型空调装置，近年来受到用户的普遍欢迎。汽车专业及相关专业的在校学生迫切需要有一本全面、系统、准确介绍汽车空调技术的教材，以便从中获得有用的知识，指导自己的学习和实践。同时，广大读者也希望了解和掌握汽车空调的结构、原理及检修步骤等一些实用技术。因此，编者根据多年从事汽车空调技术教学工作、科研实践及维修经验，本着深入实施人才强国战略的要求，结合近年国内外有关汽车空调的新技术、新工艺、新材料等，在第2版的基础上，修订编写了本书。

本书为"十四五"职业教育国家规划教材。

本书以学习情境的方式展开对汽车空调系统的学习，以典型工作任务为载体，以汽车行业认证、汽车技能竞赛的能力培养为目标，与企业共建模块化、能力递进式的课程体系与教材内容。即通过设置一定的汽车空调故障现象，根据教学的目的和要求创作一个学习情境，以此激发学生的学习兴趣，使其真正地参与到学习过程中，实现知识与情景的巧妙结合，以此获得良好的学习效果。

本书的编写具有如下特点：

（1）全面性：本书内容广泛，涉及汽车空调技术的各个方面。

（2）形象化：本书采用了多种图形对汽车空调系统的组成、部件结构和工作原理等进行解释，从一定程度上方便学生的理解和记忆。

（3）实用性：本书注重知识的实际应用能力，每个学习情境都包括本系统故障诊断的基本方法、故障诊断步骤等，以此培养学生的故障诊断能力，即对知识的应用能力。

本书共包括7个学习情境：学习情境1为空调制冷系统不制冷故障检修，学习情境2为空调制冷系统冷气不足故障检修，学习情境3为空调暖风、通风与空气净化系统的故障诊断，学习情境4为汽车空调电路的故障诊断和排除，学习情境5为汽车空调控制系统的故障诊断和排除，学习情境6为电动汽车空调系统的故障诊断和检修，学习情境7为空调系统基本检修操作。

本书由天津职业技术师范大学张蕾任主编，山东省日照技师学院王杰任副主编。其中，学习情境1、2及任务工单由张蕾编写，学习情境7由王杰编写，学习情境4由杭州汽车高级技工学校温晓娟编写，学习情境5由天津市西青区中等专业学校昝继薇编写，学习情境3和6由天津职业技术师范大学王新建、李晓霖编写，全书由天津职业技术师范大学董恩国主审。

本书中的教学案例通过汽车维修企业实际案例获得，在案例搜集时走访了天津市路驰汽车服务维修有限公司、天津路海汽车维修服务中心等公司，并且天津柳林一汽丰田4S店维修技师张扬、锦州川达一汽丰田4S店维修技师张迎宾等技术人员对本书的编写提供了大量的技术资料，在此一并表示感谢。

在本书编写过程中，编者参阅和引用了一些文献资料，借此前言，向这些文献资料的作者表示诚挚的谢意。由于编者水平有限，书中难免有不完善的地方，恳请读者和专家批评指正。

编　者

二维码清单

名　　称	图形	名　　称	图形
冷凝器风扇控制电路分析		加注制冷剂	
制冷剂压力开关		压缩机	
桑塔纳 3000 轿车空调控制电路分析		汽车空调制冷系统的工作原理	
膨胀阀		蒸发器	

目录

前言
二维码清单
学习情境 1　空调制冷系统不制冷故障
　　　　　　检修 ………………………………… 1
　任务 1.1　空调制冷系统认知 ……………… 1
　　1.1.1　汽车空调系统的组成及分类 ……… 3
　　1.1.2　空调制冷系统的组成及工作原理 … 5
　　1.1.3　空调制冷系统的分类 ……………… 7
　　1.1.4　汽车空调基础知识 ………………… 9
　　1.1.5　制冷剂与冷冻机油 ………………… 12
　　1.1.6　汽车空调系统基本检查 …………… 17
　　1.1.7　汽车空调制冷系统的装配 ………… 17
　任务 1.2　压缩机故障检修 ………………… 20
　　1.2.1　压缩机的分类 ……………………… 20
　　1.2.2　常用定排量压缩机结构与原理 …… 21
　　1.2.3　常用变排量压缩机结构与原理 …… 25
　　1.2.4　其他定排量压缩机结构与原理 …… 29
　　1.2.5　其他变排量压缩机结构与原理 …… 33
　　1.2.6　压缩机的常见故障 ………………… 35
　　1.2.7　压缩机的拆装及性能检测 ………… 36
　任务 1.3　电磁离合器故障检修 …………… 39
　　1.3.1　电磁离合器结构与原理 …………… 40
　　1.3.2　电磁离合器的拆卸和修理 ………… 41
　任务 1.4　膨胀阀故障检修 ………………… 43
　　1.4.1　热力膨胀阀结构与原理 …………… 44
　　1.4.2　电子膨胀阀结构与原理 …………… 47
　　1.4.3　孔管结构与原理 …………………… 49
　　1.4.4　膨胀阀的检测与故障诊断 ………… 50
学习情境 2　空调制冷系统冷气不足
　　　　　　故障检修 …………………………… 54
　任务 2.1　热交换器气流不畅通故障检修 … 54
　　2.1.1　蒸发器的作用及分类 ……………… 55
　　2.1.2　冷凝器的作用及分类 ……………… 56
　　2.1.3　风机的作用及分类 ………………… 57
　　2.1.4　蒸发器的检修 ……………………… 59
　　2.1.5　冷凝器的检修 ……………………… 59
　任务 2.2　储液干燥器堵塞故障检修 ……… 61
　　2.2.1　储液干燥器的作用 ………………… 62
　　2.2.2　气液分离器的作用 ………………… 63
　　2.2.3　储液干燥器的检修 ………………… 64
学习情境 3　空调暖风、通风与空气净化
　　　　　　系统的故障诊断 …………………… 66
　任务 3.1　空调暖风系统认知及诊断 ……… 66
　　3.1.1　空调暖风装置的分类 ……………… 67
　　3.1.2　水暖式暖风装置的结构与原理 …… 68
　　3.1.3　其他类型的暖风装置 ……………… 69
　　3.1.4　暖风装置的使用与维护 …………… 72
　　3.1.5　不供暖或供给暖气不足的故障
　　　　　诊断 …………………………………… 73
　任务 3.2　通风与空气净化系统认知 ……… 75
　　3.2.1　通风系统 …………………………… 76
　　3.2.2　空气净化系统 ……………………… 77
　　3.2.3　送风量配送系统 …………………… 80
学习情境 4　汽车空调电路的故障诊断
　　　　　　和排除 ……………………………… 86
　任务 4.1　空调电路系统认知 ……………… 86
　　4.1.1　基本电路 …………………………… 87
　　4.1.2　附加电路 …………………………… 88
　　4.1.3　其他控制电路 ……………………… 89
　任务 4.2　空调系统保护电路检测 ………… 92
　　4.2.1　压力保护 …………………………… 93
　　4.2.2　温度保护 …………………………… 96
　　4.2.3　发动机工况保护 …………………… 100
　　4.2.4　空调压力开关的故障诊断 ………… 103
　　4.2.5　波纹管式温度控制器故障诊断 …… 103
　　4.2.6　基于压力、温度检测的故障
　　　　　诊断 …………………………………… 103

任务 4.3　汽车空调典型电路认知 ………… 106
　4.3.1　桑塔纳汽车空调电路 …………… 107
　4.3.2　夏利汽车空调电路 ……………… 109
　4.3.3　丰田佳美汽车空调电路 ………… 111

学习情境 5　汽车空调控制系统的故障诊断和排除 ………… 116

任务 5.1　手动空调控制系统认知及诊断 ……………………… 116
　5.1.1　手动汽车空调控制系统 ………… 117
　5.1.2　电控气动汽车空调控制系统 …… 120
　5.1.3　全自动汽车空调控制系统 ……… 123
　5.1.4　汽车空调故障诊断 ……………… 126
任务 5.2　微机控制空调系统检修 ………… 129
　5.2.1　传统微机控制的汽车空调系统 … 130
　5.2.2　新型微机控制的汽车空调系统 … 133
　5.2.3　汽车空调电控单元的检修 ……… 139

学习情境 6　电动汽车空调系统的故障诊断和检修 ………… 142

任务 6.1　电动汽车空调系统认知 ………… 142
　6.1.1　电动汽车空调系统的分类及组成 ……………………… 143
　6.1.2　电动汽车空调系统工作原理 …… 145
　6.1.3　电动汽车空调整体性能检测 …… 147

任务 6.2　电动汽车空调的结构与控制原理认知 ……………… 151
　6.2.1　电动汽车空调的结构 …………… 152
　6.2.2　电动汽车空调的控制原理 ……… 156
　6.2.3　电动汽车空调的检修 …………… 158

学习情境 7　空调系统基本检修操作 … 164

任务 7.1　认识空调系统基本检修工具 …… 164
　7.1.1　歧管压力计 ……………………… 165
　7.1.2　真空泵 …………………………… 166
　7.1.3　制冷剂罐注入阀 ………………… 167
　7.1.4　制冷剂回收加注机 ……………… 167
　7.1.5　其他工具 ………………………… 170
　7.1.6　汽车空调系统的定期维护 ……… 172
　7.1.7　压缩机压力异常故障诊断 ……… 174
　7.1.8　制冷剂泄漏检测 ………………… 175
任务 7.2　空调系统基本检修操作内容 …… 177
　7.2.1　制冷剂充注程序 ………………… 178
　7.2.2　制冷系统工作压力的检测 ……… 181
　7.2.3　冷冻机油的加注 ………………… 182
　7.2.4　其他检修操作 …………………… 184
　7.2.5　空调系统常见故障诊断 ………… 185

参考文献 ……………………………………… 191
任务工单

学习情境1

空调制冷系统不制冷故障检修

任务1.1　空调制冷系统认知

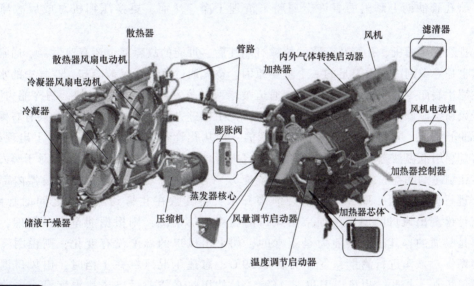

 任务载体

故障现象：某车行驶里程17000km，驾驶人反映空调不制冷。风机调至1档时，出风口处温度为20℃；随着风机由1档增至4档，送风量越来越大，出风口温度也略有升高。

故障排除：首先从该车空调系统全冷工况输出时的气流通道入手。外界新鲜空气通过空气滤清器进入进风口，由风机送到蒸发器处，在蒸发器处暖空气通过热交换使车厢内温度下降。全冷工况下暖风风口是关闭的，风口是由冷暖调节开关通过拉索调整的。如果风口拉索松弛或脱落，该处风口关闭不严，则会发生出风口温度升高的现象。拆下冷暖调节开关面板并检查，发现风口拉索位置正确，风口关闭良好，排除了暖风风口关闭不严造成故障的可能性。

检查空气滤清器是否脏堵。打开空调开关，进入内循环，风机由1档增至4档时送风量有明显的变化，表明该处没问题。因此造成出风口温度高的原因可以确定在空调制冷系统中。

该车空调系统的孔管代替了定排量压缩机空调系统中的膨胀阀，它与压缩机将制冷剂回路分为高压和低压两部分。在孔管之前的高压制冷剂温度高，在孔管之后的低压制冷剂温度低。用手摸装有孔管的空调管处，两端有明显的温度差别，节流阀进口端烫手，出口端冰凉，以上情况正常。

测量该车的压缩机压力：急速，风机在1档时，低压端170kPa，高压端1.35MPa；发动机转速为2000r/min，风机在1档时，低压端170kPa，高压端1.4MPa；发动机转速为2000r/min，风机在4档时，低压端180kPa，高压端1.75~1.8MPa。以上数据表明，系统高低压正常，不存在液击现象。

采用替换法（即更换压缩机总成）进行试验。变排量压缩机的结构特点决定了系统的高低压力受排量、室外环境温度、负荷等诸多因素的影响，为检查系统管路是否堵塞，更换压缩机前将系统用压缩空气进行吹冲，然后用汽油进行清洗，同时将孔管拆下进行检查，将孔管滤网上黏附的少许金属粉末清理干净。然而，更换压缩机总成后故障并没有排除。

在排除了压缩机、孔管及管路的故障可能性后，可能的故障部位还有蒸发器。通常蒸发器结霜也是导致制冷能力不足的一个重要原因。空气通过蒸发器时被冷却，空气中的水蒸气可能在翅片表面冷凝、结霜，导致空气通道被堵塞，蒸发器换热阻力增加，制冷能力下降。拆下暖风和空调调节装置面板及右侧杂物箱，把手伸进去触摸蒸发器的表面，只有右侧大约1/4的部分冰凉，并且从右到左逐渐由凉变温，而从孔管到蒸发器之间的管路上出现结霜。蒸发器是利用低温液态制冷剂蒸发来吸收空气中所含热量的热交换装置，因此对于蒸发器来说，需让制冷剂和空气之间的热交换尽可能充分。为了进一步判断是否是蒸发器内部出现堵塞，进行如下试验：取一只热水袋灌满开水，将其敷在孔管到蒸发器之间的管路上，用温度计检测出风口的温度。如果出风口的温度能够下降，则根据能量守恒原理，说明蒸发器是畅通的，其热交换能力是正常的，如果出风口的温度没有变化，则说明蒸发器内部堵塞。对该车进行测量，室外温度是29℃，急速工况风机在1档时，出风口温度是12℃；风机在4档时，出风口温度是16℃，且使用热水袋前后出风口温度没有变化，因而判断故障为蒸发器堵塞。更换蒸发器后，风机在1档时出风口温度达到3℃，空调系统恢复正常。

小结：对于定排量压缩机空调系统，如果蒸发器管路堵塞，则会使系统高压侧压力过高，低压侧压力过低，这是此类故障出现在定排量压缩机空调系统中时比较明显的一个特征；而在变排量压缩机空调系统中，压缩机中的压力控制阀根据吸气压力来改变压缩机的压力，使压缩机能根据负荷来改变排量，因此，就不会出现系统高压侧压力过高、低压侧压力过低的现象，从而使因蒸发器堵塞造成的故障不能很明显地判断出来，这是由变排量压缩机空调系统的结构所决定的。

学习目标

1. 能通过与客户交流、查阅相关维修技术资料等方式获取车辆信息。
2. 能根据故障现象制订正确的维修计划。
3. 能正确选择诊断设备对空调系统故障进行诊断。
4. 能正确记录、分析各种检测结果并做出故障判断。

理论知识

1.1.1 汽车空调系统的组成及分类

1. 汽车空调系统的组成

汽车安装空调系统的目的是调节车内空气的温度、湿度,改善车内空气的流动,并且提高空气的清洁度。因此,汽车空调系统主要由以下几部分组成。

(1)制冷系统 对车内空气或由外部进入车内的新鲜空气进行冷却或除湿,使车内空气变得凉爽舒适。

(2)暖风系统 主要用于取暖,对车内空气或由外部进入车内的新鲜空气进行加热,达到取暖、除湿的目的。

(3)通风系统 将外部新鲜空气吸进车内,起通风和换气作用。同时,通风系统对防止风窗玻璃起雾也起着良好作用。

(4)空气净化系统 除去车内空气的尘埃、臭味、烟气及有毒气体,使车内空气变得清洁。

(5)电路及其控制系统 对空调系统的各组成部分进行控制,从而使空调能够实现制冷、取暖、通风等功能。

将上述各部分全部或部分有机地组合在一起并安装在汽车上,便组成了汽车空调系统。在一般的乘用车和客车、货车上,通常只有制冷系统、暖风系统和通风系统,在高级乘用车和高级大客车上,还有空气净化系统。

2. 汽车空调系统的分类

汽车空调按驱动方式可分为非独立式汽车空调系统和独立式汽车空调系统。

(1)非独立式汽车空调系统 在非独立式汽车空调系统中,空调制冷压缩机由汽车发动机驱动,并由电磁离合器进行控制。接通电源时,电磁离合器断开,压缩机停机,从而调节冷气的供给,达到控制车厢内温度的目的。非独立式空调系统需要消耗发动机 10%~15% 的功率,直接影响汽车的加速性能和爬坡能力,其在低速时制冷量不足,而在高速时制冷量过剩。同时其制冷量受汽车行驶速度影响,如果汽车停止运行,则空调系统也停止运行。这种类型的汽车空调系统一般多用于制冷量相对较小的中、小型汽车。

(2)独立式汽车空调系统 独立式汽车空调系统的空调制冷压缩机由专用的空调发动机(也称为副发动机)驱动,因此汽车空调系统的制冷性能不受汽车主发动机工况的影响,工作稳定,制冷量大。但由于其加装了一台发动机,不仅增加了成本,而且也增加了体积和质量。这种类型的汽车空调系统多用于大、中型客车上。

总之,两种驱动形式的空调系统各有优缺点,至于采用哪种形式好,这要从各种影响因素分析考虑,如整车布置、整车负荷、空间位置、发动机功率等。

汽车空调按蒸发器的布置方式可分为仪表板式和顶置式空调。

1)仪表板式空调。仪表板式空调也称为前置式空调,其蒸发器安装在仪表板之下,微型乘用车及微型单、双排座车均采用这种方式。这种布置方式的优点是前排冷气效果好,第二排次之,但对于微型面包车,第二排冷气效果则较差。

2）顶置式空调。顶置式空调蒸发器吊置于车内顶上，一般常安装于中部，又称为中央空调。这种布置方式的优点是车内整体降温平衡，克服了仪表板式空调的缺点。

3. 汽车空调系统的布置

（1）非独立式汽车空调系统的布置 乘用车空调系统常采用非独立式，即由发动机直接驱动压缩机，图1-1所示为非独立式汽车空调系统的布置。

压缩机一般通过发动机曲轴带轮驱动，压缩机上的电磁离合器可以接通或切断发动机的驱动力。冷凝器安置在发动机散热器的前面，用冷凝器风扇对制冷剂进行散热。冷凝器风扇由汽车上的蓄电池供电驱动，只要安装位置允许，冷凝器也可以安装在其他部位。储液干燥器安装在靠近冷凝器处，一般安装在受发动机排热影响小的地方。蒸发器和膨胀阀装在一个箱体内，安装在汽车仪表板的中间或下方（称为仪表板式），也有的布置在汽车的后部，空调由后部向前面送风。由于蒸发器一般都安装在汽车室内，因此，要设法降低蒸发器及风机出口阻力，以减少风量损失和降低噪声。

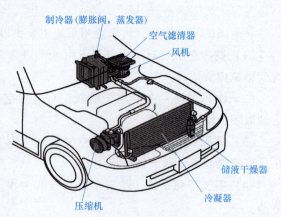

图1-1 非独立式汽车空调系统的布置

（2）独立式汽车空调系统的布置 独立式汽车空调由专用辅助发动机（副发动机）驱动压缩机，其制冷强度与车速及负荷无关，即使汽车停驶，也能进行制冷，空调系统运行工况稳定。

独立式汽车空调按照各部件布置情况不同，可以分为整体式和分体式两种。整体式独立汽车空调系统是把副发动机、压缩机、冷凝器、蒸发器及其他部件组装在一个机架上，冷风通过风道吹入车厢，如图1-2所示。该机架可以放置在汽车的前部、中部或裙部。分体式独立汽车空调系统仅是把副发动机与压缩机组成一体，安装在客车的中部或后部，并且将冷凝器和蒸发器置于车顶篷外中部；也有的客车将冷凝器置于车体裙部，同时将蒸发器对称布置在车顶篷内的两侧风道里，如图1-3所示。

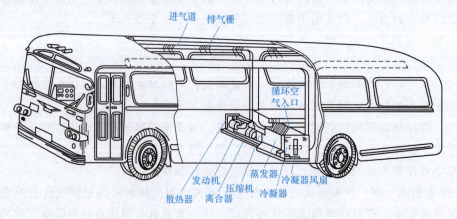

图1-2 整体式独立汽车空调系统

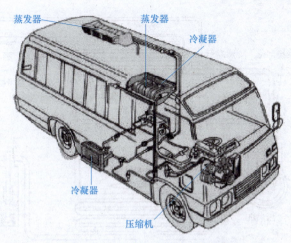

图 1-3　分体式独立汽车空调系统

分体式独立汽车空调系统的布置形式见表 1-1。

表 1-1　分体式独立汽车空调系统的布置形式

蒸发器+冷凝器组顶置	前顶置	
	后顶置	
	中央顶置	
蒸发器顶置	前顶置	
	后顶置	
	中央顶置	中央集中顶置
		中央分散顶置
冷凝器	后置(汽车后部底下)	
	裙置(汽车中部底下)	
	前置(发动机舱)	
压缩机	压缩机+冷凝器组	前置
		后置
		裙置
	压缩机+柴油机	

1.1.2　空调制冷系统的组成及工作原理

　　汽车空调制冷系统由压缩机、冷凝器、储液干燥器（或气液分离器）、膨胀阀（或孔管）、蒸发器和风机等组成，如图 1-4 所示，各部件之间采用铜管（或铝管）和高压橡胶管连接成一个密闭系统。此空调制冷系统是典型的非独立式汽车空调系统，它采用的是单级蒸气压缩式制冷循环。通常，把制冷系统分为高压系统和低压系统。高压系统由压缩机输出侧、高压管路、冷凝器、储液干燥器、液体管路构成；低压系统由蒸发器、回气管路、压缩机输入侧等构成。压缩机是空调高、低压侧的分界点，膨胀阀是空调高、低压侧的另一个分界点。

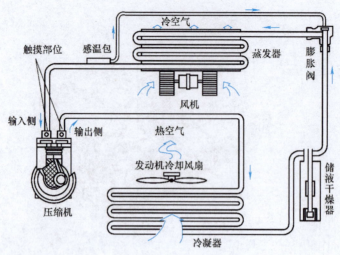

图 1-4 汽车空调制冷系统的组成

汽车空调制冷系统工作时，制冷剂以不同的状态在密闭系统内循环流动，其原理如图 1-5 所示。每 1 个循环有以下 4 个基本过程。

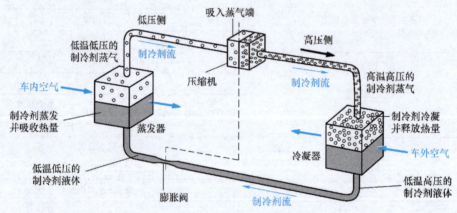

图 1-5 汽车空调制冷系统工作原理

（1）压缩过程　压缩机工作时，蒸发器出口的低温低压制冷剂蒸气，经压缩机压缩后成为高温高压的制冷剂蒸气，然后经高压管路进入冷凝器。在此过程中，压缩机吸气口的温度和压力分别为 10℃ 和 150kPa 左右，出气口的温度和压力分别为 80℃ 和 1500kPa 左右。

（2）放热过程（冷凝过程）　进入冷凝器的高温高压制冷剂蒸气在冷凝器风扇的冷却下，经降温由高压气体变为高压液体，然后流向储液干燥器脱水干燥。在此过程中，高温高压制冷剂蒸气通过冷凝器放出大量的热量。

（3）节流过程（膨胀过程）　经过脱水干燥后的高压液态制冷剂进入膨胀阀，由于膨胀阀的进口小（截面积小），出口大（截面积大），具有节流作用，因此制冷剂从膨胀阀流出后体积变大、压力降低、温度降低。在此过程中，虽然制冷剂的压力和温度均降低，但制冷剂的液态状态没有改变。

（4）吸热过程（蒸发过程）　由膨胀阀节流后进入蒸发器的液态雾状制冷剂，由于其压力和温度均已降低，蒸发器内的温度（车内的温度）已高于其沸点，所以制冷剂汽化，由液态蒸发为气态，吸收蒸发器周围的热量（车内的热量），使车内温度降低。在此过程中，液态制冷剂经蒸发器吸热汽化后变为低压气体，之后低压气态制冷剂经低压管路流回压缩机，再进行下一个工作制冷循环。

与此同时，车外冷风流过冷凝器，制冷剂热量经冷凝器被排入大气；在风机的作用下，热空气流过蒸发器放热后变为冷空气，并被导入车内制冷降温。

1.1.3　空调制冷系统的分类

汽车空调制冷系统主要分为两类，一类是膨胀阀系统，另一类是孔管系统，如图1-6所示。它们的差别是所用的节流膨胀装置的结构不同。另外还有一种蒸发压力调节阀式汽车空调制冷系统，用于部分雷克萨斯汽车。

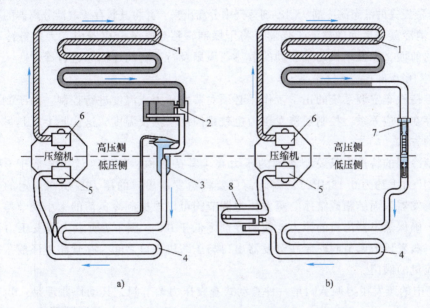

图1-6　汽车空调制冷系统分类
a）膨胀阀系统　b）孔管系统
1—冷凝器　2—储液干燥器　3—膨胀阀　4—蒸发器　5—低压维修阀接头　6—高压维修阀接头
7—孔管　8—气液分离器

1. 膨胀阀系统

膨胀阀系统也称为传统空调系统。压缩机运转时，将蒸发器内产生的低温低压制冷剂蒸气吸入并压缩后，在高温高压状况下排出。这些气态制冷剂流入冷凝器，并在此被冷凝器风扇强制冷却，这时，制冷剂由气态变成液态。被液化了的制冷剂，进入储液干燥器，除去水分和杂质后流入膨胀阀。高压的液态制冷剂从膨胀阀的小孔流出，变为低压雾状后流入蒸发器。雾状制冷剂在蒸发器内吸热汽化变成气态制冷剂，从而使蒸发器表面温度下降。从风机进来的空气，不断流过蒸发器表面，被冷却后送进车厢内，使车厢内降温。气态制冷剂通过蒸发器后又重新被压缩机吸入，这样反复循环达到制冷的目的。

这种膨胀阀系统由热力膨胀阀控制蒸发器的供液量，保证蒸发压力在一定范围内变化。我国汽车空调大多使用这种制冷系统。

2. 孔管系统

孔管系统于1974年由美国通用汽车公司发明，也称为循环离合器系统。孔管结构简单，不易损坏，但它不能控制蒸发器的供液量，不能使蒸发压力稳定，只起节流降压作用。当汽车加速行驶时，压缩机转速随之增加，蒸发压力降低，蒸发器芯结霜。这时由压力开关或温度控制器切断压缩机离合器，使压缩机停止运行。待霜层融化后，压力开关又自动接通压缩机离合器，压缩机又开始运行。为使孔管系统克服其在车室热负荷加大时产生过高热度的问题，一般采取如下措施。

1）降低节流元件的设计阻尼，使蒸发器在高热负荷时仍能得到充分的液态制冷剂，缓解或消除出口过热现象。

2）为防止出现低热负荷时的液击现象，在蒸发器出口与压缩机入口之间设有气液分离器，它可以使未蒸发完的液态制冷剂从制冷剂蒸气中分离出来，并将其暂存于气液分离器的下部。

3）取消冷凝器后面的储液干燥器，将干燥剂转移到气液分离器内。大多数冷凝器均置于散热器的前面，靠发动机曲轴驱动的散热器风扇及行车时的迎面风进行冷却。

3. 蒸发压力调节阀式制冷系统

为了维持汽车空调系统的正常工作，必须对蒸发压力或温度进行控制。由于制冷剂的压力和温度存在对应关系，控制了蒸发压力也就是控制了蒸发温度，这实际上就是另一种控制蒸发温度的方法。

根据制冷剂的特性，只要制冷剂的压力高于某一数值，其温度就不会低于0℃（对于R134a，此压力大约为0.18MPa），因此，只要将蒸发器出口的压力控制在一定的数值，就可以防止蒸发器表面结霜或结冰。蒸发压力调节阀可以根据制冷负荷的大小调节蒸发器出口处的压力，确保蒸发器出口的压力能使制冷剂不低于0℃。图1-7所示为蒸发压力调节阀式制冷系统，蒸发压力调节阀安装在蒸发器出口与压缩机入口之间，在管路中形成了一个可调节制冷剂流量的阀门。

图1-7中的蒸发压力调节阀是一种直动式蒸发压力调节阀，其动作原理是：当蒸发器出

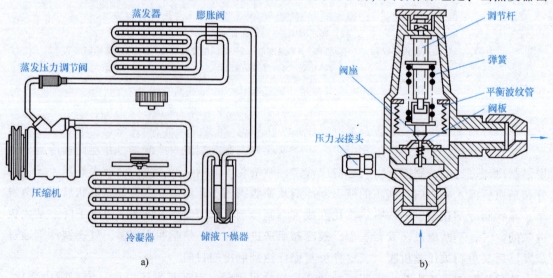

图1-7 蒸发压力调节阀式制冷系统
a) 调节阀安装位置 b) 调节阀结构

口压力升高时,蒸发压力克服弹簧的压力,推动阀座上移,阀口开大,使蒸发器流出的制冷剂量增多,蒸发器出口的压力降低并保持在给定压力范围内。相反,若蒸发器出口压力下降,则阀口关小,流出的制冷剂量减少,使蒸发器出口压力回升至给定压力范围内。

拓展阅读

1.1.4 汽车空调基础知识

1. 汽车空调常用性能指标参数

(1)温度 温度是指物体的冷热程度。温度的高低可用摄氏温度(t)、热力学温度(T)两种方法表示。

两种温度体系之间的换算关系如下:

$$\frac{T}{K} = \frac{t}{℃} + 273.15$$

式中 t——摄氏温度(℃);

T——绝对温度(K)。

在测量空气温度时,常有两种温度值:干球温度和湿球温度。干、湿球温度是通过干、湿球温度计测量的。干、湿球温度计有两支完全相同的玻璃管酒精温度计,其中一支感温包直接暴露在空气中,这种温度计称为干球温度计;另一支感温包用纱布包裹着,纱布浸在盛有纯水的容器中,由于毛细管的虹吸作用,纱布将水吸上来使感温包周围处于湿润状态,这种温度计称为湿球温度计。

干球温度计所测出来的温度为干球温度,湿球温度计所测出来的温度为湿球温度;而且,在空气中水蒸气未饱和的情况下,湿球温度比干球温度低。干球温度与湿球温度之间的温差越大,表明空气越干燥。干球温度和湿球温度这两个温度值可以确定空气的相对湿度大小;只有当空气中的水蒸气为饱和水蒸气时,干球温度才等于湿球温度,这时空气的相对湿度为100%。

(2)压力与真空度 单位面积上所受的垂直作用力称为压力(物理上称为压强)。压力的大小与物质状态的变换直接相关。加压可以促使气体液化放热,降压可以促使液体汽化吸热。

压强的法定计量单位是帕斯卡,简称帕(Pa)。$1Pa = 1N/m^2$,帕(Pa)单位太小,实际中常用千帕(kPa)和兆帕(MPa)计量。在实际使用中常用的压力非法定计量单位包括:标准大气压力(atm)、毫米汞柱(mmHg)、磅力每平方英寸(lb/in^2, psi)、巴(bar)、千克力每平方厘米(kgf/cm^2)等。各种压力单位之间的换算关系见表1-2。

表1-2 各种压力单位之间的换算关系

kPa	kgf/cm^2	mmHg	psi	atm
1	$1.02×10^{-2}$	7.50	0.15	$9.87×10^{-3}$
98.07	1	$7.36×10^2$	14.22	0.97
0.13	$1.36×10^{-3}$	1	$1.93×10^{-2}$	$1.32×10^{-3}$
6.89	$7.03×10^{-2}$	51.71	1	$6.80×10^{-2}$
101.33	1.03	760	14.70	1

注:$1bar ≈ 1kgf/cm^2 = 100kPa = 0.1MPa$。

在实际工作中，常用绝对压力、表压力（相对压力）和真空度表示压力的大小。

1）绝对压力。绝对压力是实际的压力值，完全真空状态是绝对压力的零值。

2）表压力。表压力是将 1 个标准大气压力作为零值的相对压力值，即压力表上所显示的数值。

3）真空度。低于 1 个标准大气压力的压力值大小称为真空度，是相对压力。真空度就是真空压力表上显示的数值。

上述 3 种压力在制冷技术领域中经常应用。"绝对压力"在设计及查阅制冷剂特性表时使用，"表压力"在观察系统运行状况时使用，"真空度"在维修、系统抽真空时使用。各种压力之间的对应关系如图 1-8 所示。

(3) 空气湿度　空气湿度是指空气中所含水蒸气量的多少。空气湿度有 3 种表示方法。

1）绝对湿度。单位容积空气中所含水蒸气的质量，称为空气的绝对湿度（kg/m³）。

2）含湿量。在湿空气中，与单位质量干空气同时并存的水蒸气质量，称为空气的含湿量（湿空气由干空气和水蒸气组成）。它表示空气中水蒸气的含量多少。含湿量＝湿空气中水蒸气的质量/湿空气中干空气的质量。

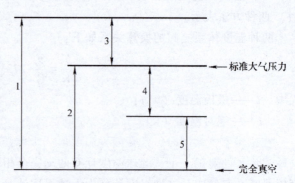

图 1-8　各种压力之间的对应关系
1—绝对压力（大于标准大气压力）　2—大气压力
3—表压力　4—真空度　5—绝对压力（小于标准大气压力）

3）相对湿度。在某一温度下，空气中所含水蒸气量（以质量计）与空气中该温度下所能含水蒸气量（质量）之比，称为空气的相对湿度。通常随着温度的升高，空气中所能含的水蒸气量会增加。如果空气的实际含水蒸气量不变，温度升高，则空气的相对湿度下降。

2. 基本制冷原理

(1) 热量　物质的状态必然是固态、液态、气态三种形式中的一种。当它们从一种状态转变为另一种状态时，会吸收或放出大量的热量。例如，一块冰是以固态的形式存在的，当它融化时，将吸收大量的热量。实际上，所有的固体从固态变为液态时都将吸收大量的热量而本身的温度并不升高。

当液体变成气体时，也会发生同样的情况，即大量的热量将被吸收。例如，冷却液被加热的情况：随着不断给冷却液加热，冷却液温度开始升高，直到 100℃，此时，即使再加入额外的热量，冷却液温度也将保持在 100℃，冷却液不断地蒸发并且吸收大量的热量。尽管这些热量不会在温度计上体现出来，但它确实存在。同样，空调系统中的液态制冷剂变成气态制冷剂时，必然也要吸收大量的热量。

当气体变成液体时，必将放出大量的热量。例如，室内大量的水蒸气液化后，附在墙上或流到地面上，从而放出热量，使室内感觉温暖。同样，空调系统中的气态制冷剂变成液态制冷剂时，必然也要放出大量的热量。

汽车空调实际上就是热量转移的装置，即利用蒸发器内制冷剂吸收车内的热量（制冷剂由液态变气态），并将车内的热量通过冷凝器转移到车外（携带热量的气态制冷剂放出热量而液化）的装置。

（2）饱和、过热和过冷状态

1）饱和状态。当液体放置于一个能够承受一定压力的容器并且液面上部空间被抽成真空时，不对其加热或吸热，也会随时有液体表面附近的动能较大的分子克服表面张力飞散到上部空间；同时，也有空间中的蒸气分子碰撞回到液面，凝成液体。开始时，飞散出去的液体分子数目大于返回液面的蒸气分子数目，到一定状态时，这两种运动方向相反的分子数目达到动态平衡。这种液体和蒸气处于动态平衡的状态称为饱和状态。液面上的蒸气称为饱和蒸气，液体称为饱和液体。此时气、液状态的温度相同，称为饱和温度；两者的压力也相同，称为饱和压力。饱和温度一定时，饱和压力也一定；反之，饱和压力一定，饱和温度也一定。若温度升高，液体和蒸气又将重新建立动态平衡，此时蒸气压力为对应于新的温度下的饱和压力。物质的某一饱和温度必对应于某一饱和压力，并且饱和温度上升，饱和压力随之上升；反之，饱和温度下降，饱和压力也随之下降。

2）过热蒸气和过热度。若仅将饱和蒸气继续定压加热，使其温度升高，这时的蒸气称为过热蒸气。过热蒸气温度超过饱和温度的值，称为过热度。

3）过冷液体和过冷度。对饱和液体进行冷却，当液体的温度低于饱和液体的温度时，此液体称为过冷液体。过冷液体温度比饱和温度低的值，称为过冷度。

（3）制冷的基本原理

1）制冷装置。将一个带有开关的容器装在一个绝热良好的盒子内，容器中装有常温下容易挥发的液体。将开关打开时，容器内的易挥发液体便开始蒸发，同时吸收绝热盒子内的热量，吸收了热量的液体转化为气体，从开关排出，此时盒子内的温度会低于盒外的温度。如果容器内的易挥发液体能得到不断的补充，冷却的效果便会持续下去，循环制冷。

从制冷装置的工作原理看，制冷过程中热量的转移是靠液体状态的变化实现的，这种液体称为制冷剂。

2）制冷循环。为了使制冷装置的制冷过程持续下去，就必须不断地向容器中补充液态制冷剂，从开关放出的气态制冷剂也应回收加以反复利用。

根据物质的沸点与压力的关系，降低压力可以使物质的沸点降低，使其更加容易蒸发从而吸收热量；提高压力可以使物质的沸点升高，使其更加容易转化为液体而放出热量。为此，将装置中放出的气态制冷剂回收回来，使其进入一台压缩机，提高压力，再通过一个冷凝器装置，经强制冷却放出热量变为液体，并将这种液态制冷剂暂时存放在储液干燥器中，以备再次使用。

高压的液体通过一个小孔，可以使其迅速膨胀从而降低压力。在这种情况下，液体由于压力低，非常容易汽化吸热。因此，将液态制冷剂通过一个小孔（膨胀阀）放出，进入一个蒸发器的容器中时，由于液态制冷剂的压力下降，所以很快便会蒸发，吸收蒸发器周围的热量，使蒸发器周围得到冷却。

将上述两个过程组合起来，就可以形成一个制冷循环。储液干燥器中高压的液态制冷剂从膨胀阀喷出，压力下降，液态制冷剂迅速膨胀转化为气体，吸收周围的热量，使周围的温度下降；气态的制冷剂再经压缩机加压形成高压气态的制冷剂，高压气态制冷剂进入冷凝器冷却，从气态转变为液态，同时放出热量；液态制冷剂再进入储液干燥器，以备再次使用，这就是一个完整的制冷循环。通过制冷剂的状态变化，可以将蒸发器周围的热量带到冷凝器周围。

1.1.5 制冷剂与冷冻机油

1. 制冷剂

汽车空调是由制冷剂循环流动实现制冷的。液态制冷剂在蒸发器中，低温下吸取被冷却对象的热量而汽化，使被冷却对象降温；然后，气态制冷剂又在高温下把热量传给周围介质而冷凝成液体。如此不断循环，汽车空调借助于制冷剂的状态变化，达到制冷目的。

(1) 制冷剂的命名方法 汽车空调使用的制冷剂都是氟利昂的一种，国际上用英文字母 R（Refrigerant）表示。氟利昂是饱和碳氢化合物的卤族元素的衍生物，即用卤族元素的氟、氯（有时加入溴原子）取代饱和碳氢化合物（如甲烷、乙烷、丙烷、丁烷）的氢原子所得的化合物。氟利昂品种繁多，其性质与所含氟、氯、溴、氢、碳元素原子的多少有密切关系。

氟利昂的分子通式为 $C_mH_nF_pCl_sBr_x$，一般用 R 后面带数字的形式来表示氟利昂分子通式中的各原子数，R 后面是两位数的，是甲烷衍生的氟利昂。甲烷的分子式为 CH_4，则氟利昂分子通式中碳原子数 $m=1$。R 后面的首位数字表示氢原子数加 1，即氢原子的个数 n 等于首位数字减去 1；第二位数字表示氟原子数 p，氯原子数 $s=4-p-n$。

例如，R12 表示甲烷衍生的氟利昂制冷剂，其分子通式中的碳原子数 $m=1$，氢原子数 $n=1-1=0$，氟原子数 $p=2$，氯原子数 $s=4-n-p=2$。R12 的分子式为 CF_2Cl_2，化学名称为二氟二氯甲烷。

如果用溴原子来代替氟利昂中的某些氯原子，则分子式多了溴原子 Br，其原子数用 x 来表示，相应的，代号后加字母 B 和溴原子数。例如，R12B2 的分子式为 CF_2Br_2。

R 后面是三位数的，则表示为乙烷、丙烷、丁烷等的卤族元素衍生物（氟利昂）。其中，乙烷衍生的氟利昂，R 后面首位数用 1 表示；丙烷衍生的用 2 表示；丁烷衍生的用 3 表示，以此类推。显然，衍生物的碳原子数 m 等于 R 后面的首位数加 1，氢原子数 n 等于第二位数字减去 1，氟原子数 p 等于第三位数。氯原子数则因衍生物的不同而变化，乙烷衍生物的氯原子数 $s=6-n-p$，丙烷衍生物的氯原子数 $s=8-n-p$。例如 R142 表示乙烷衍生的氟利昂，乙烷分子式为 C_2H_6，则 $m=2$，$n=4-1=3$，$p=2$，$s=6-3-2=1$，即 R142 的分子式为 $C_2H_3F_2Cl$，化学名称为二氟一氯乙烷。

乙烷衍生的氟利昂命名对乙烷系的同素异构体都有相同的编号，但最对称的一种，其编号后面不带任何字母。当同素异构体变得越发不对称时，需在命名后附加 a、b、c 等字母。例如：CHF_2—CHF_2 表示为 R134，CH_2F—CF_3 表示为 R134a。

对于非饱和碳氢化合物及它们的卤族元素衍生物，这一类制冷剂在 R 后面先写一个 1，然后按氟利昂的编号规则书写。例如：乙烯为 R1150，丙烯为 R1270，二氟二氯乙烯为 R1112a，$C_3H_2F_4$ 表示为 R1234yf 等。

共沸制冷剂是由两种或两种以上互溶的单一制冷剂在常温下按一定比例混合而成的，它的性质与单一制冷剂的性质一样，在恒定的压力下具有恒定蒸发温度，且其气相和液相的组分相同。共沸制冷剂在标准中规定：在 R 后面的第一个数字为 5，其后的两位数字按实用的先后次序编号。例如：R500、R501、R502、……、R507。

(2) 制冷剂 R134a 制冷剂 R134a 是汽车空调制冷剂 R12 的首选替代制冷剂，这主要是由于 R134a 不含氯原子，对臭氧层无破坏作用，温室效应影响小，其热力性质稳定且与

R12 相近。

R134a 作为 R12 的替代制冷剂,它的许多特性与 R12 很相像。R134a 的毒性非常低,在空气中不可燃,是很安全的制冷剂。R134a 的化学稳定性很好,然而由于它的溶水性比 R12 高,所以对制冷系统不利。即使有少量水分存在,在润滑油等的作用下,产生的酸、CO_2 或 CO,也将对金属产生腐蚀作用,或产生"镀铜"作用,所以 R134a 对系统的干燥和清洁要求更高。R134a 对钢、铁、铜、铝等金属未发现有相互化学反应的现象,仅对锌有轻微的作用。R134a 的物理性质见表 1-3。

表 1-3　R134a 的物理性质

项　目	单　位	值
分子式		CH_2FCF_3
沸点(101.3kPa)	℃	−26.1
临界温度	℃	101.1
临界压力	kPa	4066.6
液体密度	kg/m³	1188.1
饱和蒸气压(25℃)	kPa	661.9
汽化热/蒸发潜热(沸点下,1atm)	kJ/kg	216
消耗臭氧潜能值(ODP)		0
全球变暖潜能值(GWP)		1300
ASHRAE 安全级别		A1(无毒不可燃)
饱和液体密度(25℃)	kg/m³	1207
液体比热容(25℃)	[kJ/(kg·℃)]	1.51
溶解度(水中,25℃)		0.15
全球变暖系数值		0.29
临界密度	kg/m³	512
沸点下蒸发潜能	kJ/kg	215.0

(3) 使用 R134a 制冷剂的注意事项

1) 用 R134a 的设备和量具等不能与用 R12 的互换,若在 R134a 中混有 R12 会使压缩面损坏,同时也可能使仪器和设备损坏。

2) R134a 与 R12 制冷剂的冷冻机油不能混用,因为 R134a 与 R12 制冷系统的冷冻机油不相容。R12 制冷系统一般用国产的 18 号、25 号冷冻机油或日本产的 SUNISO 3GS、SUNISO 4GS、SUNISO 5GS 冷冻机油,而 R134a 系统一般采用合成聚烷甘醇,即 PAG (Polyalkylene Glycol) 油或聚酯 (Poly Ester) 油。

3) 检修制冷系统时应戴好安全防护眼镜和手套,切忌让液态制冷剂接触皮肤,特别是手和眼睛,以免被冻伤。

4) PAG 油与 R134a 在高温区和低温区会产生两层分离 (两者分离) 现象,因此,在加注 R134 时需要将它放在盛热水的容器里进行加热,但温度不要超过 40℃,绝对禁止用喷灯一类的加热装置加热。要尽量防止出现两层分离现象,以免给压缩机的排气压力和制冷带来不良影响。

5) R134a系统必须使用专用密封圈与密封垫，其使用的冷冻机油会使R12系统的密封圈和密封垫起泡失效，从而导致制冷剂泄漏。

6) 在加注R134a时，应使盛R134a的容器保持直立状态，确保R134a以气态方式进入系统；否则，R134a可能会以液态方式进入压缩面，从而损坏压缩机。另外，加注作业必须在空气流通的地方进行，以防止操作人员因缺氧而窒息。

7) 储液干燥器（或气液分离器）必须密封保存，其安装必须迅速；否则，空气进入储液干燥器（或气液分离器）后会使干燥剂吸湿能力减弱，甚至失效。

(4) 新型制冷剂　目前，汽车行业中普遍采用的制冷剂是R134a，而它的全球变暖潜能值（GWP）高达1300，所以汽车空调中环保型制冷剂的研究正在紧张进行中。目前，世界各国和各地区对制冷剂的替代要求是不一样的。例如德国的Bock Kaltemaschinen公司多年来一直在研制开发二氧化碳压缩机，并在Mercedez-Benz公共汽车上成功地起动了两台Bock压缩机。在日本，R410成为主流制冷剂，包含R410a和R407c两种类型。在美国，R22仍占主导地位。目前，美国的空调设备中，只有约10%使用了新型制冷剂R410a。在欧洲，欧盟对R134a制冷剂的应用做出限定：从2008年开始，汽车空调系统中使用制冷剂的GWP最高不得超过150，否则汽车不得销售使用。规定中还制定了R134a的淘汰期限。目前，世界范围内的替代制冷剂方案有CO_2、R1234yf、R152a等。

R134a、CO_2、R1234yf和R152a这4种制冷剂的特性比较见表1-4。

表1-4　4种制冷剂的特性比较

制冷剂	R134a	CO_2	R1234yf	R152a
分子式	CH_2FCF_3	CO_2	CF_3CFCH_2	CH_3CHF_2
相对分子质量	102.03	44	95.04	66.05
沸点/℃	-26.1	-78.4	-29	-24
临界温度/℃	101.1	31	95	113.3
临界压力/MPa	4.06	7.38	3.38	4.52
ODP	0	0	0	0
GWP	1300	1	4	140
大气寿命/年	44	100	1.1	1.4
急性毒性接触极限（ATEL）	50000	40000	101000	50000
安全等级	A1	A1	A2	A2

从表1-4可以看出，R1234yf的GWP和大气寿命相比较其他替代R134a的制冷剂具有明显的环境优势，有较好的急性毒性接触极限（ATEL），可燃性低于R152a。因此，在汽车空调中，用R1234yf替代R134a是安全的。

1) CO_2制冷剂。CO_2具有高密度和低黏度特性，其流动损失小、传热效果良好。同时CO_2环境表现优良（ODP=0、GWP=1）、费用低、易获取、稳定性好、有利于减小装置体积。另外，CO_2安全无毒、不可燃，即使在高温下也不会分解出有害的气体。万一CO_2泄漏，其对人体、食品、生态也都无损害。当然，CO_2高的临界压力和低的临界温度也给它作为制冷剂带来许多难题。

2) R1234yf。R1234yf作为单一工质制冷剂，具有优异的环境参数：GWP=4，ODP=0。

其寿命期气候性能（LCCP）低于 R134a，大气分解物与 R134a 相同，而且其系统性能优于 R134a。若选用 R1234yf 替代 R134a 作为制冷剂，汽车生产商就可以继续沿用原车载空调系统，所以 R1234yf 被认为是较具潜力的新一代汽车制冷剂替代品，目前在西欧已被汽车生产商所接受。

R1234yf 分子式为 CF3CH—CHF，分子量为 114，沸点 Z 型为 -19℃、E 型为 9℃，无毒，不可燃，且大气停留时间短，化学性能稳定。

3）R152a。R152a 一般与其他制冷剂组成混合制冷剂，广泛应用于制冷系统中。R152a 系统需要用专门适用于 R152a 的检漏仪；采用混合工质时，必须对原有的卤素检漏仪进行重新标定。

R152a 无色不浑浊，无异臭。R152a 的 ODP 值为零，GWP 值很小，为 140。后者虽比 R134a 低不少，但还有直接的温室效应。R152a 标准沸点是 -25℃，凝固点为 -117℃，在制冷循环特性上优于 R12。

R152a 与 R12 的黏性相差不大，而其液体、气体的比热容及汽化潜热均比 R12 大，且其气体及液体的导热率都要显著高于 R12。R152a 具有可燃性，在空气中的体积分数达到 4%~17% 时，可被点燃。

2. 冷冻机油

汽车空调系统使用的润滑油称为——冷冻机油，是一种在高温、低温工况下均能正常工作的特殊润滑油。汽车空调压缩机是高速运转的装置，冷冻机油的品种、规格、数量，对于空调系统的制冷效果及压缩机的使用寿命具有重要的影响。

（1）冷冻机油的性能

1）黏度。冷冻机油黏度是油料特性中的一个重要参数，使用不同制冷剂要相应选择不同的冷冻机油。若冷冻机油黏度过大，会使机械摩擦功率、摩擦热量和起动力矩增大。反之，若黏度过小，则会使运动件之间不能形成所需的油膜，从而无法达到应有的润滑和冷却效果。

2）浊点。冷冻机油的浊点是指温度降低到某一数值时，冷冻机油中开始析出石蜡，使机油变得浑浊时的温度。制冷设备所用冷冻机油的浊点应低于制冷剂的蒸发温度，否则会引起节流阀堵塞或影响传热性能。

3）凝固点。冷冻机油在实验条件下冷却到停止流动的温度称为凝固点。制冷设备所用冷冻机油的凝固点应越低越好（如 R22 的压缩机，冷冻机油凝固点应在 -55℃ 以下），否则会影响制冷剂的流动，增加流动阻力，从而导致传热效果差。

4）闪点。冷冻机油的闪点是指冷冻机油加热到它的蒸气与火焰接触时发生打火的最低温度。制冷设备所用冷冻机油的闪点必须比排气温度高 15~30℃，以免引起冷冻机油的燃烧和结焦。

5）其他。冷冻机油的其他性能还有化学稳定性、抗氧化性以及绝缘性能等。

（2）冷冻机油的作用

1）润滑作用。压缩机是高速运动的机器，其轴承、活塞、活塞环、连杆曲轴等零件表面需要润滑，以减少阻力和磨损，延长使用寿命，降低功耗，提高制冷系数。

2）密封作用。汽车使用的压缩机，都是半封闭式的，压缩机输入轴需要油封来密封，以防止制冷剂泄漏。有润滑油时，油封才起密封作用。同时，活塞环上的润滑油，不仅起到减少摩擦的作用，而且有密封压缩蒸气的作用。

3）冷却作用。运动表面的摩擦会产生高温，需要用冷冻机油来冷却。冷冻机油冷却不足，会引起压缩机温度过热，排气压力过高，制冷系数降低，甚至烧坏压缩机。

4）降低压缩机噪声。冷冻机油可以减少运动表面的摩擦和振动，所以可以降低压缩机的噪声。

（3）冷冻机油的选择　冷冻机油黏度牌号可以根据压缩机类型、制冷剂类型、制冷剂的蒸发温度等选择。压缩机的类型不同，选择冷冻机油的牌号也不一样。一般常见的压缩机有3种：往复活塞式、螺杆式、离心式。往复活塞式与螺杆式压缩机的冷冻机油与制冷剂是直接接触的，所以在选择冷冻机油时需要考虑两者的相互影响；离心式压缩机的冷冻机油主要是用来润滑转子轴承，所以在考虑冷冻机机油牌号的时候可以根据负荷以及转速的大小来确定。

制冷负荷越大，其压缩机承受的压力相应越大，应选用运动黏度较大的冷冻机油；反之，制冷负荷小，应选用运动黏度较小的冷冻机油。

压缩机运动部件之间的间隙大小与排气温度的高低也会影响冷冻机油运动黏度的选择，即运动部件之间的间隙越大，排气温度越高，则应选用更大运动黏度的冷冻机油。

汽车空调可以按压缩机生产厂家规定的黏度牌号选择冷冻机油，也可大致按压缩机的种类选择冷冻机油。按压缩机种类推荐的冷冻机油黏度牌号见表1-5。

表1-5　按压缩机种类推荐的冷冻机油黏度牌号

黏度牌号	旋叶式压缩机	往复活塞式压缩机	螺杆式压缩机	涡旋式压缩机
ISO 46		√		√
ISO 68	√	√	√	√
ISO 100	√		√	
ISO 150	√		√	

（4）使用注意事项　制冷剂与冷冻机油互溶，因此与其一起循环。不同的空调系统有不同的排气温度和压力，其对冷冻机油的性能要求也不尽相同。正确选用冷冻机油是非常重要的。

1）必须严格使用该车空调压缩机所规定的冷冻机油牌号或更换同等性能的冷冻机油，不得使用其他油来代替，否则会损坏压缩机。

2）冷冻机油吸收潮气能力极强，所以在加注或更换冷冻机油时，操作必须迅速，在加注完后应立即将油罐的盖子封紧储存，不得有渗透现象。

3）在加注制冷剂时，应当先加冷冻机油，然后再加注制冷剂。

4）在管路接头的结合面涂抹冷冻机油，可以提高其密封性。当更换管路接头的O形密封圈时，要在O形密封圈上涂些冷冻机油，这样便于管路的紧固，同时可以防止制冷剂泄漏。

5）不能使用变质的冷冻机油。冷冻机油变质的原因是多方面的，归纳起来有两方面：冷冻机油中混入水分，在氧气的作用下，会生成一种絮状的油酸物质，腐蚀金属零部件；冷冻机油在高温下氧化，当压缩温度过高时，冷冻机油被氧化分解进而炭化变黑。

6）冷冻机油是不制冷的，还会妨碍热交换器的换热效果，所以冷冻机油只允许加到规定的用量，绝不允许过量使用，以免降低制冷效果。

1.1.6　汽车空调系统基本检查

汽车空调系统基本检查是通过看（查看系统的表面）、听（听机器运转声音）、摸（用手触摸各部位的温度）等手段进行的。

1）看。用眼睛来观察整个空调系统。首先查看储液干燥器视液窗中制冷剂流动状况，若流动的制冷剂中央有气泡，则说明系统内制冷制不足，应适量补充；若流动的制冷剂呈雾状，且水分指示器呈淡红色，则说明制冷剂中含水量偏高，应缓慢放完系统中原有制冷剂，并拆下储液干燥器，将其置于110℃环境中，对干燥剂做干燥处理，排除水分后再用。

其次查看系统中各部件与管路连接是否可靠密闭，是否有微量的泄漏存在。在制冷剂泄漏的过程中常夹有冷冻机油一起泄出，故若有泄漏，在泄漏处应有潮湿痕迹，并依稀可见泄漏处黏附上了一些灰土。此时应将该处连接螺母拧紧或重做管路喇叭口并加装密封橡胶圈，以防止慢性泄漏。

最后查看冷凝器是否被杂物封住，散热翅片是否倾倒变形。若有此现象，将影响流过冷凝器冷却空气的流量，导致冷凝器冷凝效果变差，使流经膨胀阀的制冷剂温度偏高，从而影响系统的制冷效果。这时应将冷凝器清理干净，将变形的散热翅片修正。

2）听。用耳朵听运转中的空调系统有无异常声音。首先听压缩机电磁离合器有无发出刺耳噪声。若有噪声，则多为电磁离合器磁力线圈老化，通电后所产生的电磁力不足或离合器片磨损引起其间隙过大，造成离合器打滑而发出尖叫声。这时应重绕离合器磁力线圈或抽掉1~2片离合器调整垫片，减小离合器间隙，防止其打滑，以消除噪声。其次听压缩机在运转中是否有液击声，若有此声，则多为系统内制冷剂过多或膨胀阀开度过大，导致制冷剂在未被完全汽化的情况下吸入压缩机。此现象对压缩机的危害很大，有可能损坏压缩机内部零件，应缓慢释放制冷剂至适量或调整膨胀阀开度，及时排除液击现象。

3）摸。观察制冷压缩机的两条出入软管，这两条软管分别与压缩机的排气阀（高压阀）和吸气阀（低压阀）连接，其中与排气阀连接的为高压管，与吸气阀相连接的为低压管。空调正常运行时，低压管在接近阀体的位置应凝结有水珠，但不应出现结霜现象（即使出现，也应很快融化为水珠）。正常情况下，用手去触摸高、低压管会感觉到明显的温差，低压管较凉，高压管较烫，否则说明压缩机工作不良。

比较冷凝器进入管与排出管的温差。正常时，用手触摸会感觉到进入管比排出管热。若两管温差不大（甚至基本相同），则说明冷凝器冷却不良或制冷剂不足。

用手触摸储液干燥器的进入、排出管道，其温度应一致。如果出、入软管温差较大，一般是储液干燥器堵塞。

1.1.7　汽车空调制冷系统的装配

在拆卸空调系统前，一定要先将系统排空，同时拆卸每个部件后，要及时塞住与其相连接的管道口，以防潮气进入系统。拆卸时应按下述步骤进行。

1）拆下蓄电池的搭铁线，或关闭车辆电源的总开关。

2）用专用的仪器排出制冷剂。

3）拆卸各管路接头，一定要在两管头上各用一个扳手同时进行操作。

4）管子拆下后，应立即在各管口上堵上堵塞，以保证管路的清洁。

5）清洁管道时，不能用水或压缩空气清洗内部，而要用氮气或制冷剂进行清洗。

制冷系统的安装顺序与拆卸顺序相反。安装时，在每个管接头处要清洗干净，有O形密封圈的，要换上新的O形密封圈；应在每个密封表面涂上一点所规定的冷冻机油，以提高其密封性能。安装储液干燥器时，其进口"IN"应与冷凝器出口管道相接；装离合器定子时，一定要使它与压缩机壳上的销钉对齐；当电磁离合器装配好后，应测量转子和中央片间的间隙值，正常情况下应为0.4~0.7mm，否则应调整垫片厚度。

装配时还应注意以下几点。

1）按要求安装各管路的接头和各固定螺钉，并按规定的力矩值拧紧。

2）检查所有零部件，保证无损坏，且各相邻的零部件之间互不干涉。

3）压缩机的吸气管与排气管接头要连接可靠。

4）进行泄漏检验，确保各连接部位没有泄漏现象。

5）对压缩机驱动带的松紧要按规定进行调整。

任务工单

见任务工单1。

学习小结

1. 汽车空调系统主要由以下几部分组成：制冷系统、暖风系统、通风系统、空气净化系统和电路及其控制系统。

2. 汽车空调按驱动方式可以分为非独立式汽车空调系统和独立式汽车空调系统。汽车空调按蒸发器的布置方式可分为仪表板式空调和顶置式空调。

3. 压缩机一般通过发动机曲轴带轮驱动，压缩机上的电磁离合器可以接通或切断发动机的驱动力。冷凝器安置在发动机散热器的前面，用冷凝器风扇对制冷剂进行散热。储液干燥器安装在靠近冷凝器处，一般安装在受发动机排热影响小的地方。蒸发器和膨胀阀装在一个箱体内，一般安装在汽车仪表板的中间或下方。

4. 汽车空调制冷系统由压缩机、冷凝器、储液干燥器（或气液分离器）、膨胀阀（或孔管）、蒸发器和风机等组成，各部件之间采用钢管（或铝管）和高压橡胶管连接成一个密闭系统。

5. 汽车空调制冷系统工作时，制冷剂以不同的状态在这个密闭系统内循环流动，每1个循环有4个基本过程：压缩过程、放热过程、节流过程、吸热过程。

6. 汽车空调制冷系统主要分为两类，一类是膨胀阀系统，另一类是孔管系统。

7. 在测量空气温度时，常有2种温度值：干球温度和湿球温度。

8. 干球温度和湿球温度这两个温度值可确定空气的相对湿度大小；只有当空气中的水蒸气为饱和水蒸气时，干球温度等于湿球温度，这时空气的相对湿度为100%。

9. 绝对压力是将完全真空状态作为零值的压力值。表压力是将1个标准大气压力作为零值的相对压力值，即压力表上所显示的数值。真空度是指低于1个标准大气压力的压力值大小，是相对压力。真空度就是真空压力表上显示的数值。

10. 相对湿度：在某一温度下，空气中所含水蒸气量与空气中该温度下所能含水蒸气量之比。

11. 汽车空调实际上就是热量转移的装置，即利用蒸发器内制冷剂吸收车内的热量（制冷剂由液态变气态），并将车内的热量通过冷凝器转移到车外（携带热量的气态制冷剂放出热量而液化）的装置。

12. 液体和蒸气处于动态平衡的状态称为饱和状态。液面上的蒸气称为饱和蒸气，液体称为饱和液体。此时气、液状态的温度相同，称为饱和温度；两者的压力也相同，称为饱和压力。

13. 物质的某一饱和温度必对应于某一饱和压力，并且饱和温度上升，饱和压力随之上升；反之，饱和温度下降，饱和压力也随之下降。

14. 汽车空调使用的制冷剂是氟利昂的一种，国际上用英文字母 R（Refrigerant）来表示。氟利昂是饱和碳氢化合物的卤族元素的衍生物，氟利昂的分子通式为 $C_mH_nF_pCl_sBr_x$。

15. 对于非饱和碳氢化合物及它们的卤族元素衍生物，这一类制冷剂在 R 后面先写一个"1"，然后按氟利昂的编号规则书写。例如：乙烯为 R1150，丙烯为 R1270，二氟二氯乙烯为 R1112a，R1234yf 为 $C_3H_2F_4$ 等。

16. 共沸制冷剂是由两种或两种以上互溶的单一制冷剂在常温下按一定比例混合而成的，它的性质与单一制冷剂的性质一样，在恒定的压力下具有恒定的蒸发温度，且其气相和液相的组分相同。共沸制冷剂在标准中规定：在 R 后面的第一个数字为"5"，其后的两位数字按实用的先后次序编号。

17. 制冷剂 R134a 是汽车空调制冷剂 R12 的首选替代制冷剂，这主要是由于 R134a 不含氯原子，对臭氧层无破坏作用，温室效应影响小，其热力性质稳定且与 R12 相近。

18. 冷冻机油的作用包括：润滑作用、密封作用、冷却作用及降低压缩机噪声。

自我测评

思 考 题

1. 若是在 R134a 汽车空调系统中加入 R12 制冷剂，会产生什么后果？
2. 如何实现制冷循环过程？
3. 汽车空调系统若是不设置膨胀阀能够完成制冷过程吗？为什么？
4. 若是压缩机传动带打滑，会影响制冷效果吗？为什么？

复 习 题

1. 制冷剂命名规则是什么？
2. R12 与 R134a 空调系统的区别是什么？
3. 冷冻机油的性能有哪些？
4. 添加冷冻机油的注意事项有哪些？
5. 汽车空调系统的分类有哪些？
6. 请叙述空调制冷系统的工作原理。

任务1.2 压缩机故障检修

任务载体

故障现象：一辆丰田莱特艾斯小客车，空调制冷效果逐渐变差，直至几乎不制冷。

故障检查：检查空调系统各管道及接头，未发现制冷剂泄漏痕迹。在发动机转速为1000r/min时，测量压缩机高压侧压力为0.8MPa（正常值为1.2MPa），低压侧压力为0.5MPa（正常值为0.2MPa），均不符合标准。拆下压缩机进行解体检查，发现其活塞与气缸壁均严重损伤，于是更换压缩机总成和储液干燥器，但仅使用了一星期，空调制冷效果便明显不佳，测量压缩机高、低压侧的压力又不正常。拆检新压缩机，发现气缸壁又划了一些深浅不一的槽。据此判定故障是空调制冷系统过脏所致。

故障排除：将空调蒸发器、冷凝器及全部管道彻底洗净、吹干后，换上新压缩机、储液干燥器，加注适量制冷剂后进行试验，空调系统工作恢复正常，制冷效果良好。

小结：汽车空调压缩机长期使用后，从活塞、缸壁磨损脱落的金属碎屑会随制冷剂循环而附着在蒸发器、冷凝器及所有管道壁上。若更换压缩机时未对蒸发器、冷凝器及管道进行清洗，这些金属碎屑就会随制冷剂循环至压缩机中，从而使压缩机的活塞、气缸壁被划坏。

学习目标

1. 能通过与客户交流、查阅相关维修技术资料等方式获取车辆信息。
2. 能根据故障现象制订正确的维修计划。
3. 能正确选择诊断设备对压缩机故障进行诊断。
4. 能正确记录、分析各种检测结果并做出故障判断。
5. 能按照正确操作规范进行压缩机的拆装与更换。
6. 能根据环保要求，正确处理对环境和人体有害的废料和损坏的零部件。

理论知识

1.2.1 压缩机的分类

根据工作原理的不同，空调压缩机可以分为定排量压缩机和变排量压缩机。

定排量压缩机的排气量随着发动机转速的提高而提高，它不能根据制冷的需求自动改变功率的输出，而且对发动机油耗的影响较大。它的控制一般通过采集蒸发器出口的温度信号来实现。当温度降低到设定的温度时，压缩机电磁离合器松开，压缩机停止工作；当温度升高后，电磁离合器接合，压缩机开始工作。定排量压缩机也受空调系统压力的控制，当管路内压力过高时，压缩机停止工作。

变排量压缩机可以根据设定的空气温度自动调节功率输出，例如某些变排量翘盘式压缩机，根据空调管路内压力的变化信号控制压缩机的压缩比来自动调节出风口温度。在制冷的全过程中，压缩机始终是工作的，制冷强度的调节完全靠装在压缩机内部的压力调节阀控制。当空调管路内高压端的压力过高时，压力调节阀缩短压缩机内活塞行程以减小压缩比，这样就会降低制冷强度；当高压端压力下降到一定程度，低压端压力上升到一定程度时，压力调节阀则增大活塞行程以提高制冷强度。

根据运动形式和主要零部件形状的不同，压缩机包括以下几种类型（图1-9）。

1）曲轴连杆式压缩机是使用时间最长的第一代产品。中型曲轴连杆式压缩机仍在公共汽车和旅游客车上大量应用。

2）翘板式和斜板式活塞压缩机是第二代产品。它的优点是没有连杆，主轴上惯性较小，结构紧凑。从1953年至今，汽车空调压缩机仍以它为主。

3）径向活塞压缩机虽然在20世纪70年代便已问世，但它在应用过程中，遇到了回转式压缩机的竞争，所以这种压缩机至今没有得到重视。

以上这几种压缩机均属于往复活塞式压缩机，它们共同的特点是活塞做往复运动，活塞的运动惯性力大，所以转速的提高受到了限制。在相同体积下与其他制冷压缩机比较，往复活塞式压缩机制冷量小、振动大、容积效率较低。

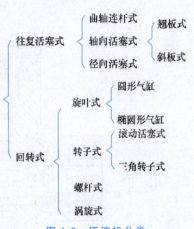

图1-9 压缩机分类

4）旋叶式、转子式和螺杆式压缩机可以称为第三代产品。它们的共同特点是容积系数较高，都需要密封，并且需要大量黏度较高的冷冻机油，所以润滑系统较复杂。

5）涡旋式压缩机为第四代产品。它基本具备了汽车对空调压缩机提出的要求，是最有应用前景的一种压缩机。目前其应用在乘用车上的一些型号已全面地显示了它的优越性，但其在大型客车上的应用还有一段距离。

1.2.2 常用定排量压缩机结构与原理

1. 翘板式压缩机结构与原理

翘板式压缩机是一种轴向活塞式压缩机，图1-10和图1-11所示分别是SD—5翘板式压缩机的实物图和结构图。这种压缩机各气缸以压缩机主轴为中心进行布置，活塞运动方向平行于压缩机的主轴，活塞和翘板用连杆相连，连杆的两端和活塞及翘板之间用球形万向节连接，使翘板的摆动和活塞的移动相协调而不发生干涉；翘板中心用钢球作支承中心，并用一对固定锥齿轮来限制翘板的运动，使翘板只能沿压缩机轴线方向前后移动，而不能绕轴线转动。

图 1-10　SD—5 翘板式压缩机的实物图

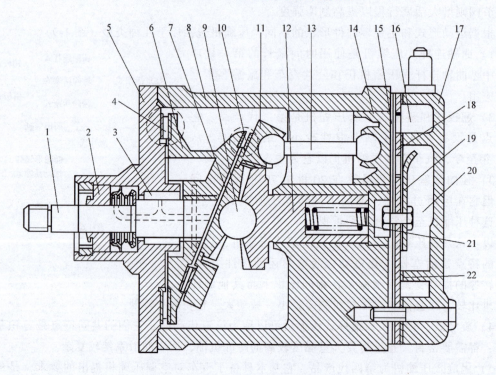

图 1-11　SD—5 翘板式压缩机的结构图

1—主轴　2—轴封总成　3—滑动轴承　4—端面滚柱轴承　5—前缸盖　6—传动板　7、12—锥齿轮
8—气缸体　9—钢球　10—翘板滚柱轴承　11—翘板　13—连杆　14—活塞　15—阀板垫　16—吸气腔
17—后盖　18—阀板　19—排气阀片　20—排气腔　21—压紧弹簧　22—后盖气缸垫

压缩机的主轴与传动板固定在一起，主轴转动时带动传动板一起旋转，由于传动板是楔形的，迫使翘板翘动，翘板的任何一边向后推动，相对的另一边就向前移动，就像跷跷板。通过钢球与翘板连接的连杆和活塞就可以进行往复运行。

由于翘板式压缩机与曲柄连杆式压缩机一样，设有进、排气阀片，所以其工作循环也有压缩、排气、膨胀、吸气四个过程。当活塞向前运动时，该气缸处于膨胀、吸气两个过程；而当翘板另一端的活塞做相反方向的向后运动时，该气缸处于压缩、排气两个过程。主轴转动一周，气缸就要完成压缩、排气、膨胀、吸气一个循环。如果一个翘板上有五个活塞，对应的 5 个气缸在主轴转动一周就共有五次排气过程。

2. 斜板式压缩机结构与原理

斜板式压缩机是一种轴向活塞式压缩机，其结构图如图 1-12 所示，其工作原理如图 1-13 所示。斜板式压缩机的主要零件是主轴和斜板。各气缸以压缩机主轴为中心进行布置，活塞运动方向与压缩机的主轴平行，以便活塞在气缸体中运动。活塞制成双头活塞，如果是轴向 6 缸，则 3 个气缸在压缩机前部，另外 3 个气缸在压缩机后部；如果是轴向 10 缸，则 5 个气缸在压缩机前部，另外 5 个气缸在压缩机后部。

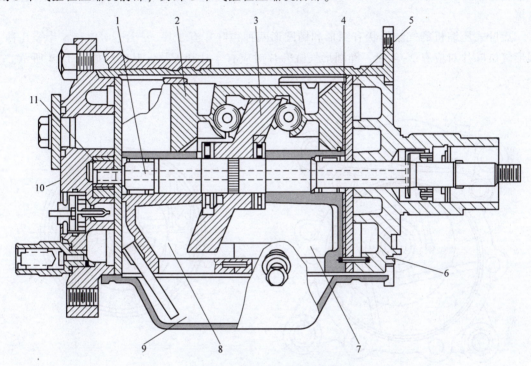

图 1-12 斜板式压缩机的结构图

1—主轴 2—活塞 3—斜板 4—吸气阀 5—前排气阀 6—前盖 7—前气缸
8—后气缸 9—油底壳 10—后盖 11—机油泵齿轮

双头活塞的两活塞各自在相对的缸（一前一后）中滑动，活塞一头在前气缸中压缩制冷剂蒸气时，活塞的另一头就在后气缸中吸入制冷剂蒸气，反向时互相对调。各气缸均装有吸、排气阀，另有一根高压管，用于连接前后高压腔。斜板与压缩机主轴固定在一起，斜板的边缘装在活塞中部的槽中，活塞槽与斜板边缘通过钢球支承在一起。当主轴旋转时，斜板也随着旋转，斜板边缘推动活塞做轴向往复运动。斜板转动一周，前后两个活塞各完成压缩、排气、膨胀、吸气一个循环，相当于两个气缸作用；如果是轴向 6 缸压缩机，气缸体截面上均匀分布 3 个气缸和 3 个双头活塞，则当主轴旋转

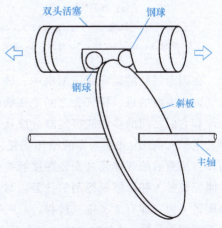

图 1-13 斜板式压缩机工作原理

一周，相当于有6个气缸作用。

斜板式压缩机的润滑方式有两种，一种是采用强制润滑方式，由主轴驱动的油泵供油到各润滑部位及轴封处，主要用于豪华型乘用车或小型客车上较大制冷量的压缩机；另一种采用飞溅润滑方式。

3. 旋叶式压缩机结构与原理

旋叶式压缩机由气缸体、转子、主轴、叶片、排气阀等零件构成，前气缸盖上有离合器和主轴的轴封，后端盖和前气缸盖上有两个滚珠轴承支承主轴转动，后端盖内有一个气液分离器。

旋叶式压缩机的气缸形状有圆形和椭圆形两种，叶片有2片、3片、4片和5片等几种。圆形气缸叶片对应有2~4片，椭圆形气缸叶片对应有4片和5片，其结构如图1-14所示。

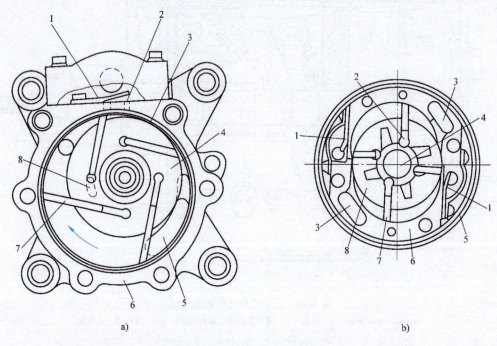

图1-14 旋叶式压缩机结构

a) 圆形气缸
1—排气阀 2—排气孔 3—接触点 4—转子
5—吸气孔 6—气缸体 7—叶片 8—油孔

b) 椭圆形气缸
1—排气阀 2—进油孔 3—吸气腔 4—主轴
5—机壳 6—气缸体 7—叶片 8—转子

在圆形气缸的旋叶式压缩机中，转子的主轴与气缸的圆心有一个偏心距离，使转子紧贴在气缸内表面的进、排气孔之间。在椭圆形气缸中，转子的主轴和椭圆中心重合，转子上的叶片和它们之间的接触线将气缸分成几个空间，当主轴带动转子旋转一周时，这些空间的容积发生扩大-缩小-几乎为零的循环变化，制冷剂蒸气在这些空间内也发生吸气-压缩-排气的循环；压缩后的气体通过安装在接触线旁的排气阀排出。旋叶式压缩机没有吸气阀，因为簧片能完成吸入和压缩制冷剂的任务。对于圆形气缸而言，2片叶片将空间分成2个空间，主轴旋转一周，即有2次排气过程，4片叶片则有4次。叶片越多，压缩机的排气脉冲越小。对于椭圆形气缸，4片叶片将气缸分成4个空间，主轴旋转一周，有8次排气过程。

1.2.3　常用变排量压缩机结构与原理

变排量汽车空调系统能够在运行过程中根据转速、排气压力等信号的变化以及汽车运行状况自行调节排量,达到节能、降噪和实现车厢环境最优化控制的目的。变排量汽车空调系统设置了循环风门(车内循环方式),在空调不运行时也能够隔绝车外的空气,使车厢内的空气保持恒温状态。行驶中如果车外的空气污染超标,循环风门还能起到抵挡浑浊空气入侵的作用。

与传统的定排量空调相比,变排量空调有如下优点:
1) 提高了压缩机的使用寿命。
2) 保持了蒸发器低压的稳定性,并使其不会结霜。
3) 保持了温度的稳定性。
4) 吸、排气压力和工作转矩的波动减小,避免了对发动机的冲击。
5) 减少了功率消耗。

大众车系、日产车系、别克、奔驰、宝马等汽车均采用了变排量压缩机。变排量压缩机有如下主要特征:
1) 变排量压缩机的型号有字母"V",例如SD7V46压缩机即为变排量压缩机。
2) 变排量压缩机后部有大的凸起形状。
3) 膨胀阀式制冷系统的蒸发器上无温度传感器,或孔管式制冷系统的低压管上无循环压力开关时,该压缩机为变排量压缩机。
4) 车内外温差很大,空调开启且压缩机工作一段时间(5~10min)离合器不断开,该系统为变排量压缩机。

变排量压缩机常用翘盘式,其按控制方式分为机械控制式变排量压缩机与电控式变排量压缩机。

1. 机械控制式变排量压缩机

图1-15所示为V5变排量压缩机的结构。它共有5个气缸,是摇摆斜盘结构,其中摇摆斜盘用双向球形连杆与活塞连接,它的基本元件主要有主轴、主轴滑套、轴颈组件和斜盘等。其内部控制阀在压缩机的后盖中,主要由锥阀和球阀构成;锥阀控制摇板箱与吸气腔(波纹管室)之间的通道,球阀控制排气腔与摇板箱之间的通道,锥阀和球阀通过阀杆建立联系,从而使两个阀的开度呈互补关系;排气压力影响控制阀设定值的变化,排气压力升高,设定值降低;当空调排量要求大时,吸气压力将高于控制点,控制阀的锥阀打开并保持从摇板箱吸入气体至吸气腔,压缩机将有最大排量。

在机械控制式变排量压缩机中,斜盘的倾斜角是由斜盘后方斜盘箱内的压力控制的(压力低,斜盘倾角大,排量大;压力高,斜盘倾角小,排量小),而斜盘箱压力由波纹管式控制阀控制。

波纹管式控制阀的构造如图1-16所示,它由金属薄板制成,是一个内部为真空的密闭气囊,其内部装有弹簧。波纹管的长度随周围制冷剂气体的压力变化而变化,长度变化后的波纹管又控制着一个阀门,该阀门能改变通往压缩机斜盘箱内的制冷剂压力。斜盘前后端的压力差使斜盘倾斜程度改变,从而改变压缩机的排量。

当压缩机吸气侧压力超过了设定值(低压侧压力高,说明需要增加制冷量),高的压力

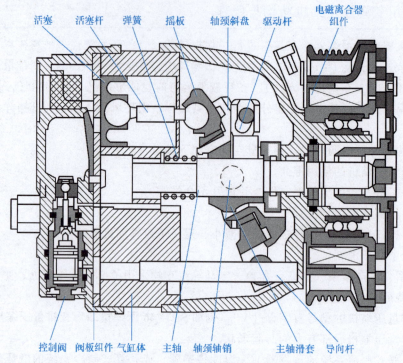

图 1-15 V5 变排量压缩机的结构

会使波纹管收缩，针阀下落，弹簧及高压侧压力把钢球推向球座，将连接高压侧气体与斜盘箱气体的通道封死，阻止了高压侧气体通向斜盘箱。同时，从低压侧到斜盘箱的通道打开，部分斜盘箱内气体流入吸气侧，从而降低斜盘箱内压力。斜盘倾角增大，排量增大，如图 1-17a 所示，即低压侧压力高→波纹管收缩→低压侧阀门开启，高压侧阀门关闭→吸气口与斜盘箱相通，斜盘箱内的气体压力降低→斜盘倾角增大→排量增大；反之，低压侧压力低→波纹管膨胀→高压侧阀门开启，低压侧阀门关闭→斜盘箱内气体压力上升→斜盘倾角减小→排量减小，其过程如图 1-17b 所示。

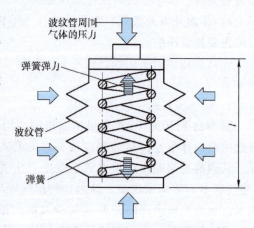

图 1-16 波纹管式控制阀的构造

变排量压缩机的整个控制过程是：排量大→蒸发器温度下降（0℃）→低压压力下降（0.2MPa）→斜盘箱的压力大→斜盘的倾角小→排量小→蒸发器温度上升（4℃）→低压压力上升→斜盘箱内压力小→倾角的倾角大→排量大。

V5 变排量压缩机根据车内负荷变化改变空调系统的制冷量，改变了传统的离合器启闭压缩机的调节方式，实现了系统平稳连续运行，且不会引起汽车发动机周期性的负荷变化。但是，其空调系统仍保留了电磁离合器，在汽车空调系统停止使用时离合器的脱离可以使压缩机停止运转。

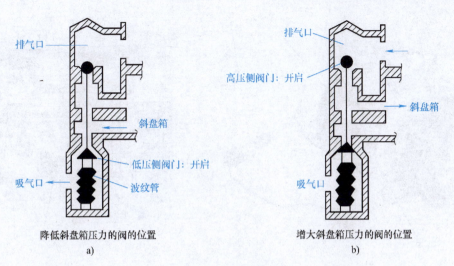

图 1-17 斜盘倾角

a) 斜盘倾角增大，排量增大   b) 斜盘倾角减小，排量减小

2. 电控式变排量压缩机

电控式变排量压缩机汽车空调系统如图 1-18 所示，它根据环境温度、发动机转速、太阳辐射强度、车内温度以及空调模式等参数，由汽车的电控单元确定控制信号，再由外部（电磁）控制阀控制压缩机排量，从而根据当时的制冷负荷情况确定合适的吸气压力，不需要再被加热装置加热，从而达到节能的目的。

电控式变排量压缩机结构如图 1-19 所示，其工作原理与内部调节的变排量压缩机相似，不同之处在于电控式变排量压缩机的控制阀

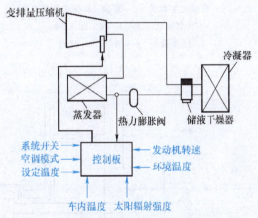

图 1-18 电控式变排量压缩机汽车空调系统

有一个电磁单元，通过蒸发器出风口温度传感器的信息，对压缩机的功率进行无级调节。由于电控式变排量压缩机没有电磁离合器，没有温控开关，空调启动后，压缩机一直运转，因此电控式变排量压缩机是否实现制冷，可以通过触摸管道判断（空调工作时，低压管道凉，高压管道热；空调不工作时，高低压管路无明显冷热感觉）。

电控式变排量压缩机的控制阀由机械元件和电磁单元组成。机械元件按低压侧的压力关系由位于控制阀低压区的压敏元件来改变调节。电磁单元由操纵和显示单元通过 500Hz 的通断频率进行控制。在无电流的状态下，阀门开启，高压腔和压缩机曲轴箱相通，高压腔的压力和曲轴箱的压力达到平衡。电控式变排量压缩机的工作原理如图 1-20 所示，该压缩机一般是翘盘式的，由 ECU 控制电磁阀改变斜盘的倾斜角，从而控制压缩机排量。

1) 当切断空调 A/C 开关时，ECU 对电磁阀不施加电压，控制活塞在波纹管压力 P_{s1} 和回位弹簧拉力的共同作用下，置于最右侧位置。此时，高压侧制冷剂与压缩机曲轴箱相通，斜盘倾斜角度最小，压缩机排量最小。

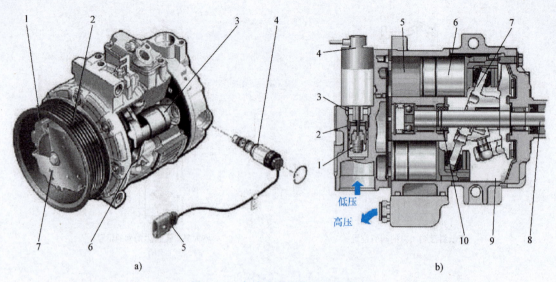

图 1-19 电控式变排量压缩机结构

a) 结构图 b) 剖面图

1—橡胶成型元件 2—集成过载保护的胶带轮
3—往复运动活塞 4—调节阀 N280
5—线束插头 6—斜盘 7—压盘

1—进气压力 2—高压 3—曲轴箱压力
4—调节阀 N280 5—压缩室 6—空心活塞
7—斜盘 8—驱动轴 9—曲轴箱 10—回位弹簧

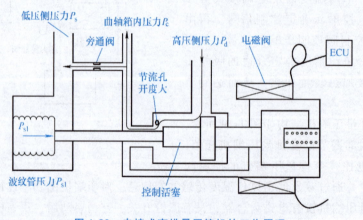

图 1-20 电控式变排量压缩机的工作原理

2) 当接通空调 A/C 开关时,车内温度远远高于设定温度,同时 ECU 对电磁阀施加最大电流时,控制活塞在波纹管压力 P_{s1} 和回位弹簧拉力、电磁阀吸力的共同作用下,处于最左侧位置。此时,压缩机曲轴箱与高压侧制冷剂不相通,而与低压侧制冷剂相通,曲轴箱内部分制冷剂经旁通阀孔流入低压腔从而使压力变小,此时斜盘倾斜角度最大,压缩机排量最大。

3) 当接通空调 A/C 开关时,车内温度高于设定温度一定程度,ECU 对电磁阀施加不同程度的电流时,控制活塞在波纹管压力 P_{s1} 和回位弹簧拉力、电磁阀吸力的共同作用下,处于中间某一位置。此时,高压侧部分制冷剂与压缩机曲轴箱相通,曲轴箱内压力和斜盘倾斜角度处于最大与最小之间,制冷强度处于理想强度。

电控式变排量汽车空调压缩机采用新结构带轮。带盘由带轮和随动轮组成，通过一个橡胶成型元件将带轮和随动轮有力地连接起来。当压缩机因损坏而卡死时，随动轮和带轮之间的橡胶成型元件的传递力急剧增大，带轮在旋转方向将橡胶成型元件挤压到卡死的随动轮上，橡胶成型元件产生变形，对随动轮产生的压力增大，随动轮随之产生变形直至随动轮和带轮之间脱离连接，从而避免了传动带的损坏。

随动轮的变形量取决于橡胶成型元件温度的高低，橡胶成型元件的弹性取决于结构件的温度。由于橡胶成型元件和随动轮的形变，避免了发动机传动带、水泵和发电机的损坏，起到了动力过载保护的作用。

电控式变排量压缩机的优点：空调起动后，压缩机一直运转，无接合冲击，提高了汽车舒适性；通过调节蒸发器的温度使制冷量、热负荷及能量消耗优化匹配，减少了再加热过程，使出风口的温度、湿度恒定调节；由于排量可以降低到近0%，因此可以不再使用电磁离合器，从而减小了带轮质量，使质量减小20%（500~800g）；降低了压缩机的功率和燃油消耗；新结构的带轮用于传动带和空调压缩机之间的力的传递，消除了转矩波动，同时起到过载保护的作用。

拓展阅读

1.2.4 其他定排量压缩机结构与原理

1. 曲轴连杆式压缩机结构与原理

图1-21所示为曲轴连杆式压缩机实物图和结构图，其主要由曲轴、活塞、连杆、气缸体、曲轴箱、吸排气阀片等构成；该压缩机是立式，机体为箱型。

当发动机带动曲轴旋转时，通过连杆的传动，活塞在气缸内做上下往复运动，在吸、排气阀的配合下，完成对制冷剂气体的吸入、压缩和输送的任务。压缩机的活塞在气缸内不断地运动，改变了气缸的容积，从而在制冷系统中起到了压缩和输送制冷剂的作用。

往复活塞式压缩机的工作可以分为压缩、排气、膨胀、吸气4个过程，曲轴连杆式压缩机的工作过程如图1-22所示。

（1）压缩过程 活塞在曲轴的带动下在气缸内运动，当活塞运行到气缸内最低点（图1-22下止点Ⅰ—Ⅰ）时，气缸内充满了由蒸发器吸入的制冷剂气体。活塞再上行时，吸气阀被关闭，而排气阀因气缸内压力降低而不能顶开，因此，活塞上行，气缸内体积缩小，即气缸工作容积不断变化，密闭在气缸内的制冷剂气体的压力和温度不断升高。当活塞向上移动到一定位置（图1-22Ⅱ—Ⅱ），即气缸内气体压力略高于排气阀上部的压力时，排气阀便被打开，开始排气。制冷剂气体在气缸内从进气时的低压升高到排气时的高压的过程称为压缩过程。

（2）排气过程 活塞继续向上运行，气缸内的制冷剂气体压力不再升高，气体不断地经过排气阀向排气管输出，直到活塞运动到最高位置（图1-22上止点Ⅲ-Ⅲ），排气过程结束。制冷剂气体从气缸向排气管输出的过程称为排气过程。

（3）膨胀过程 当活塞运行到上止点位置时，由于压缩机的结构及工艺等原因，活塞顶部与气阀座之间存在一定的间隙，该间隙所形成的容积称为余隙容积。排气过程结束时，由于该间隙内有一定数量的高压气体，当活塞再下行时，排气阀已关闭，可吸气阀并不能马

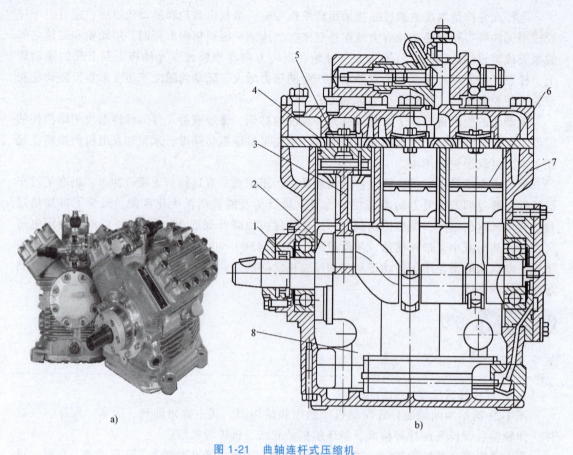

图 1-21 曲轴连杆式压缩机
a）实物图　b）结构图
1—轴封　2—曲轴　3—连杆　4—吸气阀片　5—排气阀片
6—活塞　7—气缸体　8—曲轴箱

上打开，吸气管内的气体不能很快进入气缸，残留的高压气体还需在气缸容积增大后膨胀，使其压力下降到稍低于吸气管道内的压力时，吸气阀才能打开。活塞从上止点向下移动到吸气阀打开的位置（图 1-22 Ⅳ-Ⅳ）的过程，称为膨胀过程。

（4）吸气过程　活塞继续下行，吸气阀打开，低压制冷剂气体便不断地由蒸发器经吸

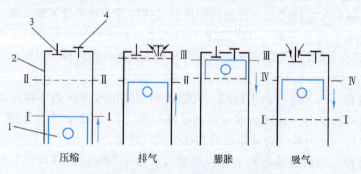

图 1-22 曲轴连杆式压缩机的工作过程
1—活塞　2—气缸　3—吸气阀　4—排气阀

气管和吸气阀进入气缸,直到活塞下行至下止点为止,这一过程称为吸气过程。

完成吸气过程后,活塞又上行,重新开始压缩过程,如此循环。

目前,小型曲轴连杆式压缩机已经停止生产,但大、中型汽车上的空调压缩机仍然采用曲轴连杆式。它的低速性能比其他压缩机好,所以特别适用于大、中制冷量需求的汽车空调。

2. 涡旋式压缩机结构与原理

涡旋式压缩机是一种新型压缩机,主要适用于汽车空调,它与往复式压缩机相比,具有效率高、噪声低、振动小、质量小、结构简单等优点。

涡旋式空调压缩机实物图和结构图如图 1-23 所示,涡旋式空调压缩机主要由固定涡管、旋转涡管、排气口、吸气口等组成。该压缩机的固定涡管、旋转涡管由铝合金压铸而成,顶端设有密封条,固定涡管背面设有排气口和排气阀片。排气阀片既可以防止高压气体倒流而

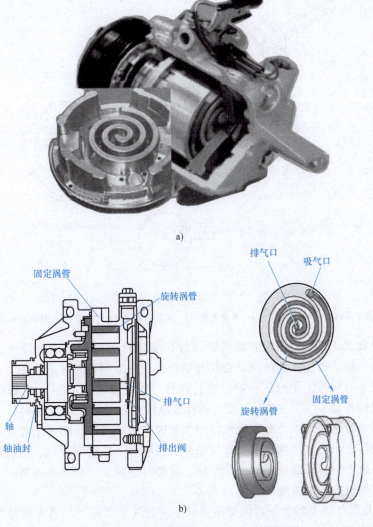

图 1-23 涡旋式空调压缩机实物图和结构图

a) 实物图　b) 结构图

导致效率下降，又可以防止电磁离合器脱开时主轴反转。主轴由球轴承支承，旋转涡管通过带偏心套的回旋曲柄机构实现回旋运动，其叶片采用渐开线形状，与其啮合的固定涡管是包络线形状，因此固定和旋转的2个涡管的涡旋圈为一对渐开线曲线。

涡旋式压缩机的回旋机构如图1-24所示，通过回旋机构产生回旋运动（而不是旋转运动），当电磁离合器接通时，曲轴1转动，曲柄销驱动偏心套3做回旋运动，传动轴承4也做回旋运动，传动轴承上的旋转涡管5也做回旋运动，即旋转涡管中心绕固定涡管的回旋半径的圆做公转回旋。设置在偏心套上的平衡块可以平衡旋转涡管的回旋离心力。因此在运行期间，压缩室的径向密封不取决于离心力，而主要取决于偏心套的回旋力矩。该力矩是由作用于偏心套的气体压力的切向分力和作用在曲轴销的旋转涡管回旋驱动力所构成的力偶产生的。两离心力的轴向位置是错开的，为了保持压缩机的动平衡，曲轴和离合器设置了平衡块。

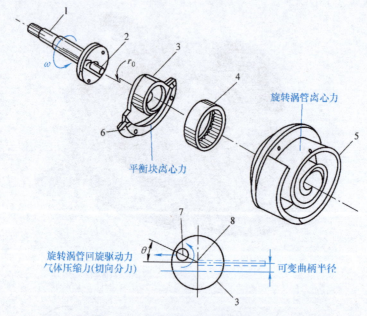

图1-24 涡旋式压缩机的回旋机构

1—曲轴 2—曲柄销 3—偏心套 4—传动轴承 5—旋转涡管 6—平衡块 7—曲柄销中心 8—驱动点

此外，涡旋式压缩机的固定和旋转两涡管在安装时存在180°的相位角，在几个点上相互接触，相当于啮合作用，这使两涡管相互啮合形成一系列的月牙形容积。这一对渐开线形的涡旋体组成3对同时工作的压缩腔，旋转涡管一方面沿着偏心距（曲轴回旋半径）很小的轨道移动（即摆动），另一方面与固定涡管接触做相对转动，与固定涡管形成3个变容积的密封腔。每一转中，第1个腔在吸气，第2个腔在压缩气体，第3个腔在排出气体。也就是说，在每个转角，空调压缩机都在持续循环进行吸气、压缩、排气，因此没有负荷的起伏变化，所以涡旋式空调压缩机运转非常平稳，这种特性对发动机非常有利。

涡旋式压缩机的工作原理如图1-25所示。

图1-25a是吸气结束时，一对涡旋圈形成了两对月牙形容积，最大的月牙形容积即将开始压缩（最大容积11），旋转涡管涡旋中心绕固定涡管涡旋中心继续回旋公转，原来最大的月牙形容积已压缩到图1-25b所示，旋转涡管被曲轴带动而再做回旋运动，被压缩的容积缩

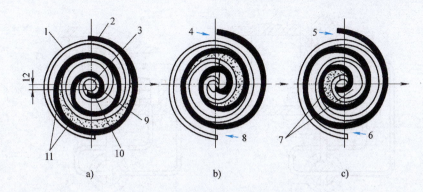

图1-25 涡旋式压缩机的工作原理

a）吸气结束 b）压缩行程 c）排气开始之前

1—固定涡管 2—旋转涡管 3—固定涡管涡旋中心 4、5、6、8—制冷剂蒸气 7—最小压缩容积
9—排气口 10—旋转涡管涡旋中心 11—开始压缩容积（最大容积） 12—回旋半径

小到如图1-25c所示的最小压缩容积7（此容积是根据内容积比值确定），这一月牙形容积中的制冷剂蒸气即将与设在涡旋圈中心的排气口9相通。在压缩的同时，旋转涡管与固定涡管的外周又形成吸气容积（图1-25b的4和8进入的容积），持续回旋并再压缩，如此周而复始完成吸气、压缩、排气工作过程。

1.2.5 其他变排量压缩机结构与原理

1. 斜板式变排量压缩机

斜板式变排量压缩机的形式很多，但是其原理基本相似，都是利用电磁三通阀改变余隙容积的大小，使排气量发生变化，从而改变制冷量。

斜板式变排量压缩机的6个气缸都按图1-26所示安装一个余隙容积变化阀，共同用1~3个电磁阀控制。

正常负荷工作时，电磁阀接通排气腔工作管，高压气体将余隙容积变化阀（以下简称余隙阀）向右推，将阀口堵住，则压缩机按正常排气量工作，即按100%负载（全负荷）工作。

当需要降低压缩机的排气量时，电磁阀接通回气管和工作管。当吸气时，余隙阀首先将原来左端的高压气通过工作管、回气管送到排气腔；在活塞压缩时，气体推动余隙阀左移，留下一个空间，如图1-26b所示。当压缩完毕时，余隙阀内的气体保留下来。当活塞右移时，余隙阀内的高压气体首先膨胀，这样就减少了气缸的吸气量和排气量，也减少了功耗。一般根据设计的余隙阀容积大小，每个气缸排气量可减少75%，这时功耗可减少50%。

很明显，斜板式变排量控制是有级变化的，这点就远不及翘盘式的输气质量好。同时，用1个电磁阀来控制6个气缸也不合适，因为这样排气量的波动太大，会引起制冷量的急剧变化，所以最好用3个电磁阀，每个阀控制2个气缸，根据车内的温度或者车外的温度来决定先变排量的气缸数量。但这样控制结构就会变得复杂化，不及翘盘式简单。所以，从结构、能耗、空调舒适性来说，斜板式变排量压缩机的整体性能不如翘盘式的好。

2. 涡旋式变排量压缩机

涡旋式变排量压缩机是在涡旋式定排量压缩机的基础上，增加了利用控制阀感应吸气压力并进行旁通的一种结构。它的吸气量并没有减少，只是在压缩过程中采用旁通来减少排气

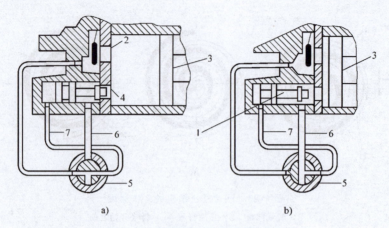

图 1-26 斜板式变排量压缩机结构
a) 压缩机全负荷工作　b) 压缩机部分负荷工作
1—余隙容积变化阀　2—排气腔　3—活塞　4—阀口　5—三通电磁阀　6—回气管　7—工作管

量。涡旋式变排量压缩机的调节范围是30%～100%。

涡旋式变排量压缩机的控制原理如图1-27所示，在固定涡管上有一对旁通孔，旋转涡管回旋运动，压缩腔内的制冷剂大约压缩至30%时流经旁通孔，若控制阀开启，则旁通的制冷剂进入吸气侧。旁通孔上方安装有阀片，当需要压缩机满负荷工作或控制阀关闭时，阀片自动关闭，如图1-28a所示。控制阀的开关主要由吸气压力控制，排气压力是波纹管外滑块运动的动力源。当吸气压力高于设定值时，控制阀波纹管收缩，球阀关闭，滑块上下压力差增大，排气压力作用于滑块底面，推动滑块堵住旁通孔，制冷剂未旁通，此时制冷量最大；反之，当吸气压力小于设定值时，波纹管伸长，控制阀的球阀打开，旁通开始，如图1-28b所示，这时制冷量减小；吸气压力越低，球阀开度越大，制冷剂旁通量最大，直至制冷量最小，如图1-28c所示。

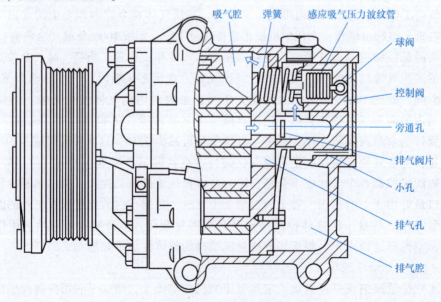

图 1-27 涡旋式变排量压缩机的控制原理

学习情境1　空调制冷系统不制冷故障检修

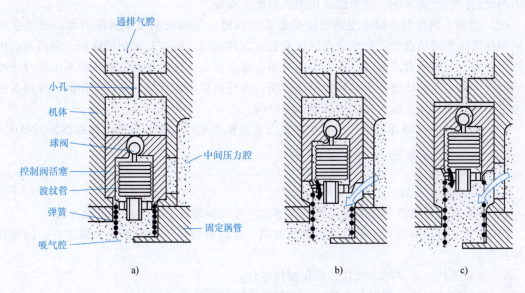

图 1-28　变排量涡旋式压缩机控制阀变化示意图
a）最大制冷量时　b）中间制冷量时　c）最小制冷量时

1.2.6　压缩机的常见故障

空调压缩机作为高速旋转的工作部件，很容易出现故障。常见的故障有异响、泄漏以及不工作等。

（1）异响　引起压缩机异响的原因很多，例如压缩机电磁离合器损坏，或压缩机内部磨损严重等均可产生异响。

1）压缩机电磁离合器是出现异响的常见部位。压缩机经常在高负荷下从低速到高速变速运转，所以对电磁离合器的要求很高，而且电磁离合器的安装位置一般离地面较近，经常会接触到雨水和泥土，当电磁离合器内的轴承损坏时就会产生异响。

2）除了电磁离合器自身的问题，压缩机传动带的松紧度也直接影响着电磁离合器的寿命。传动带过松，电磁离合器就容易出现打滑；传动带过紧，电磁离合器上的负荷就会增加。传动带松紧度不当时，轻则会引起压缩机不工作，重则会引起压缩机的损坏。当传动带工作时，如果压缩机带轮与发电机带轮不在同一个平面内，就会降低传动带或压缩机的寿命。

3）电磁离合器的反复吸合也会造成压缩机出现异响。例如发电机的发电量不足、空调系统压力过高或者发动机负荷过大等，都会造成电磁离合器的反复吸合。

4）电磁离合器与压缩机安装面之间应该有一定的间隙，如果间隙过大，那么冲击也会增大；如果间隙过小，电磁离合器工作时就会与压缩机安装面之间产生运动干涉，这也是产生异响的一个常见原因。

5）压缩机工作时需要可靠的润滑。当压缩机缺少润滑油或者润滑油使用不当时，压缩机内部就会产生严重异响，甚至造成压缩机的磨损报废。

（2）泄漏　制冷剂泄漏是空调系统的最常见问题。压缩机制冷剂泄漏的部位通常在压缩机与高低压管的结合处，此处通常因为安装位置的原因，检查起来比较麻烦。空调系统内部压力很高，当制冷剂泄漏时，压缩机润滑油会随之损失，这会导致空调系统不工作或压缩机的润滑不良。空调压缩机上都有泄压保护阀，泄压保护阀通常是一次性使用的，在因系统压力过高进行泄压后，应该及时更换泄压保护阀。

（3）不工作　可以通过给压缩机电磁离合器直接供电的方式初步检查压缩机是否损坏。

1.2.7　压缩机的拆装及性能检测

1. 压缩机拆卸要求

1）拆卸时首先要清楚压缩机结构，拆下的零件应按部件分类摆放，以免弄乱。

2）压出或打出轴套和销子时应先辨明方向，然后再操作，一般要用木槌敲打，以免打坏零件表面。

3）拆卸零件时不要用力过猛，以免损伤零件。

4）拆卸形状和尺寸相同的零件时，必须做标记，以防装错。

5）拆卸的零件用冷冻机油清洗，清洗时要用软毛刷，不能用碎布擦洗零件，以防脏物进入。

2. 压缩机拆卸步骤

1）拆除电磁离合器连接导线。

2）从制冷系统内排出制冷剂。

3）从压缩机吸、排气口卸下软管，并在压缩机吸、排气口加盖，以免灰尘和水汽进入系统内。

4）拆除压缩机驱动带。

5）从托架上卸下压缩机固定螺钉和压缩机，再将压缩机装在一个固定支架上，支架装夹在台虎钳上。

6）排出压缩机内的油，用量筒测量出油量，并检查油是否变色，油内是否混有杂质。

3. 压缩机轴封的拆卸、修理和安装

（1）压缩机轴封的拆卸

1）拆下离合器总成。

2）使用卡环钳，取下密封座卡环，如图1-29所示。

3）使用密封座拆卸工具，伸入到密封座位置，锁紧密封座的内周面，然后向外拉出密封座。

4）用钩子取出密封件上的O形密封圈。

（2）压缩机轴封的修理和安装

1）检查轴封摩擦表面是否良好以及石墨环是否磨损；拆下的轴封不能再用，必须更换新的轴封。

2）用清洁的冷冻机油清洗压缩机密封

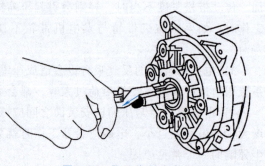

图1-29　取下密封座卡环

部位。

3) 用清洁的冷冻机油涂抹 U 形密封圈，并将其装入密封沟槽内。

4) 用清洁的冷冻机油涂抹密封座，并将其压入安装孔中。

5) 安装卡环和轴封盖。

6) 重新装上离合器。

4. 压缩机内部零部件的拆卸、修理和安装

(1) 压缩机内部零部件的拆卸

1) 将压缩机从发功机上卸下并安装在专用夹具上。

2) 取下离合器压板、带轮、离合器线圈及轴封等。

3) 从放油孔放出压缩机内润滑油，并用量筒测量出油量。

4) 用内六角扳手松开端盖上所有螺栓，然后取下螺栓，如图 1-30 所示。

5) 用木槌轻轻敲击端盖凸缘，使它从压缩机上分开。当压缩机的前后端盖打开后，就可以容易地拆卸压缩机内部零部件，如图 1-31 所示。

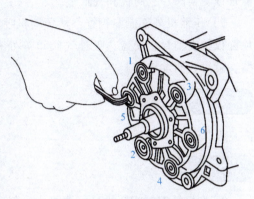

图 1-30 取下螺栓

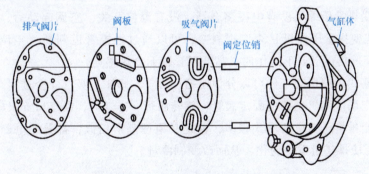

图 1-31 拆卸压缩机内部零部件

6) 取下气缸垫、O 形密封圈、簧片阀板。

7) 取出内部的活塞组件和轴承等。

(2) 压缩机内部零部件的修理和安装

1) 检查压缩机活塞和气缸，若活塞和气缸有拉毛现象，则须更换压缩机。

2) 检查压缩机轴承，若有损坏则须更换。

3) 检查压缩机阀片和阀板。阀板可以用油石打磨平整，阀片、气缸垫和 O 形密封圈损坏则须更换。

4) 装配时所有零部件都要清洗干净，保证油路畅通，并在各摩擦部位涂上冷冻机油。

5) 所有接合面须清洁干净，并在气缸垫上涂上冷冻机油，使其均匀地压紧螺栓，然后装上前后盖板。

6）用手转动压缩机，观察其运转是否顺利。

5. 压缩机维修后的性能检查

将压缩机安装在工作台上就可检查其性能，其检查办法如下：

1）压缩机内部泄漏检查：在压缩机吸、排气检修阀上装上歧管压力计，并关闭高、低压手动阀，再用手转动压缩机主轴，每秒钟转1圈，共转10圈。这时打开高压手动阀，高压表的压力应大于0.345MPa，若压力小于0.310MPa，则说明压缩机内部有泄漏，必须重新修理或更换阀片、阀板和气缸垫。

2）压缩机外部泄漏检查：从压缩机吸入端注入少量制冷剂，然后用手转动其主轴，用检漏仪检查轴封、端盖、吸排气阀口等处有无泄漏，若有泄漏须拆卸并重新修理，若无泄漏，就可装回发动机上。

任务工单

见任务工单2。

学习小结

1. 在机械控制式变排量压缩机中，斜盘的倾斜角是由斜盘后方斜盘箱内的压力控制的（压力低，斜盘倾角大，排量大；压力高，斜盘倾角小，排量小），而斜盘箱压力由波纹管式控制阀控制。

2. 电控式变排量压缩机没有电磁离合器，没有温控开关，空调起动后，压缩机一直运转，因此电控式变排量压缩机是否实现制冷，可以通过触摸管道判断（空调工作时，低压管道凉，高压管道热；空调不工作时，高低压管路无冷热感觉）。

3. 往复活塞式压缩机的工作可以分为压缩、排气、膨胀、吸气4个过程。

4. 涡旋式空调压缩机主要由固定涡管、旋转涡管、排气口、吸气口等组成。

5. 斜板式变排量压缩机的形式很多，但是其原理基本相似，都是用电磁三通阀改变余隙容积的大小，使排气量发生变化，从而改变制冷量。

自我测试

复 习 题

1. 请叙述压缩机的分类及各自的优缺点。
2. 请叙述翘盘式压缩机及斜板式压缩机的结构及工作原理。
3. 请叙述旋叶式压缩机的分类及工作原理。
4. 请叙述斜板式变排量压缩机结构及其工作原理。
5. 请叙述涡旋式压缩机的结构组成及工作原理。
6. 请叙述电控式变排量压缩机的控制原理。
7. 请叙述压缩机的拆卸步骤。
8. 请叙述压缩机维修后的性能检查方法。

任务1.3 电磁离合器故障检修

任务载体

故障现象： 一辆皇冠3.0排量汽车，开启空调后车内无冷风吹出；电磁离合器不吸合，压缩机不工作。

故障检查： 打开发动机舱盖，查找右侧熔断器，发现一个限值15A的熔体片已经熔化；取出金属片，串接入量程30A的电流表，起动发动机后打开空调开关，空调电磁离合器即能吸合，制冷效果恢复正常，但电流表显示电流太大（电流为30A左右）。去掉压缩机的电磁离合器线圈，放电电流迅速减小。取下压缩机并分解检查，原来电磁线圈因严重过热而短路。

故障排除： 更换电磁离合器线圈，空调系统工作完全正常。

故障分析： 该型车的空调压缩机电磁离合器线圈在制造时是用胶封死的，产生其过热短路现象的原因有以下几点：一是制冷剂充注过量，增加了电磁离合器的负荷；二是空调系统高压部分冷凝效果不好，导致高压侧压力过高；三是电磁线圈制造质量不高，主要是绝缘处理不到位，因而使用寿命短。按技术要求，该型车空调压缩机电磁离合器线圈的电阻应在 $3.7 \sim 3.8\Omega$ 之间，检查时可用万用表进行测试，若阻值小于 3.3Ω，则说明线圈短路。

学习目标

1. 能通过与客户交流、查阅相关维修技术资料等方式获取车辆信息。
2. 能根据故障现象制订正确的维修计划。
3. 能正确选择诊断设备对电磁离合器故障进行诊断。
4. 能正确记录、分析各种检测结果并做出故障判断。
5. 能按照正确操作规范进行电磁离合器的更换。
6. 能根据环保要求，正确处理对环境和人体有害的废料和损坏的零部件。

理论知识

在非独立式汽车空调制冷系统中，压缩机是由汽车发动机驱动的。为了使空调系统的开、停不影响发动机的工作，压缩机的主轴不与发动机曲轴直接相连，而是通过电磁离合器得到动力。

电磁离合器是发动机和压缩机之间的一个动力传递机构，受空调A/C开关、温度控制器、空调放大器、压力开关等控制，在需要时可接通或切断发动机与压缩机之间的动力传递。另外,当压缩机过载时,它还能起到一定的保护作用。因此,通过控制电磁离合器的接合与分离,就可以接通与断开压缩机。

1.3.1 电磁离合器结构与原理

在汽车空调系统中,电磁离合器一般安装在压缩机前端面,成为压缩机总成的一部分。电磁离合器由带轮组件、线圈组件、压力板等主要部件组成,如图1-32所示。电磁离合器有两种形式,一种为旋转线圈式,即电磁线圈与带轮一起转动;另一种是固定线圈式,即电磁线圈不转动,只有带轮转动。后者应用较广泛。

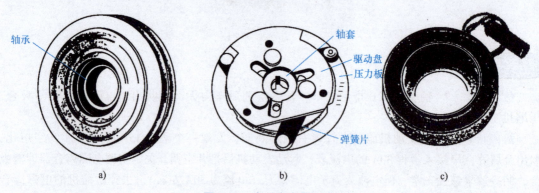

图1-32 电磁离合器组成
a) 带轮组件 b) 前板 c) 线圈组件

图1-33所示为一种固定线圈式电磁离合器的工作原理。电磁线圈固定在压缩机外壳上,压力板与压缩机主轴相连接。带轮通过轴承套在轴上,可以自由转动。

当空调开关接通时,电流通过电磁离合器的电磁线圈,电磁线圈产生电磁吸力,使压缩机的压力板与带轮接合,将发动机的转矩传递给压缩机主轴,使压缩机主轴旋转。

当断开空调开关时,电磁线圈的吸力消失。在弹簧片作用下,压力板和带轮脱离,压缩机便停止工作。

电磁离合器使用注意事项:
1) 由于电磁离合器的接合与脱开是高速进行的,因此在压力板和带轮表面会有很多离合的痕迹。
2) 电磁线圈要施加合适的电压。若24V电压的电磁线圈安装在12V电压的系统中,则不能产生足够的磁场,从而使压力板打滑;反之,若把一个12V的线圈安装到24V电压的系统中,必须增加一个电阻器。

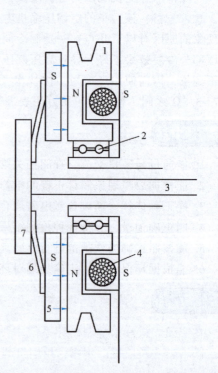

图1-33 固定线圈式电磁离合器的工作原理
1—带轮 2—轴承 3—压缩机主轴 4—电磁线圈
5—压力板 6—弹簧片 7—驱动盘

3)线圈和带轮之间的间隙很重要。线圈与带轮间隙应小一些,以便获得强的磁场(大的磁通量),但是此间隙也不能过小,以免带轮碰撞线圈。

4)转子和压力板之间的间隙。若此间隙太小,当电磁离合器脱开时,带轮会拖着压力板,严重时会使电磁离合器烧毁。若此间隙太大,则当电磁离合器工作时,其工作转矩会减小。

实践技能

1.3.2 电磁离合器的拆卸和修理

1. 电磁离合器的拆卸

1)使用丫形夹具的3个定位销插进电磁离合器盘上的3个孔,固定电磁离合器的驱动盘,用套筒扳手拆下主轴上的六角锁紧螺母,如图1-34所示。

2)锁紧螺母拆除后,用专用拉器拆下压板,并用卡簧钳拆卸内卡簧,如图1-35所示。

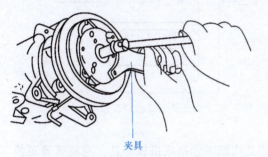

夹具

图1-34 拆下主轴上的六角锁紧螺母

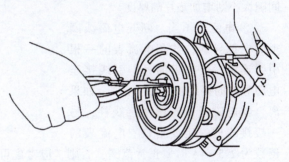

图1-35 用卡簧钳拆卸内卡簧

3)用拉拔工具拆卸电磁离合器驱动盘,如图1-36所示,将压缩机带轮和轴承拔出。

4)拆下键和垫片。垫片是用来调整驱动盘和摩擦板之间的间隙的,安装时用它来调整到规定的间隙值。

5)用螺钉旋具拆下电磁线圈安装螺钉,卸下电磁线圈。

2. 电磁离合器的修理

1)检查电磁离合器从动盘的摩擦表面,检查是否由于过热和打滑而引起刮痕,以及是否有翘曲变形。若从动盘有刮痕损伤或变形,就要更换带轮总成。另外,摩擦表面上的油污和脏物应用清洁剂洗净。

2)检查电磁离合器轴承有无松动或损坏,损坏的轴承必须更换,并换上同规格的新轴承。

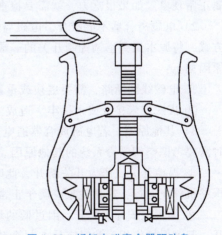

图1-36 拆卸电磁离合器驱动盘

3)用万用表检查电磁离合器线圈有无短路或断路,若发生短路或断路故障,则须更换线圈。

4)检查完的电磁离合器,按拆卸时的相反步骤装配。装好后要检查电磁离合器的从动盘和主动盘以及带轮部件是否能自由转动,并检查从动盘和主动盘之间的间隙,其间隙一般为 0.3~0.6mm。

3. 电磁离合器检测与故障诊断

（1）确定电磁离合器常见故障　小型汽车及货车驾驶室内的空调都属直连式，其制冷压缩机均靠汽车发动机通过带轮驱动，所以压缩机的前端均装有电磁离合器，以自动控制压缩机的停止和转动。电磁离合器经常出现的故障有电磁离合器打滑、电磁离合器不能吸合等几类。其检测顺序如下。

1）电磁离合器打滑。电磁离合器打滑的主要原因有：

① 前板和带轮的配合间隙过大，造成电磁离合器通电后接合不紧而打滑，一般用塞尺检测其间隙尺寸，若不合乎间隙尺寸要求，可用垫片调整。间隙太大则将垫片的厚度减小，间隙太小则增加垫片的厚度。

② 电流值不当。断开电磁线圈上的电源导线，并和电流表的一根引线连接，电流表的另一引线接至电源导线的接线柱（图1-37）。如果离合器电磁线圈有两个接线柱，另一接接线柱一定要搭铁。电流表的

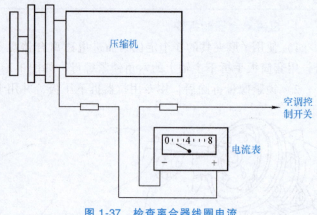

图 1-37　检查离合器线圈电流

读数为 2.5~4A 时属正常范围，否则，应考虑可能是线圈不合格或搭铁不良，这就需要更换线圈或将搭铁线接牢。

③ 压缩机卡住。断开电磁离合器线圈电源，用手转动离合器驱动盘，如果稍有阻力，属正常现象。如果很吃力，就需要检查压缩机是否卡住。

2）电磁离合器不能吸合。电磁离合器通电后压缩机不能运转，可按图1-37所示的连接方式，将原本通到空调控制开关的一端与蓄电池正极相连。若电磁离合器不能吸合，则主要原因如下：

① 电磁线圈断路，需要更换或重新绕制线圈。

② 搭铁端未接上或未接牢，造成电路断路，此时便需要接牢搭铁线。

3）其他原因。若电磁离合器通电后压缩机不转，但单独检查电磁离合器又属正常，此时需要考虑空调制冷系统的其他原因。

① 温控开关或压力开关断开，此时，制冷系统因车厢内温度已达到设定的温度，所以压缩机停止运行，这种现象应属于正常现象。

② 低压保护开关断开。因过低的环境温度或系统缺少制冷剂，此时亦会使低压开关断开，起到保护作用，此时应检查制冷系统。

③ 热继电器保护，使压缩机停转。出现这种现象可以从制冷系统上检查，看是否是热负荷太大，系统中是否混入空气，以及系统中制冷剂是否过量。

（2）判断电磁离合器和V带的故障　故障现象表现如下：

① 低压侧压力太高，压缩机不停地运转，压力约为 0.59MPa。

② 高压侧压力太低，压力约为 0.68MPa，此时系统内的制冷剂不能冷凝。

故障原因：

1）电磁离合器的故障。一是打滑，二是发出啸叫。其原因为：

① 气隙太大：因调整不当所致。

② 线圈的电压过低（电磁力弱）：搭铁不良所致。

③ 汽车充电系统故障。

④ 电磁离合器线圈导线短接：因电阻高所致。

⑤ 机械故障：带轮不对中、轴承损坏所致。

一动就打滑的电磁离合器，很快就会损坏，所以，必须更换。

2）V带打滑。可能发出啸叫，V带和带轮温度很高。

如果能对故障及时、准确地进行判断，只要张紧V带就行；如果V带已被磨光，应更换。

见任务工单3。

1. 电磁离合器由带轮组件、线圈组件、压力板等主要部件组成。

2. 电磁离合器有两种形式，一种为旋转线圈式，电磁线圈与带轮一起转动；另一种是固定线圈式，电磁线圈不转动，只有带轮转动。

3. 当空调开关接通时，电流通过电磁离合器的电磁线圈，电磁线圈产生电磁吸力，使压缩机的压力板与带轮接合，将发动机的转矩传递给压缩机主轴，使压缩机主轴旋转。当断开空调开关时，电磁线圈的吸力消失。在弹簧片作用下，压力板和带轮脱离，压缩机便停止工作。

复 习 题

1. 电磁离合器种类及工作原理是什么？
2. 电磁离合器使用注意事项有哪些？
3. 电磁离合器的拆卸流程是什么？
4. 如何确定电磁离合器的常见故障？

任务1.4　膨胀阀故障检修

任务载体

故障现象：一辆风神蓝鸟汽车，其空调系统工作时，中央通风道里总是发出"吱吱"的轻微响声。

检查与排除：经检查诊断，初步认为是中央通风道里的叶板轴因缺乏润滑而发出的声音，也可能是带动叶板轴转动的执行器有故障。但对以上情况进行检查处理后，故障现象依旧。

为了找到故障根源，将杂物箱及其护板拆下，然后让空调系统工作。经进一步检查，确定响声是从蒸发器护套里传出来的。初步认为，可能是蒸发器护套里的排水管堵塞，气流带动里面的积水旋转，从而发出涡流声。但打开蒸发器护套，发现里面并没有积水，且非常干净，无堵塞。

让空调系统工作，并用听诊器仔细听。当将听诊器头搭在膨胀阀上时，"吱吱"的响声比较清晰，从而确定响声来自膨胀阀。

检查膨胀阀，发现膨胀阀里的高压弹簧刚性过大，使得节流阀面过小，又由于空调系统工作时制冷剂的压力很高，所以会发出"吱吱"的节流响声。更换新的膨胀阀后，异响消失，故障排除。

 学习目标

1. 能通过与客户交流、查阅相关维修技术资料等方式获取车辆信息。
2. 能根据故障现象制订正确的维修计划。
3. 能正确选择诊断设备对膨胀阀故障进行诊断。
4. 能正确记录、分析各种检测结果并做出故障判断。
5. 能按照正确操作规范更换膨胀阀。
6. 能根据环保要求，正确处理对环境和人体有害的废料和损坏的零部件。

理论知识

1.4.1 热力膨胀阀结构与原理

热力膨胀阀简称膨胀阀，也称为节流阀，是组成汽车空调制冷装置的主要部件，其安装在蒸发器入口处，如图1-38所示。膨胀阀是汽车空调制冷系统的高压与低压的分界点，其功用是：把来自储液干燥器的高压液态制冷剂节流减压，调节和控制进入蒸发器中的液态制冷剂的量，使之适应制冷负荷的变化，同时可以防止压缩机发生液击现象和蒸发器出口蒸气异常过热现象。

1. 热力膨胀阀工作原理

汽车空调系统用的热力膨胀阀根据平衡力分为两种形式，即内平衡式热力膨胀阀和外平衡式热力

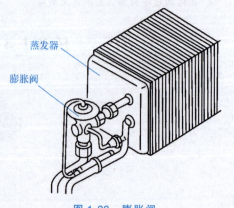

图1-38 膨胀阀

膨胀阀，其结构如图 1-39 所示。

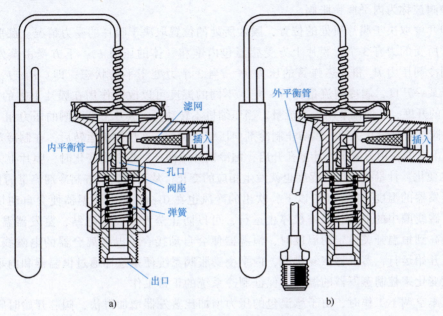

图 1-39　内平衡式热力膨胀阀和外平衡式热力膨胀阀
a）内平衡式　b）外平衡式

内平衡式制冷系统是目前应用得最广泛的一种制冷循环控制系统。现以内平衡式热力膨胀阀为例说明其工作原理。

膨胀阀具有计量、调节和控制三大功能。膨胀阀的计量孔可以释放制冷剂的压力（由针阀控制），使之由高压变为低压，是制冷系统内低压侧的始点。膨胀阀自动调节制冷剂流量的功能是依靠安装在蒸发器出口管子上的感温包来实现的，内平衡式热力膨胀阀工作原理如图 1-40 所示。由于节流后的压力是通过内平衡孔进入膜片下表面的，这个压力其实不是

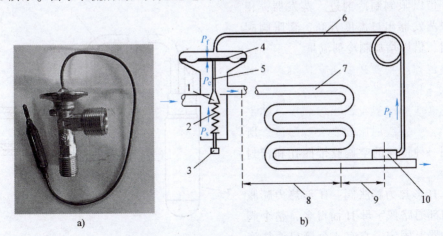

图 1-40　内平衡式热力膨胀阀工作原理
a）实物图　b）结构图
1—针阀　2—过热弹簧　3—调节螺钉　4—膜片　5—推杆　6—毛细管
7—蒸发器　8—湿蒸气部分　9—过热蒸气部分　10—感温包

蒸发器出口压力,而是节流后的压力,它比蒸发器出口的压力略大。因此相对外平衡阀来说,这种阀被称为内平衡膨胀阀。

阀的开度取决于膜片所处的位置,膜片所处的位置取决于膜片的受力情况。膨胀阀在工作时膜片所受的力有 3 个:膜片上方受感温包内饱和气体的压力 P_f,下方受由蒸发器进口导入的制冷剂压力 P_e 和过热弹簧的压力 P_s。当 3 个力处于平衡状态,即:$P_f = P_e + P_s$ 时,阀门处于某一开度,制冷剂流量保持一定。不同的温度可以改变作用在膜片上方的压力 P_f,改变阀门的开度,从而调节制冷剂流量。当压缩机不转动时,膜片上下两侧的压力相等,在弹簧作用下阀体将计量孔关闭,以防止制冷剂向压缩机倒流。在压缩机运转后,在制冷剂的压力下,膜片下方的作用力减小,计量孔开启,制冷剂开始循环。当温度变化时,膜片上方的压力 P_f 也随之变化,计量孔开启的程度也就发生相应的变化,从而达到调节制冷剂流量的目的。

在蒸发器的温度下降到 0℃ 以下,吹出的冷风也在 0~4℃ 时,恒温器便会自动切断电磁离合器电磁线圈中的电流,压缩机停止运行,可以防止蒸发器发生冻结,蒸发器温度回升;当温度升高到恒温开关设定的温度时,恒温器便会自动接合,电磁离合器的电磁线圈通电,压缩机又开始运行,蒸发器恢复供冷,内平衡膨胀阀系统便是这样通过恒温器和内平衡膨胀阀的开度变化来控制蒸发器的温度,保证制冷系统的正常工作。

当汽车空调不工作时,由于感温包的压力增加比蒸发器增加得快,阀芯开始时阀口是打开的;但是,随着时间的延长,蒸发器内温度增加,两者压力平衡,弹簧力使阀口关闭。因此,内平衡膨胀阀的阀口,在空调不工作时,是保持关闭状态的,这样有利于保护压缩机在重新工作时不产生液击现象。

膨胀阀的压力弹簧也可以人工调整,当膨胀阀的出液量小,车厢内温度降不下来时,可以通过调节螺钉将压力弹簧调软些;相反,则可将压力弹簧调硬些。

2. 典型热力膨胀阀的结构

(1) F 形热力膨胀阀　F 形膨胀阀的工作原理如图 1-41 所示。感温包和蒸发器出口管接触。蒸发器出口温度降低时,感温包、毛细管和薄膜上腔内的液体体积收缩,膨胀阀阀口将闭合,借以限制制冷剂进入蒸发器;相反,如果蒸发器出口温度升高,膨胀阀阀口将开启,借以增加制冷剂流量。

感温包和蒸发器必须紧密接触,完全不能和大气相通。如果接触不良,感温包就不能正确地感应蒸发器出口温度;如果密封不严,则感应的温度是大气温度。所以,要用一种特殊的空调胶带捆扎和密封感温包。

(2) H 形热力膨胀阀　H 形热力膨胀阀因其内部通路像字母 H 而得名,整个阀体在蒸发器上固定。它有 4 个接口通往汽车空调系统,其中 2 个接口和标准膨胀阀的一样,一个接储液干燥器出口,另一个接蒸发器进口。它还有 2 个接口,一个接

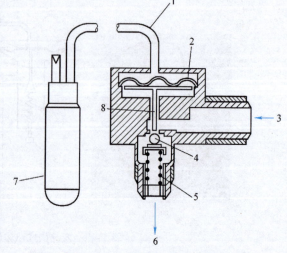

图 1-41　F 形膨胀阀的工作原理
1—毛细管　2—薄膜　3—进口　4—球阀
5—调整弹簧　6—出口　7—感温包　8—阀杆

蒸发器出口，另一个接压缩机进口，如图 1-42 所示。

压缩机首先将制冷剂压缩后送到冷凝器冷却液化，经储液干燥器后再进入 H 形膨胀阀，先进行节流减压，然后进入蒸发器蒸发、吸热。制冷剂蒸发成气体后再次进入膨胀阀，从阀中出来后回到压缩机再循环。当蒸发器的温度过低时，恒温器切断电磁离合器的电路，压缩机停止运行。温度升高后，恒温器自动接通电磁离合器电路，压缩机开始运行。由此可见 H 形膨胀阀同内平衡膨胀阀一样，能够根据蒸发气体的温度自动调节供给蒸发器的制冷剂量。

在高压液体进口和出口之间，有一个球阀控制的节流孔，节流孔的开度大小由弹簧和感温包控制。感温包内部的制冷剂直接感受从蒸发器出来的蒸气温度，以控制杆下部球阀的上下运动，并与弹簧一起控制流量的大小。当蒸发器的温度高，则感温包内制冷剂压力增大，克服弹簧压力，球阀开度增大，制冷剂流量增加，制冷量增大，反之制冷量减小。

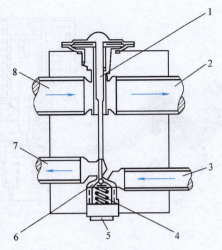

图 1-42　H 形热力膨胀阀

1—感温包　2—至压缩机　3—自储液干燥器来
4—弹簧　5—调整螺栓　6—球阀
7—至蒸发器进口　8—自蒸发器来

H 形热力膨胀阀结构紧凑、性能可靠且适合汽车空调的需要。其常用于循环离合器系统，它采用恒温器和 H 形膨胀阀共同完成制冷系统的循环通断运行。

H 形膨胀阀制冷系统目前已为许多著名的汽车厂家采用，例如北京切诺基吉普车、奔驰 230E 型汽车、克莱斯勒汽车等。克莱斯勒汽车公司把低压开关、恒温器一起装在 H 形膨胀阀上。

1.4.2　电子膨胀阀结构与原理

汽车空调系统采用电子膨胀阀后，可以通过蒸发器出口的温度、压力等参数，由电控单元控制制冷系统的运行。

电子膨胀阀由检测、控制和执行 3 部分构成。按驱动方式分，其有电磁式和电动式 2 类；其中电动式又分为直动型和减速型。

1. 电磁式膨胀阀

电磁式膨胀阀如图 1-43 所示。电磁线圈通电前，针阀处在全开位置；通电后，由于电磁力的作用，由磁性材料制成的柱塞被吸引上升，与柱塞连成一体的针阀开度变小。针阀的位置取决于施加在线圈上的控制电压（线圈电流），因此可以通过改变控制电压来调节膨胀阀的流量，其流量特性如图 1-43c 所示。

2. 电动式膨胀阀

电动式膨胀阀用电动机驱动，电动机直接带动阀针做上下移动的膨胀阀称为直动型电动膨胀阀，如图 1-44 所示。

直动型电动膨胀阀电动机转子的动力，主要是来源于电磁线圈间产生的电磁力，转矩由导向螺纹变换成阀针的直线移动，从而改变阀口的流通面积。转子的旋转角度及阀针的位移量与输入脉冲数成正比。

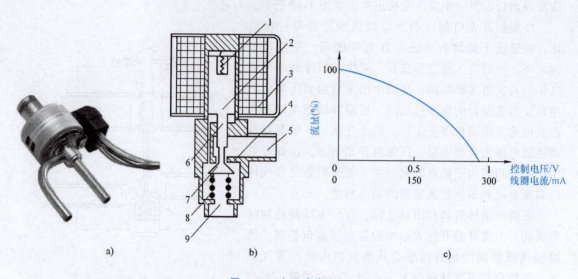

图1-43 电磁式膨胀阀
a) 实物图 b) 结构图 c) 流量特性
1—柱塞弹簧 2—柱塞 3—线圈 4—阀座 5—入口 6—阀杆 7—阀针 8—弹簧 9—出口

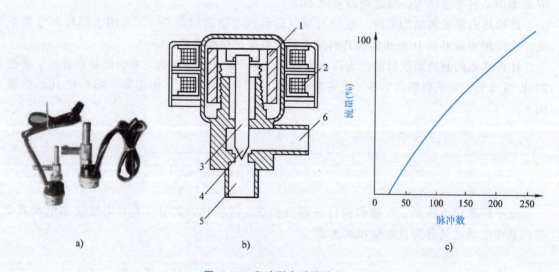

图1-44 直动型电动膨胀阀
a) 实物图 b) 结构图 c) 流量特性
1—转子 2—线圈 3—阀杆 4—针阀 5—入口 6—出口

减速型电动膨胀阀如图1-45所示。

减速型电动膨胀阀的工作原理是：电动机通电后，高速旋转的转子通过齿轮组减速，再带动阀针做直线移动，来改变阀口的流通面积。由于齿轮的减速作用大大增加了输出力矩，使得较小的电磁力可以获得足够大的输出力矩，所以减速型电动膨胀阀的容量范围大。减速型电动膨胀阀的另一特点是电动机组合部分与阀体部分可以分离，这样只要更换不同口径的阀体，就可以改变膨胀阀的容量。

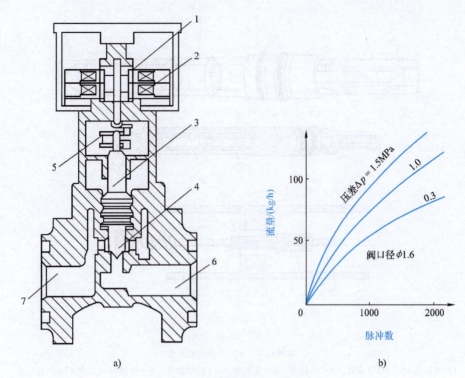

图 1-45 减速型电动膨胀阀
a）结构图　b）流量特性
1—转子　2—线圈　3—阀杆　4—针阀　5—减速齿轮　6—入口　7—出口

> 拓展阅读

1.4.3 孔管结构与原理

孔管是固定孔口节流的装置，两端都装有滤网，以防止系统堵塞。和膨胀阀一样，孔管也装在系统高压侧，但是取消了储液干燥器，因为孔管直接连通冷凝器出口和蒸发器进口。孔管的构造很简单：在一根工程塑料管的中间装了一条节流用的铜管，铜管的内孔孔径为4mm，塑料管两端装有金属过滤网。塑料外表面有密封用的 O 形橡胶密封圈。孔管的一端插进蒸发器，另一端插进从冷凝器引出的橡胶管中，其结构如图 1-46 所示。由于孔管没有运动件，所以结构简单，不易损坏，唯有滤网会发生堵塞，这时只需要将滤网拆下来，换上一个新的即可。

孔管不能改变制冷剂流量，液态制冷剂有可能从蒸发器出口流出。因此，装有孔管的系统，必须同时在蒸发器出口和压缩机进口之间安装一个气液分离器，实行气液分离，以防液击压缩机。孔管制冷系统用恒温器来控制离合器的电路，从而控制压缩机的运行和蒸发器的温度，防止其发生冰堵的现象。

常规孔管因其常性能恶化和压缩机（若为固定排量）的过频繁循环而使其应用受到限制。为了改善性能，可安装一个能对制冷剂压力变化做出反应并能通过改变节流孔大小来实现补偿的可变节流孔管，如图 1-46b 所示。为了让整个系统形成正确的压力分布，空调系

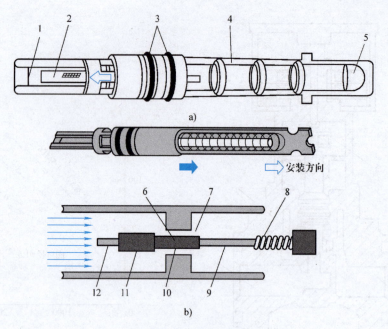

图 1-46 孔管结构

a) 常规孔管　b) 可变节流孔管

1—出口滤网　2—节流孔　3—密封圈　4—管外壳　5—进口滤网　6—计量针（具有不同的直径）
7—阀门缝隙　8—弹簧　9—与阀门有约 1.6mm 缝隙的一段孔管（如果在高速公路上行驶）
10—与阀门有约 1.3mm 缝隙的一段孔管（如果在城市行驶）　11—与阀门有约 1.1mm 缝隙的一段孔管（怠速）　12—与阀门有约 1.4mm 缝隙的一段孔管

统的正确操作是很重要的，这就要求压力分布必须与系统的负荷相适应，并促使蒸发器和冷凝器充分发挥效能。

可变节流孔管总成内含两个孔，一个固定孔，一个可变孔。固定孔是根据高速行驶所需的制冷剂流量来确定的，而可变节流孔根据从冷凝器流出的制冷剂的温度来调节制冷剂流量。可变节流孔管通过一个双金属片弹簧来检测温度，此双金属片弹簧随着制冷剂温度的变化而膨胀或收缩。在怠速和压缩机低速时，节流孔缝隙减小，从而在孔管的两端形成较大压力差，减小了制冷剂流量和蒸发器满溢现象。当由于车速导致的压缩机输出或者是外界负荷变化时，节流孔大小也会相应变化。高压管路内的压力克服弹簧弹力，推动计量针移动。推力的大小取决于行驶类型（怠速或高速）。计量针的不同直径使阀门缝隙增大或减小，从而与行驶条件相适应。

实践技能 ▶▶▶

1.4.4　膨胀阀的检测与故障诊断

1. 膨胀阀的检验

膨胀阀检验步骤如下：

1）将膨胀阀从制冷系统中卸下来，按图 1-47 所示，将压力计与制冷剂罐、膨胀阀连接起来。

2）将膨胀阀的感温包浸泡在可调水温的容器中，关闭歧管压力计上的低压手动阀，然后旋转注入阀手柄，使阀针刺破制冷剂罐上的密封垫并将管路中的空气排除。

3）开启歧管压力计上的高压手动阀，并将高压侧压力调至 0.49MPa，在读低压表读数的同时，测量水温。

4）将两个实测值与膨胀阀的压力和温度曲线（图 1-48）相比较，其交点应落在图 1-48 所示的两条曲线之间，否则，膨胀阀应进行调整或更换。

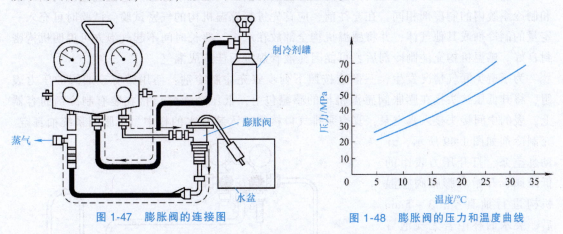

图 1-47　膨胀阀的连接图　　　　图 1-48　膨胀阀的压力和温度曲线

5）膨胀阀的流量检验和调整。最大流量检验：将感温包浸入温度为 52℃ 的保温水箱内，打开高压手动阀，精确地调整到压力为 0.392MPa，读低压表读数，最大流通压力应在 0.245~0.314MPa 之间。若压力超过 0.314MPa，则表示开度过大，若压力不足 0.245MP，则表示开度过小。

最小流量检验：将感温包浸入 0℃ 水中，打开高压手动阀，精确地将压力调整到 0.392MPa，读低压表读数，低压值应在规定范围之内。

膨胀阀的调整：将调整螺钉向逆时针方向旋转，弹簧弹力增大，流量减小；将调整螺钉向顺时针方向旋转，弹簧弹力减弱，流量增加。一般将调整螺钉拧一圈，其过热度变化量约为 1℃。

2. 确定膨胀阀产生和表现的故障现象

制冷系统正常时，手摸膨胀阀两端，其温度差别应很明显，即进口部位是热的，温度为 50~70℃，出口部位是凉的，有凝露但不结霜，温度为 0~5℃。根据不同的环境温度和车型，系统正常压力为低压 150~300kPa，高压 1300~1600kPa。

1）若膨胀阀的进口烫手，说明冷凝器散热不良或制冷剂过多。进一步的检测可以关闭发动机，观看储液罐上的视液孔，若看不见气泡，则表明制冷剂过多，这时系统的低压和高压均过高。

2）若膨胀阀的进口温度正常，出口是凉的，但有阀体结霜现象，说明膨胀阀可能堵塞或开度过小以及感温包内有物质泄漏，这时系统低压和高压均过低，堵塞严重时，低压甚至出现真空。

3）若膨胀阀的感温包与蒸发器的出口部位接触不良或感温包损坏，则会使膨胀阀的开度过大，造成压缩机的回气管表面结霜或有大量的露滴，回气管的温度比蒸发器表面还要低（凉），这时系统低压和高压均过高。

3. 检修膨胀阀感温机构故障

膨胀阀感温装置损坏的主要原因是感温包中制冷剂泄漏，这会使得空调制冷系统低压端压力极低，且无冷风。若当拆下膨胀阀的感温机构时，用拇指推压感应膜片，可感到膜片松弛，且缺乏弹力，就说明感温包中的制冷剂已漏光。这时即使将膨胀阀杆向下开至最大，膨胀阀仍处于关死状态，这是由于感应系统中无制冷剂而失去平衡导致的。

上述问题的修理方法是重新向感温包灌注制冷剂。一般要求膨胀阀感温包充注的制冷剂和制冷系统内的制冷剂相同。在充注前，应首先进行感温机构的气密试验。试验时可充入一定量的制冷剂或其他气体，并将感温机构全部放在水中，要长时间不起气泡方可说明机构密封良好。感温机构充注制冷剂后，可能因充液管焊接不佳造成漏气。

为了避免漏气情况发生，一般应按照下列步骤充注制冷剂：使用带有三通阀的压力表组，将其低压接头接在膨胀阀感温机构的感温包上，低压旁通螺口接在装有制冷剂的容器上，表的中间接头接入真空泵，真空泵排气口接管插入装有水的杯中。膨胀阀系统抽真空、充制冷剂如图 1-49 所示，开动真空泵，打开压力表组的低压阀，开始对膨胀阀感温机构进行抽真空，3～5min 后，装水的杯中若无气泡冒出，即表示制冷剂已排好，这时关闭低压阀，停止真空泵的运行。打开装制冷剂的容器阀门，按规定重量充注 R134a 制冷剂。确定其重量的方法有：在精密天平上称出注入制冷剂以前膨胀阀的重量，充入制冷剂后再在天平上称重量，二者的差值即为充入的制冷剂量，一般充

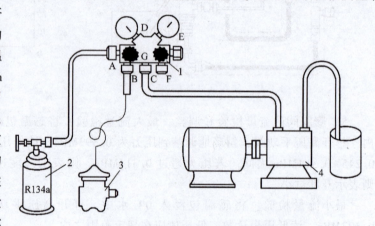

图 1-49 膨胀阀系统抽真空、充制冷剂
1—压力表组 2—R134a 瓶 3—膨胀阀 4—真空泵
A—低压旁通螺口 B—低压接头 C—中间接头
D—低压表 E—高压表 F—堵头 G—手轮

入量为 10g；也可在装置中设置容量为 10cm³ 的钢化玻璃管，通过钢化玻璃管充入定量制冷剂。假如没有天平和钢化玻璃管，也可用容积充注法，即首先向感温机构内充注制冷剂，然后将充注制冷剂的纯铜管在距感温包 80～100cm 处，用锤子砸扁并剪断。第一次不要完全砸扁密封，待剪断后让制冷剂放出 20% 左右，再完全砸扁密封，并浸入水中检查，直到不起泡为止。然后用拇指推压波纹膜片，测试其弹力大小。一般还应对膨胀阀进行检验，以确定充注的制冷剂量是否适中。

见任务工单4。

1. 热力膨胀阀简称膨胀阀，也称为节流阀，是组成汽车空调制冷装置的主要部件，其

安装在蒸发器入口处,是汽车空调制冷系统的高压与低压的分界点。

2. 膨胀阀功用是:把来自储液干燥器的高压液态制冷剂节流减压,调节和控制进入蒸发器中的液态制冷剂的量,使之适应制冷负荷的变化,同时可防止压缩机产生液击现象和蒸发器出口蒸气异常过热现象。膨胀阀具有计量、调节和控制三大功能。膨胀阀的计量孔可以释放制冷剂的压力(由针阀控制),使之由高压变为低压,是制冷系统内低压侧的始点。膨胀阀自动调节制冷剂流量的功能是依靠安装在蒸发器出口管子上的感温包来实现的。

3. 膨胀阀在工作时膜片所受的力有3个:膜片上方受感温包内饱和气体的压力 P_f,下方受由蒸发器进口导入的制冷剂压力 P_e 和过热弹簧的压力 P_s。当3个力处于平衡状态,即:$P_f = P_e + P_s$ 时,阀门处于某一开度,制冷剂流量保持一定。不同的温度可以改变作用在膜片上方的压力 P_f,改变阀门的开度,从而调节制冷剂流量。

4. 膨胀阀的压力弹簧也可以人工调整,当膨胀阀的出液量小,车厢内温度降不下来时,可以通过调节螺钉将压力弹簧调软些;相反,则可将压力弹簧调硬些。

5. 汽车空调系统采用电子膨胀阀后,可以通过蒸发器出口的温度、压力等参数,由电控单元控制制冷系统的运行。

6. 电子膨胀阀由检测、控制和执行3部分构成。按驱动方式分,其有电磁式和电动式2类,其中电动式又分为直动型和减速型。

7. 电磁式膨胀阀针阀的位置取决于施加在线圈上的控制电压(线圈电流),因此可以通过改变控制电压来调节膨胀阀的流量。

8. 减速型电动膨胀阀的工作原理是:电动机通电后,高速旋转的转子通过齿轮组减速,再带动阀针做直线移动,来改变阀口的流通面积。由于齿轮的减速作用大大增加了输出力矩,使得较小的电磁力可以获得足够大的输出力矩,所以减速型电动膨胀阀的容量范围大。

9. 孔管也是一种节流装置,其两端都装有滤网,以防止系统堵塞。和膨胀阀一样,孔管也装在系统高压侧。

10. 孔管的构造很简单:在一根工程塑料管的中间装了一条节流用的铜管,铜管的内孔孔径为4mm,塑料管两端装有金属过滤网。塑料外表面有密封用的O形橡胶密封圈。孔管的一端插进蒸发器,另一端插进从冷凝器引出的橡胶管中。

复 习 题

1. 膨胀阀的分类有哪些?
2. 请叙述F形、H形膨胀阀的区别。
3. 请叙述内平衡式热力膨胀阀的结构组成及工作原理。
4. 膨胀阀的检验方法有哪些?
5. 如何确定膨胀阀所产生和表现的故障现象?

学习情境 2
空调制冷系统冷气不足故障检修

任务 2.1　热交换器气流不畅通故障检修

任务载体

故障表现：有一辆日产阳光 2.0 排量汽车，空调使用 3 年未经任何维护，现在要求进行维护。发动车辆，起动空调，将温度设定至最低（18℃），风量开至最大，10min 后使空调运行稳定，怠速时（1000r/min）测得高压压力为 1.45MPa（环境温度为 35℃），低压压力为 0.19MPa（据温度与压力对应关系，此时对应的蒸发温度为 -0.13℃），蒸发器表面温度未实测，此时出风口温度为 10.9℃。然后将发动机转速提高至 1500r/min，测得高压压力为 1.51MPa，低压压力为 0.15MPa（此时对应的蒸发温度为 -4.14℃），出风温度最低下降至 9℃，电磁离合器断开，几十秒后又重新吸合，这种状况在提速时反复重现。因此，客户想进行修理提高制冷效果。

故障分析：电磁离合器断开一般是驾驶室内温度已达到设定温度或是蒸发器表面温度已接近 0℃，为防止结霜及高低压力异常所致。但是根据现场实测，其驾驶室内温度为 27℃，所以排除驾驶室温度已达设定温度而断开电磁离合器的原因；测得高压压力为 1.47MPa，低压压力为 0.15MPa，也属于正常压力范围，所以压力异常引起反复断开的原因也应予以排除。

因此故障原因有可能：一是因滤网过脏而引起进风量过小，热负荷不够，使蒸发器表面温度迅速下降至接近结霜温度，从而使防霜温度感应开关动作引起电磁离合器断开；二是因蒸发器表面过脏使蒸发器不能与吸入热风进行良好冷热交换而使蒸发器表面温度迅速下降，引起防霜温度感应开关动作，从而使电磁离合器断开。

解决方法：根据客户3年未对空调系统进行维护的情况，结合上述现象，更换空调进风口滤网（滤网已相当脏几乎完全被堵），并对蒸发器表面进行全面清洗（蒸发器表面管道及翅片积满灰尘）后，电磁离合器频繁断开的现象消除。此时测定，怠速时高压压力仍为1.47MPa（基本未变），低压压力为0.16MPa（此时对应的蒸发温度为3.09℃），出风口温度为6.7℃。发动机转速加速至1500r/min时，高压压力略有上升，为1.51MPa，低压压力为0.12MPa（此时对应的蒸发温度为-7.47℃），出风口温度为4.1℃。至此出风口温度明显下降，故障现象消除。

学习目标

1. 能通过与客户交流、查阅相关维修技术资料等方式获取车辆信息。
2. 能根据故障现象制订正确的维修计划。
3. 能正确选择诊断设备对蒸发器、冷凝器、风机故障进行诊断。
4. 能正确记录、分析各种检测结果并做出故障判断。
5. 能按照正确操作规范进行蒸发器、冷凝器、风机的更换。
6. 能根据环保要求，正确处理对环境和人体有害的废料和损坏的零部件。

理论知识

2.1.1 蒸发器的作用及分类

蒸发器主要分为管片式、管带式和层叠式。目前，我国乘用车上主要采用全铝层叠式蒸发器和管带式蒸发器，大型客车上主要采用铜管铝片式蒸发器，中型客车以管带式为主。例如：奥迪A6、宝来、本田、别克、赛欧、上海帕萨特等汽车空调均采用层叠式蒸发器，桑塔纳2000汽车采用管带式蒸发器。

（1）管片式蒸发器　管片式蒸发器的结构与管片式冷凝器基本相同，只是长度更短，厚度更厚，结构更紧凑，如图2-1所示。由于管片式蒸发器不如管带式换热效率高，所以管片式在前置式空调中用得越来越少。但是，由于管片式蒸发器胀管与散热片之间的结构独特（散热片垂直排列，构成垂直方向的直线水流通道），冷凝水可以顺着散热片往下流，这能很好地解决顶置式空调的排水问题，所以，尽管其换热效率不如管带式高，但仍广泛用于微

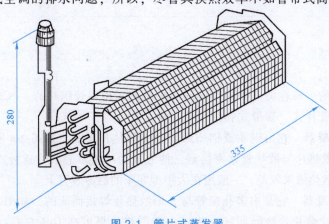

图2-1　管片式蒸发器

型汽车顶置式空调中，如长安 SC6331 微型车、昌河微型车、松花江微型车等顶置式空调。

（2）管带式蒸发器　管带式蒸发器的结构与管带式冷凝器基本相同，只是长度更短，厚度更厚，扁管的孔数更多，结构更紧凑，如图 2-2 所示。

（3）层叠式蒸发器　层叠式蒸发器由两片冲压成复杂形状的铝板叠焊在一起组成制冷剂通道，每两片通道之间夹有蛇形散热带，如图 2-3 所示。层叠式蒸发器采用薄板冲压件，可以冲出各种扰流花纹状制冷剂流道，并把传统单边室结构改成双边室结构，克服了单边室结构由于 U 形腔形成的偏流而影响工质传热性能的问题；上板与下板之间的连接方式由点结合变成线结合，提高了结合的可靠性；同时增大了与翅片的结合面积，提高了空气侧的换热效率，其换热效率在目前蒸发器中最高（层叠式蒸发器的换热效率可比管带式提高 10%以上）；另一方面，由于采用高性能翅片，其工质通道具有最佳的液力半径及合理的结构，结构最为紧凑，从而减轻了蒸发器的重量，其单位制冷量比单边

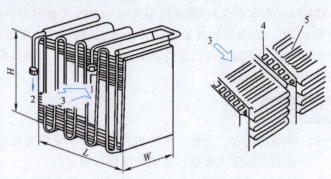

图 2-2　管带式蒸发器

1—制冷剂进口　2—制冷剂出口　3—空气流向　4—管带　5—散热片
L—长度　W—宽度　H—高度

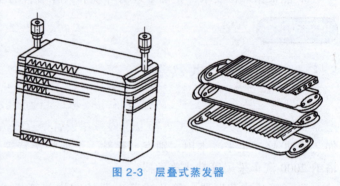

图 2-3　层叠式蒸发器

室减少 15%以上。此外，层叠式蒸发器具备优越的使用性，其板的外侧为直线通道，使冷凝水容易流走，提高了脱水性。同时，层叠式蒸发器表面经过特殊的工艺处理，其表面具有防腐、防臭的功能和良好的亲水性。

2.1.2　冷凝器的作用及分类

1. 冷凝器的分类

汽车空调制冷系统中的冷凝器是一种由管子与散热片组合起来的热交换器，其作用是：将压缩机排出的高温、高压制冷剂蒸气进行冷却，使其凝结为高压制冷剂液体。冷凝器的管片材料最早是全铜的，现在大部分是全铝的，少量有采用铜管铝片的。汽车空调系统冷凝器的结构形式主要有管片式、管带式和鳍片式 3 种。

（1）管片式冷凝器　它由铜质或铝质圆管套上散热片组成，如图 2-4 所示。片与管组装后，经胀管处理，散热片与散热管紧密接触，使之成为冷凝器总成。这种冷凝器结构比较简单，加工方便，但散热效果较差，一般用在大中型客车的制冷装置上。

（2）管带式冷凝器　它是由多孔扁管与 S 形散热片焊接而成的，如图 2-5 所示。管带式冷凝器的散热效果比管片式冷凝器好一些（一般散热效果可高 10%左右），但其工艺复杂、

焊接难度大、且材料要求高，一般用在小型汽车的制冷装置上。

（3）鳍片式冷凝器　它是在扁平的多通道表面直接铣出鳍片状散热片，然后装配成冷凝器的，如图2-6所示。由于其散热鳍片与管子为一个整体，因而不存在接触热阻，故散热性能好；另外，其管、片之间不需要复杂的焊接工艺，加工性好，节省材料，而且抗振性也特别好。所以，鳍片式冷凝器是目前较先进的汽车空调冷凝器。

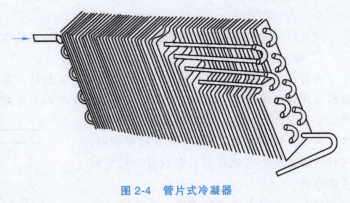

图2-4　管片式冷凝器

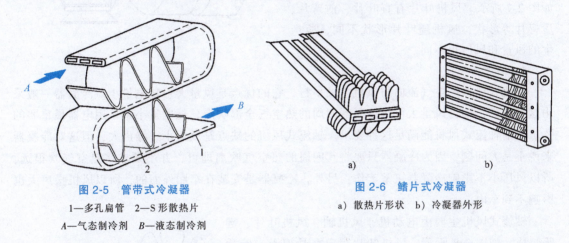

图2-5　管带式冷凝器
1—多孔扁管　2—S形散热片
A—气态制冷剂　B—液态制冷剂

图2-6　鳍片式冷凝器
a) 散热片形状　b) 冷凝器外形

对于乘用车，冷凝器一般安装在发动机冷却系统散热器之前，利用发动机散热器风扇吹来的新鲜空气和行驶中迎面吹来的空气流进行冷却。对于一些大、中型客车和一些面包车，则把冷凝器安装在车厢两侧、后侧和顶部。当冷凝器远离发动机散热器时，在冷凝器旁都必须安装辅助冷却的冷凝器风扇进行强制风冷，加速冷却。

在安装冷凝器时，需注意如下两点：

1）在连接冷凝器的管接头时，要注意哪里是进口，哪里是出口。从压缩机输来的高压制冷剂蒸气，必须从冷凝器上端入口进入，再流动到下部管道，冷凝成液态的制冷剂则沿下方出口流出并流入储液干燥器，此顺序绝对不能颠倒，否则，会引起制冷系统压力升高、冷凝器胀裂的严重事故。

2）在未连接管接头之前，不要长时间打开管口的保护盖，以免潮湿空气进入。

拓展阅读

2.1.3　风机的作用及分类

汽车空调制冷系统采用的风机，大部分是靠电动机带动的气体输送机械，它对空气进行较小的增压，以便将冷空气送到所需要的车厢内，或将冷凝器四周的热空气吹到车外，因而

风机在空调制冷系统中是十分重要的设备。

风机可分为离心式风机和轴流式风机两种。制冷系统主要使用离心式风机。

1. 离心式风机

离心式风机的空气流向与风机主轴成直角，它的特点是风压高、风量小、噪声也小。蒸发器采用这种风机时，高风压可将冷空气吹到车厢内每个乘员身上，会使乘员有冷风感。噪声大小是设计空调的一项重要指标，若车厢内噪声小，则乘员不会感到不适而过早疲劳。这种风机风量小的缺点，可在设计、选型时考虑弥补。

离心式风机主要由电动机、风机轴（与电动机同轴）、风机叶片、风机壳体等组成，如图2-7所示。风机叶片有直叶片、前弯片、后弯片等形状，风机随叶片形状不同，所产生的风量和风压也不同。

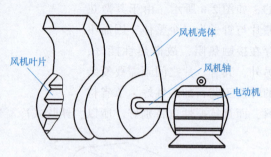

图2-7 离心式风机

2. 轴流式风机

轴流式风机的空气流向与风机主轴平行，它的优点是风量大、耗电量小。冷凝器一般采用这种风机，因为风量大可将冷凝器四周的热空气全部吹走。耗电量小是车用电器最重要的要求，而轴流式风机能满足这种要求。轴流式风机的缺点是风压小、噪声大，但这对冷凝器来说不是大问题，因为冷凝器只要将其四周的热空气吹离即可，并不要求将热空气吹很远，所以风压小不影响冷凝器正常工作；另外，冷凝器是安装在车厢外面的，所以风机噪声大也影响不到车内。

轴流式风机主要由电动机、风机轴、风机叶片、键等组成，如图2-8所示。风机叶片固定在骨架上，叶片常做成3、4、5片不等，叶片骨架穿在电动机轴上，由键带动旋转。

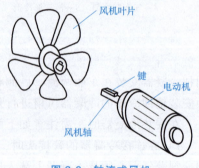

图2-8 轴流式风机

3. 风机的故障检修

（1）风机停止运行的故障诊断

1）熔断器烧断故障：查清原因后接上熔丝。

2）风机电路断开故障：查清电路通断、插头松动情况后予以处理。

3）调速电阻及开关失灵：此时应更换。

4）搭铁线松脱或锈蚀：此时应紧固或除锈。

（2）风机叶片转速太慢的故障诊断

1）风机电路接触不良或导线漏电故障：此时应查清原因排除故障。

2）风机轴变形：此时应进行矫正。

3）调速电阻烧断：此时应更换。

4）电压太低故障：此时应检查电源、电路电压并将故障排除。

5）固定叶片的定位螺钉松动：此时应拧紧螺钉。

> **实践技能**

2.1.4 蒸发器的检修

1. 蒸发器的检查

1) 蒸发器是否损坏。
2) 用检漏仪检查其是否泄漏。
3) 观察排泄管路是否洁净、畅通。
4) 观察蒸发器外表面是否有积垢。

应注意的是：蒸发器的泄漏不容易被发现。如果确定蒸发器确有泄漏，可封闭蒸发器输入口，直接在输出口进行抽真空试验。如果拆下蒸发器检修，微漏但见不到油痕时，应用检漏灯检测，对蒸发器泄漏的部位应进行焊补。若更换蒸发器总成，则应向压缩机补注 40~50cm^3 冷冻机油。

2. 蒸发器的拆卸

1) 拆下蓄电池的连接导线。
2) 慢慢地从系统中放出制冷剂。
3) 将制冷剂软管分别从蒸发器的进口和出口接头上卸下来，并立即盖住开口部位，以防潮湿空气进入系统内部。

3. 蒸发器的维修

1) 清除蒸发器外表面积垢、异物。
2) 若蒸发器管有泄漏，应进行焊补，若无法焊补应更换蒸发器总成，并向压缩机补充 40~50ml 的冷冻机油。
3) 清洁排泄管路，并清除积聚在底板的水分。
4) 若是蒸发器风机故障，应修理风机。

4. 蒸发器的故障诊断

一般汽车空调正常工作时，蒸发器表面温度在不结霜的前提下应越低越好。蒸发器表面温度不正常的原因与处理方法见表 2-1。

表 2-1 蒸发器表面温度不正常的原因与处理方法

蒸发器表面温度	故障原因	处理方法
不低于 15℃	缺制冷剂 通风不良 膨胀阀故障 蒸发器表面不清洁	补充制冷剂 改善通风环境 调整或更换膨胀阀 清洗蒸发器表面
低于 0℃	温度控制器失灵 风机故障	调整或更换温度控制器 修理或更换风机

2.1.5 冷凝器的检修

1. 冷凝器的检查

1) 用检漏仪检查冷凝器泄漏情况。

2）检查冷凝器管内脏堵或管外弯瘪情况。若发现压缩机排气压力过高，不能正常制冷，管外有结霜、结露现象，说明管内脏堵或管外弯瘪。

3）若冷凝器管外及翅片外表面有污垢、残渣等，将造成其散热不良。

2. 冷凝器的拆卸

1）慢慢地从系统中排出制冷剂。

2）将制冷剂管从冷凝器的进、出口接头上拆卸下来。

3）拆卸冷凝器，拧下连接螺栓，取出衬垫。

当需要拆卸冷凝器时，与排除制冷剂方法类似，缓慢地将制冷剂从冷凝器中排出，且拆开连接管后应及时封住管口，以防止潮湿空气进入。冷凝器修理安装后，制冷系统应重新抽真空，充注制冷剂，并对接头进行检漏。

3. 冷凝器的维修

1）冷凝器由于碰撞或振动而破损时，应卸下冷凝器进行焊接修补；无法修理时，应更换同规格的冷凝器，并向压缩机补充 40~50ml 的冷冻机油。

2）冷凝器散热翅片若歪曲变形，可用镊子校正铝散热翅片。

3）冷凝器内脏堵时，应拆开冷凝器出口和进口接头，用高压氮气吹洗，冲出脏物。

4）冷凝器表面积灰，通风受阻时，可用软毛刷轻刷表面或用吸尘器吸除灰尘。

5）冷凝器管接头处泄漏时，应更换管接头，并重新进行检漏和试压。

6）若是冷凝器风扇故障，可不必拆卸冷凝器，只需修理冷凝器风扇。

4. 冷凝器的故障诊断

一般汽车空调制冷系统正常工作时，冷凝器入口管的温度应为 70℃ 左右，出口管温度应为 50℃ 左右，若不是，说明系统可能存在泄漏。

任务工单

见任务工单 5。

学习小结

1. 蒸发器主要有管片式、管带式和层叠式。目前，我国乘用车上主要采用全铝层叠式和管带式蒸发器，大型客车上主要采用铜管铝片式蒸发器，中型客车以管带式为主。

2. 汽车空调制冷系统中的冷凝器是一种由管子与散热片组合起来的热交换器。其作用是：将压缩机排出的高温、高压制冷剂蒸气进行冷却，使其凝结为高压制冷剂液体。

3. 冷凝器的管片材料最早是全铜的，现在大部分是全铝的，少量有采用铜管铝片的。

4. 汽车空调系统冷凝器的结构形式主要有管片式、管带式和鳍片式 3 种。

5. 汽车空调制冷系统采用的风机，大部分是靠电动机带动的气体输送机械，它对空气进行较小的增压，以便将冷空气送到所需要的车厢内，或将冷凝器四周的热空气吹到车外，因而风机在空调制冷系统中是十分重要的设备。

6. 风机可分为离心式风机和轴流式风机两种。制冷系统主要使用离心式风机。

7. 离心式风机的空气流向与风机主轴成直角，它的特点是风压高、风量小、噪声也小。蒸发器采用这种风机时，高风压可将冷空气吹到车厢内每个乘员身上，会使乘员有冷风感。

8. 离心式风机主要由电动机、风机轴（与电动机同轴）、风机叶片、风机壳体等组成。

风机叶片有直叶片、前弯片、后弯片等形状，风机随叶片形状不同，所产生的风量和风压也不同。

自我测试

思考题

1. 蒸发器表面脏对空调制冷效果有无影响？为什么？
2. 冷凝器表面脏对空调制冷效果有无影响？为什么？

复习题

1. 请叙述蒸发器的作用及分类。
2. 请叙述风机的分类。
3. 离心式风机由哪些部件组成？
4. 风机停止运行的故障诊断方法有哪些？
5. 风机叶片转速太慢的故障诊断方法有哪些？
6. 请说明蒸发器的泄漏应检查什么部位。
7. 如何通过蒸发器表面温度判断故障？
8. 请叙述冷凝器的拆卸步骤。
9. 请叙述冷凝器的维修方法。
10. 请叙述蒸发器的拆卸步骤。

任务 2.2　储液干燥器堵塞故障检修

任务载体

故障现象：一辆桑塔纳汽车，行驶里程在 6 万 km 左右，空调制冷效果差，当气温在 26℃ 左右时，空调出风口处温度却有 30℃ 左右，制冷效果明显不好。虽然在空调压缩机开启的瞬间，空调制冷效果好，制冷量也能达标，但只要连续开机不到 1min，空调制冷效果就变差，直至不制冷。

故障诊断：从外观上检查，空调管道和系统内所有零件均正常，也无渗漏之处，也未见到有油污处，各管道连接、接口也牢固良好。用空调检测仪测量，测得高压压力为 1.5MPa，低压压力为 0.2MPa。从仪器的读数上看，空调也没有故障，但发动机转速稳定在 2000r/min 时，就发现压力发生变化了：高压压力基本不变，而低压压力却随着发动机转速的上升而逐步下降，直至下降为0。根据以上情况就可以判定是膨胀阀出故障了。

若膨胀阀因通道堵塞造成制冷剂流动不畅，将使膨胀阀两端压力差过大。若此时压缩机又在正常工作，则会将膨胀阀后端的制冷剂很快抽空而形成真空，这时低压表上的读数就逐渐下降，最后降至0。

整体更换膨胀阀后空调制冷效率马上就上升了，效果很好。但是行驶2天后空调制冷效果又变差。故障到底出在何处呢？空调系统内主要零件有压缩机、冷凝器、膨胀阀、高低压管和储液干燥器等。从上次修理过程中可以得出压缩机、冷凝器和高低压管均无故障。再次使用空调检测仪测试，测得高压压力为1.5MPa，低压压力为0.2MPa，再次提高发动机转速至2000r/min时，低压表上的压力指示就开始下降了，直至下降为0。

为了搞清膨胀阀再次堵塞的原因，拆下储液干燥器，从外观上看未见异常，但在检查时，一摇动储液干燥器就能听到轻微的响声。将其翻倒，能见到表面呈黑褐色、有光泽、细如丹砂一样的颗粒，仔细一看是干燥剂。由此判定，故障原因是干燥剂散出，滑入制冷剂中参与循环，在膨胀阀处因孔径太小而无法通过，于是堵塞了膨胀阀。

学习目标

1. 能通过与客户交流、查阅相关维修技术资料等方式获取车辆信息。
2. 能根据故障现象制订正确的维修计划。
3. 能正确选择诊断设备对储液干燥器故障进行诊断。
4. 能正确记录、分析各种检测结果并做出故障判断。
5. 能按照正确操作规范进行储液干燥器的更换。
6. 能根据环保要求，正确处理对环境和人体有害的废料和损坏的零部件。

理论知识

2.2.1 储液干燥器的作用

储液干燥器也称干燥过滤器，安装在冷凝器和膨胀阀之间，如图2-9所示。它主要由干燥器体、视液窗、易熔塞和引出管等组成。干燥器体由钢材焊接或拉伸而成，在其内部装有引出管、干燥剂和过滤网等。制冷剂在储液干燥器中的流动情况如图2-9b中箭头所示。在储液干燥器上部出口端装有玻璃视液窗，用于观察制冷剂在工作时的流动状态，由此可判断制冷剂的量是否合适，以及制冷系统的基本工作情况。在R134a系统中，正常状态下的制冷剂呈雾状，因此视液窗并不用于R134a系统。

对直立式储液干燥器而言，安装时一定要垂直，倾斜度不得超过15°。安装前一定要先弄清储液干燥器的进、出口端，在储液干燥器的进出口端一般都有标记，如进口端用英文IN表示，出口端用英文OUT表示，或直接打上箭头以表示进、出口端。如果进、出口相互接反，会使制冷剂量不足。

储液干燥器出口端旁边装有一只易熔塞，也称安全熔塞，它是制冷系统的一种安全保护装置。其中心有轴向通孔，孔内装有焊锡之类的易熔材料，这些易熔材料的熔点一般为85~95℃。当冷凝器因通风不良或冷气负荷过大而冷却不够时，冷凝器和储液干燥器内的制冷剂温度会升高，当压力达到3MPa左右时，温度将超过易熔材料的熔点，此时，易熔塞中心孔

学习情境2　空调制冷系统冷气不足故障检修

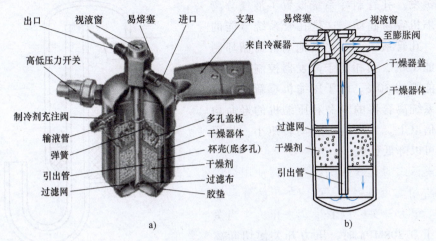

图 2-9　储液干燥器
a) 实物图　b) 结构图

内的易熔材料便会熔化，使制冷剂通过易熔塞的中心孔逸出散发到大气中去，从而可避免系统的其他部件因压力过高而胀坏。

储液干燥器的主要作用如下：

1) 去除制冷系统内多余水分。储液干燥器中装有一定量的干燥剂，用于吸收制冷系统中的水分，使制冷系统中参与制冷循环的水分在安全可靠范围内。

2) 过滤制冷系统内杂质。在储液干燥器中装有过滤网，能够将颗粒杂质过滤掉。粒径大于 $5\mu m$ 的杂质，未经过滤有可能会堵塞在膨胀阀部位，从而造成系统无法正常运行或导致系统制冷量下降。

3) 储存制冷剂。汽车空调受环境温度、行驶速度等因素影响，其工况不断变化，而制冷剂的加注量是一定的，因此，在某些工况下，需要根据制冷量的需要，将多余的制冷剂储存在储液干燥器中。

4) 液气分离。如果有气液混合的制冷剂进入储液干燥器，则气态制冷剂会留在顶部，只有液态制冷剂会降到下部，这样就能保证从储液干燥器出来的是不含气体的、具有一定过冷度的饱和液态制冷剂。

拓展阅读 ▶▶▶

2.2.2　气液分离器的作用

气液分离器是一种特殊形式的储液干燥器，用于回气管路中的气液分离（图 2-10）。气液分离器除了起到干燥、过滤制冷剂作用外，还有 2 个功能：一是为了防止蒸发器中未蒸发的 R134a（或 R12）进入压缩机（从蒸发器出来的未蒸发的 R134a（或 R12）在液气分离器中再次蒸发后才进入压缩机）；二是压缩机停止运行时，将高压端流过来的液态制冷剂储存起来，不让其流至压缩机，从而使压缩机容易重新起动，又不会使其产生液击现象（由于孔管不能关死，可能会让高压侧的液态 R134a（或 R12）产生液击，击毁压缩机，所以只有在低压端设置一个体积比较大的液气分离器）。装在气液分离器里的液态制冷剂在压缩机起动后会再蒸发。孔管制冷系统设置了液气分离器，使压缩机容易起动，这是孔管系统节能的根本原因。孔管系统一般比其他离合器循环制冷系统节能15%，而相比于蒸发器控制的制冷系统，节能则达30%。由于压缩机重新起动容易，孔管系统离合器的寿命和压缩机的寿命均能延长一倍以上。另外由于起动转矩小，其压缩机损耗可以降低更多。

现在最新式的孔管系统已经不再使用温度控制器（防霜温度开关），而是在气液分离器上安装一个压力开关，以测量蒸发压力。当蒸发压力低于0.308MPa时，压力开关便切断离合器电磁线圈的电路，使制冷压缩机停止运行。例如，蒸发压力为0.310MPa时，离合器吸合，压缩机运行；而在蒸发压力降到0.273MPa时，离合器分离，压缩机停止运行。

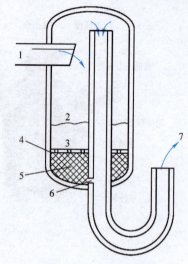

图2-10 气液分离器

1—来自蒸发器的制冷剂 2—气体 3—液体 4—过滤网
5—干燥剂 6—泄油孔 7—至压缩机的制冷剂

> 实践技能 ▶▶▶

2.2.3 储液干燥器的检修

1. 储液干燥器的检修

检修该部件时须使用检漏仪检查其接头是否泄漏，然后检查玻璃观察窗是否清洁，易熔塞是否完好等。需要拆卸干燥器时，应缓慢排出制冷剂。对于大型车，可将制冷剂抽入储液干燥器后进行检修。在检修时，拆卸输入和输出管后，应及时封住管口。在拆洗或更换储液干燥器后，须补加20cm³冷冻机油。

2. 储液干燥器温度不正常时的处理

正常情况下汽车空调制冷压缩机盖的表面温度应为70℃左右。若温度过高，可能是因为制冷剂过多或冷冻机油过少，应适当调整制冷剂与冷冻机油油量；若温度过低，可能是制冷剂不足或管路堵塞，应充注制冷剂或消除堵塞。

正常情况下汽车空调制冷系统储液干燥器的温度应为50℃左右。在检查时，应测量储液干燥器上、下温度。若温度不一致，则说明储液干燥器中过滤网堵塞，应清洗或更换过滤网。

3. 储液干燥器堵塞故障的确定

储液干燥器堵塞时的空调系统压力读数范围和故障现象如下：
1) 低压表上显示真空读数：出现负压。
2) 高压表上显示的压力读数非常高，达到2.04MPa。
3) 系统不能循环制冷剂。
4) 视液窗（膨胀阀系统）处可能出现一些气泡。
5) 配气室内温度计读数与环境温度相同。

6) 液体管路上的堵塞点处结露或结霜,并有向蒸发器方向发展的趋势。

注:如果没有完全堵死,低压侧压力表读数可能稍高,可能在 0~69kPa 之间。

4. 确定储液干燥器是否已饱和

已饱和的故障现象表现如下:

1) 低压侧压力较正常,压缩机压力循环周期要比正常的长。
2) 高压侧压力在正常值的上限,约 1.39MPa。
3) 视液窗上有气泡。
4) 配气室温度计读数在 10~16℃ 之间。

已饱和故障处理方法:

已饱和的储液干燥器必须更换,制冷系统还要用制冷剂冲洗清洁。

视液窗上出现的气泡可能是制冷剂蒸气,也可能是水蒸气。若是后者,水蒸气将在膨胀阀处冻结,从而间断地阻断系统运行。当水蒸气在膨胀阀处冻结,低压侧压力表上示数将为真空值。

  任务工单

见任务工单 6。

  学习小结

1. 储液干燥器也称干燥过滤器,安装在冷凝器和膨胀阀之间。它主要由干燥器体、视液窗、易熔塞和引出管等组成。如果有气液混合的制冷剂进入储液干燥器,则气态制冷剂会留在顶部,只有液态制冷剂会降到下部,这样才能保证从储液干燥器出来的是不含气体的、具有一定过冷度的饱和液态制冷剂。

2. 气液分离器是一种特殊形式的储液干燥器,用于回气管路中的气液分离。

  自我测试

思 考 题

1. 储液干燥器中干燥剂失效对空调制冷系统有无影响?为什么?
2. 储液干燥器堵塞对空调制冷系统有无影响?为什么?

复 习 题

1. 储液干燥器的作用是什么?请叙述储液干燥器失效对空调制冷系统的影响。
2. 请叙述储液干燥器与气液分离器的异同。
3. 如何确定储液干燥器的堵塞故障?
4. 如何确定储液干燥器已饱和?

学习情境3

空调暖风、通风与空气净化系统的故障诊断

任务3.1　空调暖风系统认知及诊断

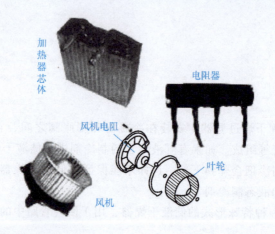

 任务载体

故障现象：一辆奔驰 S320W140 汽车，在发动机转速超过 3000r/min 时出风口暖风变凉，前空调无暖风。

故障分析：根据故障现象和经验初步判断，该故障可能是由空调控制风门真空管路漏气造成的。因为随着节气门开度的逐渐增大，真空度会逐渐减小，减小的真空度无法保持混合风门原来的位置。为了进一步验证，用真空枪对发动机真空源处所有空调的真空管路进行测试，但是没有发现漏气的地方。这时分析，可能还有以下几个原因：暖风水阀卡死或 ECU 导致错误的暖风水阀动作；暖风水泵叶轮高速有打滑的现象。

为了彻底排除暖风水阀的故障，将暖风水阀打开，将两锥形阀头换掉并重新装好。测试后故障依旧。然后打开暖风水泵的叶轮，发现由于系统长期使用自来水，产生了不少的水垢，但没有发现明显的叶轮卡死现象。这时怀疑暖风水泵叶轮可能打滑。高速时，叶轮如果因外力打滑，不但不能加速系统循环，反而会起到单向阀的作用。最后一个可能就是暖风散热器因常年结有水垢，循环不畅。在没有把握的情况下，首先更换暖风水阀总成。更换后继续观察，故障现象还是没有一点变化。接下来只有疏通暖风散热器。

当快拆完仪表板时，发现车内副驾驶侧风窗玻璃下有许多粗糙的焊接痕迹，因此判断此

车一定是事故车。若是事故车，重新连接的暖风水管会不会有错误？随后立即检查暖风水管，果然发现发动机后端、前后空调的四通阀、前空调的进出水管接错了！这种情况下，发动机在高速时暖风水泵不但不能加速冷却液的循环，而且其叶轮在电动机作用力与发动机冷却液压力平衡的情况下会处于静止状态；而在发动机低速时，暖风水泵的压力将大于发动机冷却液压力，从而使暖风散热器中的冷却液逆向循环，所以感觉暖风异常。

故障处理：调换两水管的位置，故障彻底解决。

学习目标

1. 能通过与客户交流、查阅相关维修技术资料等方式获取车辆信息。
2. 能根据故障现象制订正确的维修计划。
3. 能正确选择诊断设备对暖风系统故障进行诊断。
4. 能正确记录、分析各种检测结果并做出故障判断。
5. 能按照正确操作规范进行暖风系统部件的更换。
6. 能根据环保要求，正确处理对环境和人体有害的废料和损坏的零部件。

理论知识

3.1.1 空调暖风装置的分类

汽车空调暖风装置是将新鲜空气送入热交换器，并吸收某种热源的热量，从而提高空气的温度，并将热空气送入车内的装置。

汽车空调暖风装置的种类很多，根据热源不同汽车暖风装置可分为如下几种形式：

1) 利用发动机冷却液的热量作为热源的空调暖风装置，称为水暖式暖风装置，这种暖风装置多用于乘用车、大型货车及对采暖要求不高的大客车。

2) 利用发动机排气系统的热量作为热源的空调暖风装置，称为气暖式暖风装置，这种暖风装置多用于安装风冷式发动机的汽车。

3) 装有专门的燃烧机构的暖风装置，称为独立燃烧式暖风装置，这种暖风装置多用于大客车。

4) 既利用发动机冷却液的热量，又装有燃烧预热器的暖风装置，称为综合预热式暖风装置，这种暖风装置多用于大客车。

根据空气循环方式，汽车暖风装置又可分为：

（1）内循环式（又称内气式） 是指利用车内空气循环，将车厢内部空气作为载热体，让其通过热交换器升温，使升温后的空气再进入车厢内取暖的循环方式。这种方式消耗热量小，但从卫生标准看，是最不理想的。

（2）外循环式（又称外气式） 是指利用车外空气循环，将车外新鲜空气作为载热体，让其通过热交换器升温，使升温后的空气再进入车厢内取暖的循环方式。从卫生标准看，外循环式是最理想的，但消耗热量也最大，不经济，只有有特殊要求或高级豪华汽车的空调才采用这种方式。

（3）内外混合式（又称内外气并用式） 是指既引进车外新空气，又利用部分车内的原有空气，以新旧空气的混合体作为载热体，通过热交换器向车厢里供暖的循环方式。从卫生标准和热量消耗的角度看，其介于内循环式和外循环式之间，是目前应用最普遍的方式。

3.1.2 水暖式暖风装置的结构与原理

水暖式暖风装置一般以水冷式发动机冷却系统中的冷却液为热源，将冷却液引入车厢内的热交换器中，同时使风机送来的车厢内空气（内循环式）或外部空气（外循环式）与热交换器中的冷却液进行热交换，风机将加热后的空气送入车厢内。

发动机冷却系统中的热的冷却液由进水管从发动机水套引出，再通过出水管返回发动机冷却系统。水暖式暖风装置由进水阀、暖风散热器、风机、风门等组成，如图3-1所示。

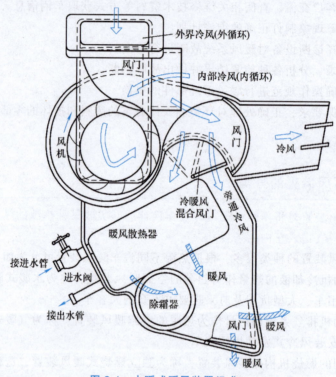

图3-1 水暖式暖风装置组成

水暖式暖风装置的管路连接如图3-2所示。从发动机冷却液控制阀分流出来的冷却液流入加热器芯体，放热后的冷却液由管道回到发动机。另一路冷却液通过管道进入散热器，放热后由管道回到发动机。在发动机冷却液进口装有水泵，它是冷却液循环的动力。冷空气在风机的作用下，通过加热器加热后，由不同的风口吹入车厢内。暖风装置的暖风流经驾驶人座位左右的空间后，在车内均匀分布。为了防止风窗玻璃结霜，暖风可以通过风窗玻璃下面的出风口吹到风窗玻璃上。

水暖式暖风装置的热源是从汽车发动机的冷却液中取得的，因此热源的取得非常容易，只需要将发动机的冷却液输送到热交换器中即可。该热源供给热量可靠，发动机只要工作，就会产生热的冷却液，而且很经济，不需另外的燃料。另外，发动机的冷却液温度适中，散热也均匀。因此，这种暖风装置在国内外生产的乘用车（如丰田、马自达、奔驰、红旗、奥迪、桑塔纳等）、大型货车及采暖要求不高的大客车上均得到应用。

水暖式暖风装置也存在不少缺点，最大的缺点是供暖必须在发动机冷却液温度上升到大

学习情境3 空调暖风、通风与空气净化系统的故障诊断

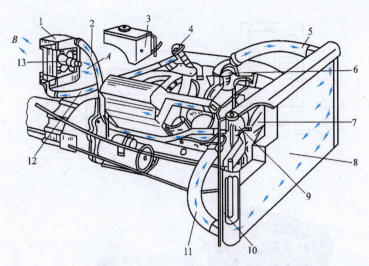

图 3-2 水暖式暖风装置的管路连接

1—加热器芯体 2—加热器出水管 3—膨胀水箱 4—冷却液控制阀 5—散热器进水管 6—恒温器 7—风扇
8—散热器 9—水泵 10—散热器溢流管 11—散热器出水管 12—加热器进水管 13—加热器风机
A—冷空气 B—热空气

循环时才能开始,因此在寒冬季节、下坡、停车或刚起步时,热源提供的热量就显得不足,如果使用不当,发动机容易发生过冷现象。对于车身较长的大型客车,特别是在北方冬季使用或外界温度低的情况下,车厢热负荷很大,仅靠水暖式暖风装置难以取得令人满意的效果。

拓展阅读

3.1.3 其他类型的暖风装置

1. 气暖式暖风装置的结构与原理

在安装风冷式(或水冷式)发动机的客车上还采用了气暖式暖风装置,如图 3-3 所示,它利用发动机排气的余热来给车厢供暖。这种装置是将冷空气(或发动机冷却空气的一部分)导入并联于排气管的热交换器里,使其接受发动机排气带出的热量,通过热交换器使其温度升高,然后导入车厢内供车内采暖和除霜。

该装置使用时只需将排气管上的废气阀门向下转,堵住通往消声器的通路,废气便能进入热交换器内,新鲜空气通过热交换器的散热片吸收热量后形成暖风,由风机送入车厢。失去热量的废气通过热交换器排到大气中。

气暖式暖风装置的热交换器效率较低,不但结构复杂、体积较大、比较笨重,而且车速及发动机的工作状况对供暖效果影响极为显著,暖风湿度变化也很大。在城市或道路状况较差的路面上行驶时,其供暖能力往往不足。而且,由于腐蚀、热应力和高压作用,其排气管、消声器管壁及热交换器会渐渐漏气,致使发动机排出的有毒废气进入车厢,对人体健康非常不利。此外,增加的排气管道和接入的热交换器,增加了发动机排气阻力,消耗了发动机的功率,影响了发动机的正常工作。由于其供暖能力有限,气暖式暖风装置还必须采用另

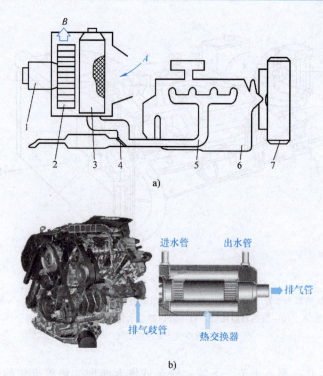

图 3-3 气暖式暖风装置
a) 排气装置 b) 热交换器
1—风机电动机 2—风机 3—热交换器 4—废气阀门 5—发动机排气管 6—发动机 7—发动机散热器
A—新鲜空气 B—暖风

一种辅助装置解决车窗的除霜问题,所以现在已很少使用。

2. 综合预热式暖风装置的结构与原理

为了既能利用发动机冷却液的热量,又能避免独立燃烧式暖风装置的废气泄漏窜入车厢,同时满足大型客车热负荷的要求,近年来大客车上采用了一种综合预热式暖风装置,如图3-4所示。这种装置的热交换器和独立燃烧式的基本相同,只是将独立燃烧式暖风装置中加热的新鲜空气改为加热发动机冷却液。

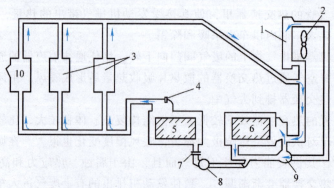

图 3-4 综合预热式暖风装置
1—发动机散热器 2—散热器风扇 3—车内暖风装置 4—防止过热的热敏电阻 5—预热器 6—发动机
7—控制冷却液温度的热敏电阻 8—水泵 9—热敏开关 10—除霜机

综合预热式暖风装置在通常的发动机冷却液管路上并联了一条装有预热器与水暖式暖风装置的管路，并在预热器入口与发动机之间的管路上装有水泵，当冷却液温度升到或降到某一值时，预热器会自动中断或重新进行工作。综合预热式暖风装置提高了发动机的起动性，改善了发动机的冷却状况，延长了发动机的使用寿命。这种装置暖风柔和，成本较低，很有发展前途。

3. 独立热源气暖式暖风装置

图 3-5 所示为独立热源气暖式暖风装置结构，它由燃烧室、热交换器、供给系统及控制系统组成，是独立燃烧式暖风装置的一种。

燃烧室由燃油分布器管、火花塞、燃油分布器等组成。燃油分布器直接装在风机电动机轴上，依靠离心力和空气的切向力将燃油雾化并将其与空气混合，在火花塞点火引燃后，在燃烧室上部燃烧。燃烧室温度可达 800℃，所以要用耐热不锈钢制造。

热交换器紧靠在燃烧室后端，由双层腔室构成，中心是燃烧室，包围燃烧室的第一层空腔通加热的空气，再包围一层空腔通燃烧气体，然后引到排气管。外面再包围一层空腔通加热的空气。燃烧热量通过金属隔板加热空气，加热后的空气集中到暖气室，然后被送到车内。

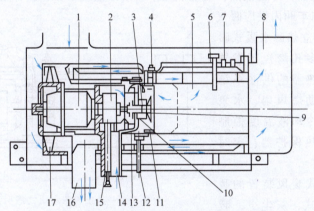

图 3-5 独立热源气暖式暖风装置结构

1—风机电动机　2—燃油泵　3—燃油分布器　4—火花塞　5—燃烧室　6—燃烧指示灯　7—熔丝　8—暖风排出口　9—燃油分布器帽　10—燃油分布器管　11—燃烧环　12、16—排气管　13—燃烧室空气风机　14—燃烧室空气吸入管　15—燃油吸入管　17—暖风风机

供给系统包括空气供给系统和燃油供给系统。燃油泵是由风机电动机驱动的。燃油泵将燃油从油箱中抽取，经滤清器、燃油吸入管，送入环形雾化器后和空气混合燃烧。空气依靠风机吹向加热器夹层。

控制系统用来控制风机电动机、电磁阀、火花塞、过热保护器、继电器的工作。当加热器的暖风出口温度超过设定值（80℃）时，过热保护器动作，使继电器自动切断燃油泵电磁阀的电源，燃油泵停止供油，加热器停止工作。由于燃烧室的温度非常高，为了不使燃烧室被烧坏，应先切断燃油泵，停止燃烧室中的燃烧，而使风机仍继续运转，带走燃烧室中的热量，直到其温度降至正常再关闭风机。

其工作过程如下：当暖风装置中的电动机接通电源开始运转时，带动燃油泵 2、燃油分布器 3、燃烧室空气风机 13、暖风风机 17 运转。燃油由燃油泵 2 从燃油箱中经滤清器、燃油吸入管 15 吸出，吸出的燃油从燃油分布器 3 内部滴下，在离心力作用下雾化。燃烧室空气风机 13 将空气由空气吸入管 14 吸进与燃油（汽油、柴油、煤油等）混合，然后混合气由火花塞点火在燃烧室 5 中进行燃烧。一旦燃烧开始，火花塞即断电，由燃烧热和燃烧环 11 保持燃烧，燃烧后的高温气体由排气管 16 排到环境中。风机电动机前端安装的燃烧室空气风机送入空气，空气经过燃烧室、外筒间壁以及外筒外侧被加热。加热的空气由暖风排出口 8 排出，进入车厢内的管道，为各风口供暖。

4. 独立热源水暖式暖风装置

独立热源水暖式暖风装置的工作原理与气暖式基本相同，其加热介质不是空气而是水。水暖式的最大优点是不仅可为车厢采暖，还可预热发动机、润滑油，以利于冬季发动机起动。待发动机起动后，再将被加热的水通向车厢内的水散热器。水散热器一般是管带式或管片式结构，管内部流入已加热的热水，而管外则流过待加热的车厢内空气，管外的铝带或铝翅片是为了增加其散热能力。

如果水暖式的加热器与汽车发动机的冷却液管路相通，则在发动机冷却液温度低于 80℃时加热器工作。当冷却液温度高于 80℃时，由于恒温器的控制作用，发动机则会自动切断加热器油泵的电源，停止供油，而加热器中的水泵继续工作，以保证加热器零件不因过热而损坏，并继续向车厢内供应暖气。

图 3-6 所示为独立热源水暖式暖风装置结构，它由多孔陶瓷蒸发器和电热塞组成；加热器的供油系统由电动机、油泵、助燃风扇、水泵组成；控制系统由冷却液温度控制器、冷却液温度过热保护器、定时器等组成。

独立热源水暖式暖风装置的暖风主要采用内循环式，灰尘少，暖气比较柔和而不干燥。加热器可作为发动机的预热器，加热发动机的冷却液，在提高发动机的起动性和

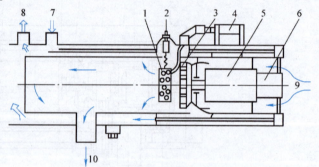

图 3-6 独立热源水暖式暖风装置结构
1—多孔陶瓷蒸发器 2—电热塞 3—助燃风扇 4—油泵
5—电动机 6—水泵 7—进水口 8—出水口
9—助燃空气 10—废气

耐久性的同时，可作为暖气装置。但是这种加热器长期运行后，水管容易积水垢，影响热交换器的换热效率。使用中需要清除水垢，清除水垢时，需要将加热器中的水全部放尽，然后注入浓度为 10%的稀盐酸在加热器内循环，直至管内水垢全部清除为止。

> **实践技能** ➤

3.1.4 暖风装置的使用与维护

（1）使用暖风的季节，进水阀门应在常开位置 将进水阀门手柄扳至垂直方向，使发动机冷却液由气缸盖经进水管流入暖风散热器中，然后经出水管进入水泵，使之循环。

（2）使用暖风装置，应先除霜后采暖 当发动机冷却液温度正常后，打开暖风开关，此时热风应经左、右送风管吹向风窗玻璃，待除霜面积达到要求后，再打开暖风下部送风

门，一部分热风便从风门送出供驾驶人脚部取暖和室内升温。

(3) 使用暖风装置应注意以下几点

1) 暖风装置长时间停用后，在重新开始使用前，应拆卸清洗，更换损坏管件；装复后，应检查各部位有无渗漏；注意拧紧风机叶轮与电动机轴的螺母；检查叶轮与内壁，不应有干涉。

2) 冬季起动发动机之前，不应开启暖风电动机，以免冻坏暖风散热器。

3) 必须保持发动机冷却液温度在80℃以上，才能正常发挥暖风装置效能。

4) 暖风装置的连续使用时间不宜过长，以免缩短暖风电动机使用寿命。

5) 使用中，如发觉风机有异常声音，应立即切断电源，找出故障并排除。

6) 冬季停车后，气温在-35℃以下或未使用防冻液时，务必随发动机气缸体内的冷却液放尽暖风散热器中的循环冷却液，以防冻坏散热器。

7) 不使用暖风装置的季节，应关闭暖风进水阀，使暖风装置与发动机冷却系统分开。

3.1.5 不供暖或供给暖气不足的故障诊断

1. 送风系统故障判断和排除

1) 空调风机损坏故障。此时用万用表测量电阻，若电阻值为零则更换。

2) 风机继电器、调温器损坏故障。此时用万用表测量其电阻值，若为零则更换。

3) 热风管道堵塞故障。此时清除堵塞物。

4) 温度控制风门真空驱动器损坏故障。更换真空驱动器。

2. 加热器系统故障判断和排除

1) 加热器漏风故障。此时更换加热器壳。

2) 加热器芯体内部有空气故障。此时应将空气排除。

3) 加热器翅片引起的通风不畅故障。此时应先对翅片进行校正，无法排除则更换。

4) 加热器芯体积垢堵管故障。此时采用化学方法对芯体进行除垢。

3. 水路系统故障判断与排除

1) 冷却液流动不畅故障。此系水管弯曲造成，应予以更换。

2) 热水开关或真空驱动器失效故障。若是真空驱动器过紧的情况应对其进行检修或更换，以保证还有足够供暖的冷却液量。

3) 发动机的石蜡节温器失效故障。应更换节温器。

4) 冷却液不足故障，此时首先应补足冷却液，并应检查散热器盖是否漏气。

4. 管路泄漏的故障诊断

1) 软管老化故障，应更换软管。

2) 接头不牢故障，应检修接头并紧固。

3) 热水开关不能闭合故障，应修复热水开关。

5. 供暖过热的故障诊断

1) 调温风门调节不当故障，此时须重新调定。

2) 发动机处节温器损坏故障，应更换节温器。

3) 风扇调速电阻损坏故障，应更换电阻。

6. 除霜热风不足故障诊断

1) 除霜门调整不当故障，须重新调定。

2) 出风口堵塞故障，须清理堵塞。

7. 操纵吃力或不灵故障诊断

1) 操纵机构卡死故障，应重新调定。

2) 风门过紧故障，应修理。

3) 所有真空驱动器失灵故障，应全部更换。

8. 加热器芯有异常故障诊断

加热器漏水故障，经检查，若为进、出水接口漏水，则阀卡死，应予以更换；若是管路漏水，应予以更换。

见任务工单 7。

学习小结

1. 水暖式暖风装置一般以水冷式发动机冷却系统中的冷却液为热源，将冷却液引入车厢内的热交换器中，使风机送来的车厢内空气（内循环式）或外部空气（外循环式）与热交换器中的冷却液进行热交换，风机将加热后的空气送入车厢内。

2. 水暖式暖风装置中，从发动机冷却液控制阀分流出来的冷却液流入加热器芯体，放热后的冷却液由管道回到发动机。另一路冷却液通过管道进入散热器，放热后的冷却液由管道回到发动机。在发动机冷却液进口装有水泵，它是冷却液循环的动力。

3. 在安装风冷式（或水冷式）发动机的客车上还采用了气暖式暖风装置，它利用发动机排气的余热来给车厢供暖。

4. 为了既能利用发动机冷却液的热量，又能避免独立燃烧式暖风装置的废气泄漏窜入车厢，同时满足大型客车热负荷的要求，近年来大客车上采用了一种综合预热式暖风装置。

5. 综合预热式暖风装置在通常的发动机冷却液管路上并联了一条装有预热器与水暖式暖风装置的管路，并在预热器入口与发动机之间的管路上装有水泵，当冷却液温度升到或降到某一值时，预热器会自动中断或重新进行工作。

6. 如果水暖式的加热器与汽车发动机的冷却液管路相通，则在发动机冷却液温度低于 80℃ 时加热器工作。当冷却液温度高于 80℃ 时，由于恒温器的控制作用，则会自动切断加热器油泵的电源，停止供油，而加热器中的水泵继续工作，以保证加热器零件不因过热而损坏，并继续向车厢内供应暖气。

自我测试

思 考 题

1. 暖风系统中，热水阀关闭不严将会对空调系统产生什么影响？

2. 暖风系统中，加热器内部堵塞将会对空调系统产生什么影响？

复习题

1. 请叙述暖风装置的分类。
2. 请叙述水暖式暖风系统冷却液循环路线。
3. 请叙述独立热源水暖式暖风装置的工作原理。
4. 请叙述水暖式综合预热装置的工作原理。
5. 请叙述暖风系统不供暖或供给暖气不足的故障诊断程序。

任务3.2　通风与空气净化系统认知

 任务载体

故障现象：一辆行驶里程约10.6万km、搭载N55发动机的宝马535i汽车，断开点火开关后，空调风机常转。

故障分析：根据故障现象和经验初步判断，该故障可能是空调控制风门真空管路漏气造成的。为了进一步验证，用真空枪对发动机真空源处所有空调的真空管路进行测试，但是没有发现漏气的地方。

接车后试车，发现该车空调制冷正常，但空调温度、风速大小及出风模式均无法调节，且断开点火开关后，空调风机常转。用故障检测仪检测，读得故障码含义为LIN总线（LIN-BUS）电源对搭铁短路。

查看相关电路，得知空调电控单元导线插接器A95*1B端子1负责给所有的风门电动机供电；端子4为LIN总线端子，各个风门电动机均连接在该LIN总线上，空调电控单元按预先设定的编码对相应的风门电动机进行动作控制。

拆下空调电控单元，断开导线插接器A95*1B，测量端子1上的电压，为0V；测量端子4上的电压，为12V。为什么断开导线插接器A95*1B后，LIN总线上还有电压呢？进一步查看相关电路，发现风机调节模块也连接在风门电动机的LIN总线上。脱开风机调节模块的导线插接器，测量发现LIN总线上的电压消失。重新连接导线插接器A95*1B，测得其端子1上的电压约为12V，端子4上的电压约为10V，正常。此时用故障检测仪检测，故障码变为非当前存在。诊断至此，怀疑风机调节模块损坏。

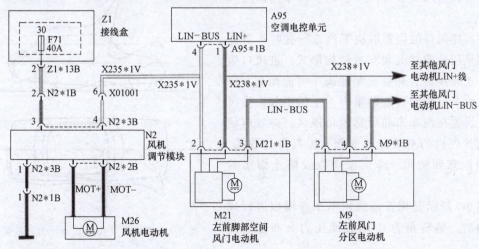

更换风机调节模块后试车，故障依旧。重新理清思路，怀疑风门电动机及风机的线束有问题，以致在诊断过程中故障现象时有时无。拆下仪表板，检查风门电动机及风机的线束，发现蒸发器右侧的右前脚部空间风门电动机线束因与仪表骨架发生剐蹭而破损，且其中1根红色导线绝缘层破损严重，推断该车故障是由此处导线对搭铁短路引起的。

故障处理：修复破损的导线并重新固定好线束后试车，空调风机不再常转，空调系统工作正常，故障排除。

学习目标

1. 能通过与客户交流、查阅相关维修技术资料等方式获取车辆信息。
2. 能根据故障现象制订正确的维修计划。
3. 能正确选择诊断设备对通风、空气净化系统故障进行诊断。
4. 能正确记录、分析各种检测结果并做出故障判断。
5. 能按照正确操作规范更换通风、空气净化系统的相关部件。
6. 能根据环保要求，正确处理对环境和人体有害的废料和损坏的零部件。

理论知识

3.2.1 通风系统

由于汽车车厢比一般居室窄小得多，并且车厢内乘员密度大，所以呼吸排出的二氧化碳、蒸发的汗液、吸烟的烟雾以及从车外进入的灰尘等很容易使车厢内的空气污浊，对人体健康造成危害。即使车厢内的温度和湿度合适，也不能消除污浊空气带来的不舒适感。因此，对车厢内进行通风换气是十分必要的。

通风装置的作用是在汽车运行中从车外引入一定量的新鲜空气，并将车内的污浊空气排出车厢外，同时还可以防止风窗玻璃起雾。

通风装置的通风方式一般有动压通风、强制通风和综合通风3种方式。

1. 动压通风

动压通风也称自然通风，它是利用汽车行驶时对车身外部所产生的风压为动力，在适当的地方开设进风口和排风口，以实现车内的通风换气。

进、排风口的位置取决于汽车行驶时车身外表面的风压分布状况和车身结构形式。进风口应设置在正风压区，并且应距地面尽可能地高，以免引入汽车行驶时扬起的带有尘土的空气。排风口则应设置在汽车车厢后部的负压区，并且应尽量加大排气口的有效流通面积，提高排气效果，还必须注意到防尘、降低噪声以及防止雨水的侵入。

图3-7所示是用普通乘用车车身模型进行风洞试验时，偏转角为0°的表面压力分布图。其

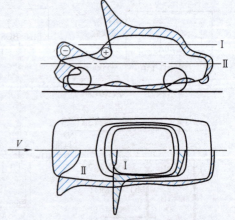

图3-7 偏转角为0°的表面压力分布图

中，车身侧视图是表示通过汽车中心纵截面的表面压力分布，俯视图表示Ⅰ和Ⅱ两个截面的表面压力分布。车身外形线的内侧表示正压，外侧表示负压。由图3-7可见，车身外部大多受到负压，只有在车前及前风窗玻璃周围为正压区。因此，乘用车的进风口应设置在车窗的下部正风压区，而排风口应设置在车尾部负压区。由于动压通风不消耗任何动力，且结构简单，通风效果也较好，因此，乘用车一般都设有动压通风口。动压通风时的车内空气流动如图3-8所示。

图3-8　动压通风时的车内空气流动

2. 强制通风

强制通风是利用风机强制将车外空气送入车厢内进行通风换气的，这种方式需要能源和设备。在配备有冷暖气设备的车身上大多采用通风、供暖和制冷的联合装置。这些汽车上一般设有停止、自然通风（指车内外空气通过风扇口自然流通）、吸气、排气和循环5种功能。

3. 综合通风

综合通风是指一辆汽车上同时采用动压通风和强制通风。采用综合通风系统的汽车比单独采用强制通风或动压通风的汽车结构要复杂得多。最简单的综合通风系统是在动压通风的车身基础上，安装强制通风风扇，根据需要可分别使用和同时使用。这样，基本上能满足各种气候条件的通风换气要求。

综合通风系统虽然结构复杂，但节省电力、经济性好、运行成本低，特别是在春秋季节的天气，用动压通风可导入凉爽的车外空气，以取代制冷系统工作，同样可以保证舒适性要求。这种通风方式近年来在汽车上的应用逐渐增多。

3.2.2　空气净化系统

汽车空调系统的空气需要净化的包括两部分：车外空气和车内循环空气。车外空气受到外界环境的污染，除粉尘外，还包括汽车废气中的CO_2、CO、NO_x、SO_x、碳氢化物和烟雾等；车内循环空气受到活动和工作过程的污染，如发动机的废气通过车底缝隙进入到车内，人呼吸产生的CO_2等，这些污染物对人体健康造成不利的影响，会使人精神疲倦，容易造成行车事故。所以，必须对汽车内的空气进行净化处理。

1. 对粉尘的净化

汽车在公路上行驶，粉尘是最大的污染源。粉尘包括由固体物质粉碎破坏形成的固体颗粒、因燃烧不完全产生的固体烟尘、化学反应过程中升华或蒸馏形成的烟气、花粉及细菌等。

根据粉尘特性的不同，汽车空调系统采用的空气净化装置通常有空气过滤式和静电集尘式两种类型。前者是在空调系统的进风和回风口处设置空气滤清装置，它仅能滤除空气中的灰尘和杂物，因此，结构简单、工作可靠，只需定期清理过滤网上的灰尘和杂物即可，故广泛用于各种汽车空调系统中。后者则是在空气进口的滤清器后再设置一套静电集尘装置或单独安装一套用于净化车内空气的静电除尘装置，它除具有过滤和吸附烟尘等微小颗粒杂质的功能外，还具有除臭、杀菌作用，有的还能产生负离子以使车内空气更为新鲜洁净。由于其结构复杂、成本高,所以,只用于某些高级乘用车和旅游车上。

(1) 过滤除尘 过滤除尘主要是指对尘埃的筛滤、拦截、惯性和扩散作用。过滤除尘主要是用无纺布、过滤纤维纸组成干式纤维滤清器和金属网格浸油滤清器进行过滤。干式纤维滤清器中对于较大粒度的尘埃,利用其惯性作用,使其来不及随气流转弯而碰撞到孔壁上,在重力作用下跌落;对于微小颗粒,使其在围绕交错的纤维表面做布朗运动时,和纤维接触而沉积下来,并且在与纤维摩擦中产生静电作用,被纤维吸附在表面。其优点是简单、价廉,缺点是气流阻力太大,空气滤清器如图3-9所示。

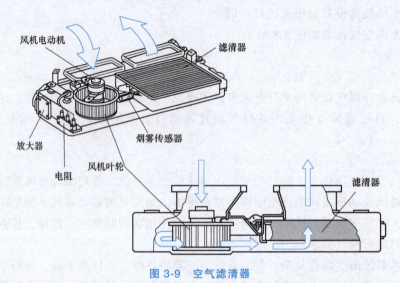

图3-9 空气滤清器

(2) 静电除尘 静电除尘的原理是利用高压电极产生高压电场,对空气进行电离,使尘粒带电,然后在电场作用下产生定向运动,最后沉降在正负电板上而实现对空气的过滤除尘。空调通风过程中常用的静电除尘器为两段结构,第一段为电离段,第二段为集尘段,其结构如图3-10所示。

电离段等距离平行安装流线型管柱(或平行板)搭铁电极,极板间布有几十根直径为0.2mm的针形细线,其材料为钨,称为电晕极。当放电线加上10~12kV直流电压时,在钨丝电极附近将产生空气电离并发生辉光现象,此时在电极周围会充满电离的电子和正离子。在电场力作用下,电子会移向正极电晕极,并和经过的尘埃碰撞而带上负电荷。然后带负电荷的尘埃进入由板状电极构成的集尘段,在5~7kV高压直流电的作用下,极板间将形成均匀电场,带负电荷尘埃会定向被正极吸附,空气得到除尘效果。

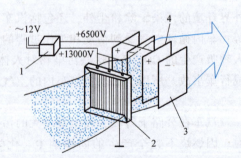

图3-10 静电除尘器结构
1—整流升压器 2—电离器
3—吸尘负极板 4—吸尘正极板

2. 除臭去毒

(1) 活性炭 利用活性炭的吸附作用除臭仍然是汽车空调除臭的主要方法。活性炭能吸附空气中有毒、有气味的成分,并能吸收大量的烟臭和人体产出的各种气味,还能吸收有毒的氯化物和硫化物,活性炭能吸附的有害物质见表3-1。

表3-1 活性炭能吸附的有害物质

物质名称	吸附保持量(%)	物质名称	吸附保持量(%)
氨(NH_3)	<1	一氧化碳(CO)	<1
二氧化硫(SO_2)	10	苯(C_6H_6)	24
氯气(Cl_2)	15	吡啶(C_5H_5N)	25(烟草燃烧)
二氧化碳(CO_2)	<1	丁基酸($C_5H_{10}O_2$)	35(汗、体臭)
二硫化碳(CS_2)	15	烹调焦臭	约30
臭氧(O_3)	O(O_3还原成O_2)	浴厕臭	约30

活性炭主要是由硬木材、果核、椰子壳等有机物经过缺氧煅烧并经有关特殊水溶液处理后干燥而得。它具有大的表面积和很强的吸附能力,每1g活性炭的表面积为100m²,其吸附的气体量能使本身增重20%~30%。但是当活性炭表面吸附满气体分子后,就失去了作用,必须换上新的活性炭过滤吸附材料。一般旧的活性炭不能再生。

(2)催化反应器 活性炭只能吸收有气味的气体,而对汽车空调中常存在的有毒气体如CO、NO_x、HC等几乎不起吸附作用。近年来已经研究出高效除去汽车空调中常有的有毒气体的方法,即使用催化反应器。

当带有CO、NO_x和HC的气体通过催化反应器时,在催化剂作用下,CO、NO_x、HC会在较低的温度下(250~350℃)很快进行化学反应,转化为无毒性的CO_2、N_2和H_2O。

3. 负离子发生器

现代医学研究发现,空气中含有3类离子,即:

1)轻离子:它是由带一个电荷的离子吸附若干个中性气体分子组成的集合物。通常带负电荷的轻离子称为负离子,而带一个正电荷的称为正离子。

2)中离子:它是一个很小的带电颗粒,比轻离子大100倍以上。

3)重离子:它是一个带电的颗粒,比轻离子大1000倍以上。

人们发现,空气中含有大量的负离子时,能够对人的精神产生镇静作用以及其他良好的生理调节作用。为此,可以利用负离子发生器,向空调环境输送含有一定浓度负离子的空气。

负离子发生器一般利用电晕放电法使空气离子化,其原理如图3-11所示。它利用针状电极和金属网电极之间的高压作用产生不均匀的电场,使空气电离。当针状电极上加上负高压脉冲时,针状电极附近的空气会电离化,电离产生的正离子被负电极吸收,而负离子空气通过金属网正极,在风扇作用下,送到空调车内,成为负离子空气。

负离子发生器的电压约为50kV,脉冲频率为50Hz,通常采用的风速在10m/s以内。

4. 典型空气净化装置

图3-12所示为一典型的空气净化装置结构示意图,其工作过程如下:①由粗滤器除去空气中较粗的尘粒;②由静电集

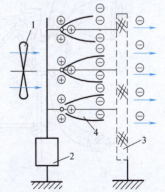

图3-11 负离子发生器原理

1—风扇 2—脉冲发生器
3—金属网搭铁正极 4—针状电极

尘器吸附细微尘埃；③通过活性炭过滤器除去烟气和臭气；④由负离子发生器供给负离子；⑤由风机将净化的空气送入车内。

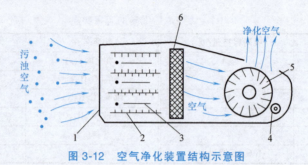

图3-12 空气净化装置结构示意图

1—粗滤器 2—集尘电极 3—充电电极 4—负离子发生器 5—风机 6—活性炭过滤器

若装有灭菌灯，则灭菌灯可用于杀死吸附在集尘板上的细菌，它是一只低压水银放电管，能发射出波长为 353.7μm 的紫外线，其杀菌能力约为太阳光的 15 倍。

3.2.3 送风量配送系统

1. 典型的送风量配送系统及其温度调配控制

汽车空调由单一制冷和供暖方式发展到现在的冷暖一体化方式，才算真正达到了对空气温度调节的目的，使驾驶人可以在不同地域和气候条件下舒适地驾驶。目前市场上出售的带空调的汽车，基本上采用冷暖一体化空调。图3-13所示为汽车空调车内典型送风量配送系统的温度调配控制，其空气温度调配和输送分配如下：空气的清新度由风门来调节和控制，循环空气在风机吸力下进入空调；当风门在 A 位置时，则将外来新鲜空气送入空调；当风

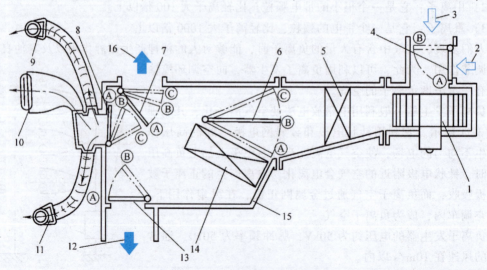

图3-13 汽车空调车内典型送风量配送系统的温度调配控制

1—离心式风机 2—车内循环空气口 3—外来新鲜空气 4—外来空气口 5—蒸发器 6—调温门 7—除霜门 8—中风门
9、11—两侧风口 10—中风口 12—下风口 13—下风门 14—加热器芯体 15—空调外壳 16—上风口

门在 B 位置时，则风机供车内空气自循环使用；有些空调的风门可以在 A 和 B 之间的任意位置，这样可对外来空气和车内空气进行调配。

空气在风机的输送下，流过蒸发器，发生降温除湿变化。调温门的作用是调节空气的温度。当调温门在 A 位置时，冷空气不经过加热器，这样的空气温度最低，供夏天时用以降低车内温度。当调温门在 B 位置时，有一部分冷气经过加热器芯体，温度升高，一部分空气不经过加热器芯体，两部分不同温度的空气混合后，得到某一温度的空气，输送到车内；调温门在 A 至 C 之间的不同位置，可以得到所需调配的不同温度的空气。这样，人们可以根据实际需要，通过调节调温门位置，来调配车内的温度。当调温门在 C 位置时，则全部冷空气通过加热器芯体，可得到较高温度的空调风。显然，经过蒸发器降温除湿的和不经过降温除湿的 C 位置的空气状态是不同的，最大的区别是相对湿度不同，其次温度也有所差别。

调节温度后的空调气体需要经过除霜门、中风门和下风门输送到车内。当车前风窗玻璃有霜和雾时，可以打开除霜门，让外来空气经蒸发器除湿后，再全部通过加热器芯体进行加热，加热后的热空气从上风口吹向风窗玻璃，进行除霜。冬天，乘员脚下较易感觉寒冷，这时可以打开下风门，让热空气从下风口吹向脚部。一般情况下，空调风从中风口吹向乘员的前上部。调节中、侧风口上的栅格，可以将空气导向头部和前胸各部分。

空气温度的调配值除了与调温门有关外，还取决于风机的转速和外来空气口的位置。当车内空气循环使用时，在没有外来空气的条件下，车内的空气温度波动较小。在夏天需要快速降低车内温度时，便需要使用车内循环空气的方式，让通过蒸发器的气流温度不断下降，然后送入车内，这样才能快速降低空气温度；而冬天外面空气较冷，为了使车内温度尽量高，也需要反复循环车内已经升温的空气。但一般情况下，为了保证车内空气清新，均使用外来空气引进车内的方式，否则车内空气混浊，会令人不舒服，甚至引起呕吐等。

2. 汽车空调送风量配送系统的分类

（1）按功能分类 汽车空调送风量配送系统按功能可分为冷暖分开型、冷暖合一型和全功能型。

1）冷暖分开型：制冷和采暖系统各自分开，由两个完全独立的冷风机和暖风机所组成，各有各的风机，控制系统也是完全分开的。其制冷时完全是吸入车内空气，采暖时既可吸入车内空气，也可吸入车外新鲜空气（图 3-14）。这种结构占用空间较多，主要用在早期的汽车空调中。

2）冷暖合一型：在暖风机的基础上增加蒸发器和冷气出风口，但制冷和采暖各自分开，不能同时工作。目前，许多乘用车（如桑塔纳汽车等）采用这种结构。冷暖合一型虽然结构合一，但制冷和采暖的功能仍然是分开的（图 3-15）。

3）全功能型：全功能型汽车空调集制冷、除湿、采暖、通风、净化于一体，既可供冷气，又可供暖气，还可进行通风、除尘。

冷暖分开型和冷暖合一型空调的缺点是冷风机只能降温、除湿，不能调节送风的相对湿度。夏季，当车厢内需要冷风时，风机吸入外界的湿热空气，经过蒸发器的冷却、除湿，变成冷风送入车厢内。然而，这种脱去冷凝水而吹出来的冷风，尽管绝对含湿量降低了，但相对湿度却在 95% 以上，这种冷而湿的风直接吹到乘员身上，并不舒适，因此，必须设法在冷风吹出来之前降低其相对湿度。简单的办法就是将冷却除湿后的空气再适当地加热。

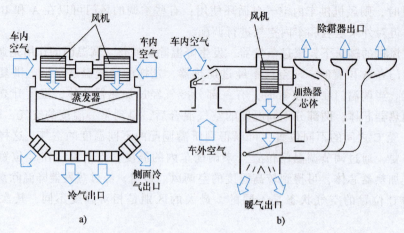

图 3-14 冷暖分开型汽车空调
a) 冷风机　b) 暖风机

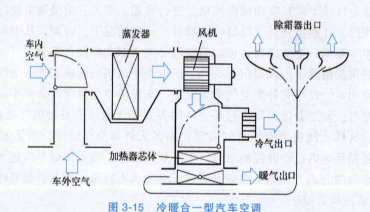

图 3-15 冷暖合一型汽车空调

图 3-16 所示为全功能型汽车空调空气处理系统示意图，它是在蒸发器和加热器之间设置了一个可以连续调节的混合风门。从蒸发器流出来的空气可以随混合风门的开闭，部分或全部通过加热器。流过加热器和不流过加热器的空气在空调内先混合，再经风门送出。夏季，可以通过调节混合风门的开度来调节冷湿空气的再加热程度；冬季，可以通过调节混合风门的开度调节暖风的温度。混合风门的设置大大改善了空调对空气相对湿度的调节能力。

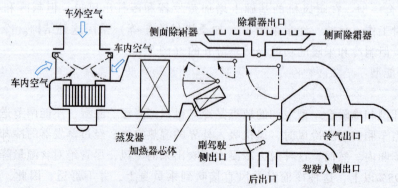

图 3-16 全功能型汽车空调空气处理系统示意图

（2）按空气流动路径分类　汽车空调送风量配送系统按空气流动路径可分为全热式、空气混合式、冷风与热气并进式和半空调式。

1）全热式。图3-17所示为全热式配气流程图。其工作过程为：空气进入风机3→混合空气进入蒸发器1冷却→出来后的空气全部进入加热器2→加热后的空气由各风门调节风量分别进入4、5、6、8、9各吹出口。全热式与空气混合式的区别在于由蒸发器出来的冷空气是否全部直接进入加热器，全热式的蒸发器与加热器之间不设风门进行冷、热空气的风量调节，冷空气全部进入加热器再加热。

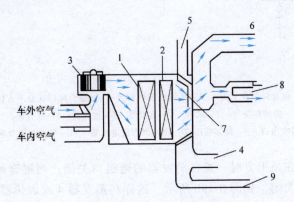

图3-17　全热式配气流程图

1—蒸发器　2—加热器　3—风机　4—热风吹出口　5—除霜吹出口
6—中心吹出口　7—冷气吹出口　8—侧吹出口　9—尾部吹出口

混合空气的温度控制通过热水阀控制。若不用制热，则流出来的是未经过加热的冷空气；若不用制冷，则出来的是暖风；若冷暖气均不用，则出来的是自然风。

2）空气混合式。图3-18所示为空气混合式配气流程图。其工作过程：空气进入风机3→混合空气进入蒸发器1冷却→空气由风门调节进入加热器2加热→进入各吹出口4、5、6、7。进入蒸发器1后再进入加热器2的空气量可用风门进行调节。若进入加热器的风量少，则冷风量相对较多，这时冷风由冷气吹出口7吹出；反之，则吹出的热风较多，热风由除霜吹出口5或热风（脚部）吹出口4吹出。空气混合式的优点是能节省部分冷气量，缺点是冷暖风不能均匀混合，空气处理后的参数不能完全满足要求，即被处理的空气参数精度较低。

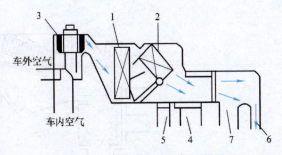

图3-18　空气混合式配气流程图

1—蒸发器　2—加热器　3—风机　4—热风吹出口
5—除霜吹出口　6—中心吹出口　7—冷气吹出口

3）冷风与热气并进式。图3-19所示为冷风与热气并进式配气流程图。该送风量配送系统工作时，混合风门6可以在最上方与最下方区域之间的任何位置开启或停留（图3-19a）。当空气由风机3吹出后，将由调风门调节进入并联的蒸发器4和加热器5，蒸发器的冷风从上面吹出，对着人身上部，而热空气对着脚下和除霜处。风门可调节分别进入蒸发器和加热器的空气流量的大小，以满足不同温度、不同风量的要求。

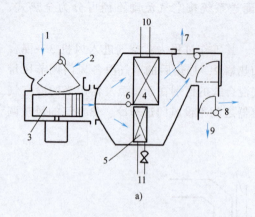 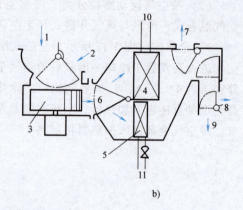

图 3-19　冷风与热气并进式配气流程图

a) 混合风门在上方、下方区域之间的位置　b) 混合风门在最下方位置

1—新鲜空气　2—内循环空气　3—风机　4—蒸发器　5—加热器　6—混合风门　7—上部通风口
8—除霜吹出口　9—脚部吹出口　10—制冷剂进出管　11—热水阀调节进出水管

当混合风门 6 处在最上方时，通往蒸发器的通道口关闭；当混合风门 6 处在最下方时，通往加热器的通道口关闭，如图 3-19b 所示。这样在蒸发器 4 或加热器 5 不用时，单纯暖气或冷气将不经混合直接送至各出风口。若两者都不运行，送入车内的便是自然风。

4) 半空调式。新鲜空气和车厢内循环空气经风门调节后，先经过风机吹进蒸发器 7 进行冷却，然后由混合风门 8 调节，一部分空气进入加热器 2，冷气出口不再进行调节。若蒸发器 7 不工作，将空气全部引到加热器 2，则送出的是暖风；若加热器 2 不工作，则送出来的是自然风。半空调式送风量配送系统结构如图 3-20 所示。

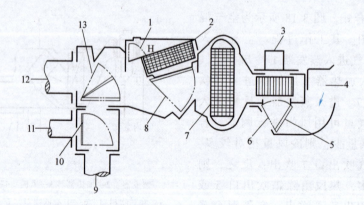

图 3-20　半空调式送风量配送系统结构

1—限流风门　2—加热器　3—风机电动机　4—新鲜空气入口　5—新鲜/再循环空气风门
6—再循环空气风口　7—蒸发器　8—混合风门　9—至面板风口　10—A/C 除霜风门
11—至除霜器风口　12—至底板出口　13—加热除霜口

见任务工单 8。

学习情境3　空调暖风、通风与空气净化系统的故障诊断

学习小结

1. 汽车空调的通风方式一般有动压通风、强制通风和综合通风3种方式。

2. 空调通风系统进、排风口位置取决于汽车行驶时车身外表面的风压分布状况和车身结构形式。进风口应设置在正风压区，并且应距地面尽可能地高，以免引入汽车行驶时扬起的带有尘土的空气。排风口则应设置在汽车车厢后部的负压区，并且应尽量加大排气口的有效流通面积，提高排气效果，还必须注意防尘、降低噪声以及防止雨水的侵入。

3. 汽车空调系统的空气需要净化的包括：车厢外空气和车内循环空气。

4. 过滤除尘主要是指对尘埃的筛滤、拦截、惯性和扩散作用。

5. 静电除尘的原理是利用高压电极产生高压电场，对空气进行电离，使尘粒带电，然后在电场作用下产生定向运动，最后沉降在正负电板上而实现对空气的过滤除尘。

6. 在催化剂作用下，CO、NO_x、HC 会在较低的温度下（250~350℃）很快进行化学反应，转化为无毒性的 CO_2、N_2 和 H_2O。

7. 负离子发生器一般利用电晕放电法使空气离子化，它利用针状电极和金属网电极之间的高压作用产生不均匀的电场，使空气电离。

8. 典型空气净化装置中，粗滤器用于过滤粗大的杂质。静电集尘器则以静电集尘方式把微小的颗粒尘埃、烟灰及汽车排出的气体中含有的微粒吸附在集尘板上。灭菌灯用于杀死吸附在集尘板上的细菌，它是一只低压水银放电管，能发射出波长为 353.7μm 的紫外线，其杀菌能力约为太阳光的 15 倍。除臭装置（活性炭）用于除去车厢内的汽油及香烟等气味。

自我测试

思　考　题

通风系统中，若是蒸发器表面脏污，会对空调通风系统产生什么影响？

复　习　题

1. 空调系统有哪些通风方式？分别是如何工作的？
2. 空气净化有哪些方法？
3. 请叙述负离子发生器的工作原理。

学习情境4

汽车空调电路的故障诊断和排除

任务4.1 空调电路系统认知

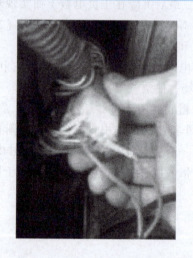

 任务载体

故障现象： 一辆捷达汽车，发动机工作时，打开空调开关，空调压缩机不工作。

故障检查： 捷达汽车空调制冷系统主要由空调压缩机、冷凝器、储液干燥器、蒸发器及膨胀阀等组成。空调压缩机能不能正常工作，主要由空调循环系统中制冷剂的多少及相关电器元件（低压开关、高压开关、空调控制面板、除霜开关、空调继电器、空调开关及相关的空调控制电路）的工作情况决定。检查中，将点火开关转到"ON"位置，将空调开关打开，用万用表测量空调压缩机供电电压，测量结果为0V，说明空调压缩机没有供电电源，相关控制电路或控制元件存在故障。

根据控制电路图，首先用万用表测量除霜开关的供电电压：打开空调开关，拔下除霜开关的线束插头，测量绿色导线对搭铁线的电压值，测量结果为12.4V，说明除霜开关供电正常，空调控制面板、空调继电器没有故障；将除霜开关2插头用导线短接，打开空调开关，空调压缩机仍不工作。此时故障原因的范围缩小到低压开关及其供电电路上。检查中，拔下低压开关线束插头，将点火开关转至"ON"位置，打开空调开关，用万用表测量低压开关供电电路（绿色导线）的电压值，供电电压为0V，表明低压开关供电电路存在断路。

将点火开关转至"ON"位置，打开空调开关，用万用表测量空调怠速提升电磁阀的供电电压值（即绿色导线上的电压），测量结果为0V，说明故障原因在仪表板后的端子插头处。将点火开关转到"OFF"位置,拆下仪表板,发现仪表板后部的第 5 端子插头已经脱落。

故障排除:重新插牢脱落的端子,将点火开关转至"ON"位置,打开空调开关,空调压缩机恢复正常运转,故障排除。

故障分析:该车空调控制电路中仪表板后部的第 5 端子插头脱落后,使低压开关供电电路出现断路、空调电路不能构成闭合回路,导致空调不能工作。

学习目标

1. 能通过与客户交流、查阅相关维修技术资料等方式获取车辆信息。
2. 能根据故障现象制订正确的维修计划。
3. 能正确选择诊断设备对空调电路故障进行诊断。
4. 能正确记录、分析各种检测结果并做出故障判断。
5. 能按照正确操作规范进行空调电子元件的更换。
6. 能根据环保要求,正确处理对环境和人体有害的废料和损坏的零部件。

理论知识

4.1.1 基本电路

汽车空调系统的基本电路一般包括电源电路、风机控制电路和电磁离合器控制电路,如图 4-1 所示。其工作过程是:接通空调及风机开关,电流从蓄电池流经空调及风机开关后分为两路,一路从上面经温度控制器至电磁离合器,使电磁离合器线圈通电,压缩机被发动机带动开始工作,同时与电磁离合器并联的压缩机工作指示灯也通电发亮;另一路从开关下面经 L,通过两个风机调速电阻到风机电动机,这时风机电动机也开始运转。由于电流通过两个电阻才到达风机电动机,因此这时电动机的转速最低。转动空调及风机开关,上面电路不变,下面电路通过开关的 M 点,电流只经一个调速电阻到风机电动机,因此电动机转速升

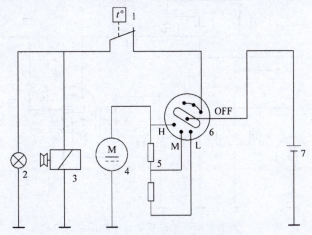

图 4-1 汽车空调系统的基本电路

1—温度控制器 2—压缩机工作指示灯 3—电磁离合器 4—风机电动机
5—风机调速电阻 6—空调及风机开关 7—蓄电池

高。再转动开关,上面电路仍不变,下面电路改接开关的 H 点,电流不经电阻直接到风机电动机,因此这时电动机转速最高。

4.1.2 附加电路

为了加强冷凝器的冷却效果,有的汽车空调系统设置了专用的冷凝器冷却风扇。由于增加了一个风扇电动机,工作总电流增加了。为了减小通过温度控制器和空调及风机开关的电流,增加了一个继电器,用来控制压缩机离合器和冷凝风扇电动机电路(图 4-2)。

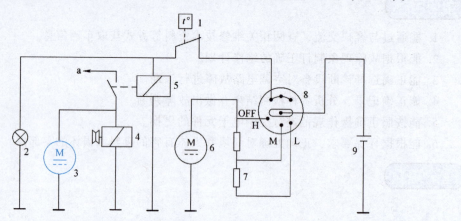

图 4-2 装有冷凝器风扇的空调电路
1—温度控制器 2—压缩机工作指示灯 3—冷凝器风扇电动机 4—电磁离合器 5—继电器 6—风机电动机
7—风机调速电阻 8—空调及风机开关 9—蓄电池 a—接蓄电池正极

为了保证空调系统更好地工作,有的汽车空调系统还设置了发动机转速检测继电器,其作用是只有当发动机转速高于 900r/min 时,才能接通空调电路。在急速及转速低于此转速时,继电器自动切断压缩机电磁离合器电路,空调无法起动(图 4-3)。该继电器的转速信号取自点火线圈。

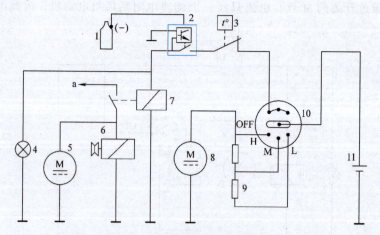

图 4-3 装有发动机转速检测继电器的空调电路
1—点火线圈 2—发动机转速检测继电器 3—温度控制器 4—压缩机工作指示灯 5—冷凝器风扇电动机
6—电磁离合器 7—继电器 8—风机电动机 9—风机调速电阻
10—空调及风机开关 11—蓄电池 a—接蓄电池正极

> 拓展阅读

4.1.3 其他控制电路

1. 冷凝器和散热器风扇控制电路

控制风扇转速的方式有两种：一是利用一个风扇串联电阻的方式调节风扇的转速；二是利用两个风扇以串联和并联的方式调节风扇的转速。

图 4-4 所示为冷凝器和散热器风扇控制电路，它由压力开关、冷却液温度开关和继电器控制冷凝器风扇和散热器风扇的转速。此电路可以实现风扇不转、低速运转、高速运转三级控制。3 号继电器只在空调制冷系统工作时起作用，使冷凝器风扇以低速或高速运转。2 号继电器为双触点继电器，用来控制冷凝器风扇的转速。1 号继电器用于控制散热器风扇。压力开关在空调制冷系统压力高时断开，压力低时接通。冷却液温度开关在冷却液温度低时接通，温度高时断开。

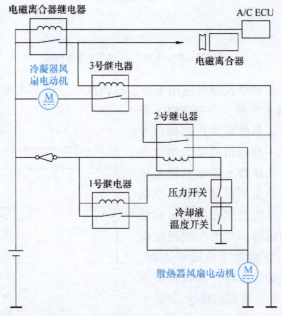

图 4-4 冷凝器和散热器风扇控制电路

关闭空调时，3 号继电器不工作，冷凝器风扇也不工作。如果冷却液温度过高，则冷却液温度开关断开，1 号继电器线圈断电，触点闭合，散热器风扇运转，加强散热。

打开空调，3 号继电器线圈通电，触点闭合。如果冷却液温度较低，则空调系统内压力也较低，2 号继电器线圈也通电，使其下触点闭合，形成冷凝器风扇和散热器风扇的串联电路，两个风扇都以低速运转。如果冷却液温度升高或制冷系统内压力增大，则压力开关或冷却液温度开关切断 2 号和 1 号继电器线圈电路，使 2 号继电器的上触点闭合，1 号继电器的触点接通，将冷凝器风扇和散热器风扇连接成并联电路，两个风扇都以高速运转。

2. 风机转速控制

（1）电阻值控制　风机开关与风机变阻器的作用是：调节空调系统的空气流量，并作为空调系统自身的控制开关。风机变阻器串联于风机开关与电动机之间,其压降被用于改变电动机的端电压,控制电动机转速和调节空气流量。手动风机控制电路变阻器位置如图4-5所示。

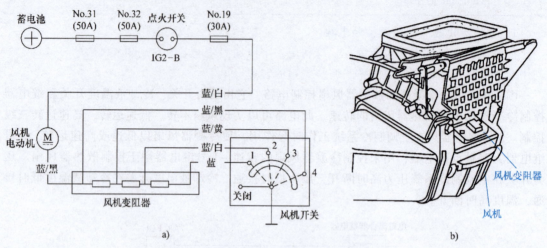

图4-5 手动风机控制电路及变阻器位置
a)手动风机控制电路 b)风机变阻器位置

(2)晶体管控制 晶体管控制常应用于中、高档汽车,该方式可实现风速的自动控制。晶体管控制电路如图4-6所示,空调ECU3根据车内温度传感器信号、车外温度传感器信号和其他信号计算并输出一控制信号给大功率晶体管5的基极,大功率晶体管5根据基极电流的不同控制风机,使其产生不同的转速。空调处于制冷状态时,如果车内温度比所选定的温度高很多,风机将高速运转;如果车内温度降低,风机将低速运转。空调处于取暖状态时,如果车内温度比所选定的温度低,风机将高速运转;如果车内温度上升,风机将低速运转。

图4-6 晶体管控制电路
1—点火开关 2—继电器 3—空调ECU 4—风机电动机
5—大功率晶体管 6—熔丝 7—风机档位开关

3. 制冷剂压力传感器控制电路

制冷剂压力传感器安装在冷凝器和蒸发器之间的管路上,其控制电路如图4-7所示。制冷剂压力传感器向动力控制模块(PCM)输送管路中制冷剂压力的变化信号,动力控制模块根据此信号实现以下控制:当压力高于2.7MPa或低于0.285MPa时,分离电磁离合器;加强怠速控制,补偿空调的怠速负荷;控制冷凝器风扇的工作。

制冷剂压力传感器一般有3根导线:电源线(灰色线)、搭铁线(黑色线)、信号线(红/黑线),工作电压为5V,信号线的电压随着制冷系统压力的升高而增大。

4. 汽车空调的加热除霜电路

当车厢内玻璃上有霜、雾时,除可以采用加热器的热风吹向玻璃来除霜、雾外,还可以采用电加热的方法除霜、雾。

学习情境4　汽车空调电路的故障诊断和排除

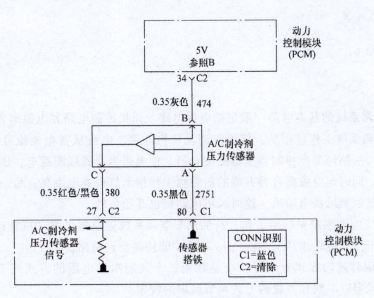

图4-7　制冷剂压力传感器控制电路

在冬季，前风窗玻璃可用暖风机除霜、雾，而后风窗玻璃有时候暖风吹不到，这时便只有采用电热丝加热玻璃的方法除霜了。图4-8所示为加热除霜电路，运行方式如下：

加热器1有开关S，通过断电器2控制。S接通时，加热器1通电，警告灯4亮，以提醒停车后关闭开关S，3为点火开关。

5. 压缩机双级控制电路

有些汽车为了提高车辆的燃油经济性，采用了压缩机双级控制，其电路如图4-9所示。在空调上有两个开关：A/C开关和ECHO开关。在接通A/C开关时，空调ECU根据蒸发器温度传感器的信号，在较低的温度时控制压缩机电磁离合器的通断；在接通ECHO开关时，空调ECU便在较高的温度时控制压缩机电磁离合器的通断，这样可以减少压缩机工作的时间，减少汽车的燃料消耗。

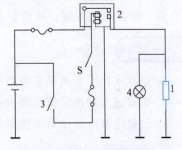

图4-8　加热除霜电路

1—加热器　2—断电器
3—点火开关　4—警告灯

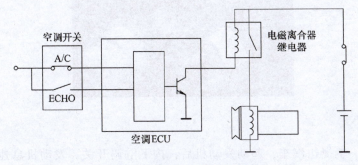

图4-9　压缩机双级控制电路

91

> 任务工单

见任务工单 9。

> 学习小结

1. 汽车空调系统的基本电路一般包括电源电路、风机控制电路和电磁离合器控制电路。

2. 汽车空调系统工作过程是：接通空调及风机开关，电流从蓄电池流经空调及风机开关后分为两路，一路经温度控制器至电磁离合器，使电磁离合器线圈通电，压缩机被发动机带动开始工作，同时与电磁离合器并联的压缩机工作指示灯也通电发亮；另一路从开关通过两个风机调速电阻到风机电动机，这时风机电动机也开始运转。

3. 为了保证空调系统更好地工作，有的汽车空调系统还设置了发动机转速检测继电器，其作用是只有当发动机转速高于 900r/min 时，才能接通空调电路。

4. 控制风扇转速的方式有两种：一是利用一个风扇串联电阻的方式调节风扇的转速；二是利用两个风扇以串联和并联的方式调节风扇的转速。

5. 制冷剂压力传感器向动力控制模块（PCM）输送管路中制冷剂压力的变化信号，动力控制模块根据此信号实现以下控制：当压力高于 2.7MPa 或低于 0.285MPa 时，分离电磁离合器；加强怠速控制，补偿空调的怠速负荷；控制冷凝器风扇的工作。

> 自我测试

1. 请叙述汽车空调基本电路的组成及工作过程。
2. 请叙述发动机转速检测电路的组成及工作过程。
3. 请叙述制冷剂压力传感器的作用。

任务 4.2　空调系统保护电路检测

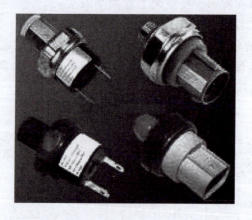

> 任务载体

故障现象：一辆捷达汽车，起动发动机后，按下空调开关，发动机怠速提升，风机通风，散热器风扇电动机工作，但出风口吹出的是自然风，没有冷气。

故障检查：检查发现压缩机电磁离合器不工作。引起压缩机电磁离合器不工作的原因主要有电磁线圈断路、短路，高、低压开关断路或损坏，温度控制器故障等。经检查，空调传动带完好，管路没有油污漏氟现象。用高、低压力表分别接高、低压管测量压力，实测结果是高压侧的压力和低压侧的压力相等，都是 0.75MPa，这说明空调系统不缺制冷剂。再测电磁离合器线圈电阻，其阻值也正常。从捷达汽车空调系统的电路图中可以看出，该捷达车空调压缩机电磁离合器是由低压开关、防霜开关通过继电器和空调开关控制的；空调压缩机电磁离合器是由压力开关、外界温度开关和冷却液温度开关通过控制器控制的。因散热器风扇运转，说明空调开关、继电器、防霜开关都没有故障，故障在低压开关和压缩机电磁离合器之间。拔下压缩机电磁离合器线圈插头，直接给电磁离合器线圈通电，压缩机电磁离合器工作；用万用表欧姆档测低压开关，电阻值为无穷大，说明该开关此时为断路（低压开关在 0.2MPa 为通路）。

故障排除：更换低压开关，抽真空，加氟，开空调，空调恢复正常。

小结：因为低压开关、防霜开关、空调继电器和压缩机电磁离合器是串联的，如果压缩机电磁离合器没有问题，就可断定是串联在电路中的开关及继电器的某一元件出了故障。如果制冷系统不能满足上述其中一个开关所限定的条件，空调压缩机继电器将切断压缩机电磁离合器，保护压缩机及制冷系统。当条件满足之后，空调压缩机继电器会自动接通电磁离合器，使制冷系统继续工作。

学习目标

1. 能通过与客户交流、查阅相关维修技术资料等方式获取车辆信息。
2. 能根据故障现象制订正确的维修计划。
3. 能正确选择诊断设备对压力开关故障进行诊断。
4. 能正确记录、分析各种检测结果并做出故障判断。
5. 能按照正确操作规范进行压力开关的更换。
6. 能根据环保要求，正确处理对环境和人体有害的废料和损坏的零部件。

理论知识

有些汽车为了使制冷系统运行正常，设有压力开关电路。压力开关也称压力继电器或压力控制器，分为高压开关和低压开关两种。当制冷系统由于某种原因而导致管路内制冷剂压力出现异常时，压力开关会自动切断电磁离合器电路而使压缩机停止工作，保护制冷系统不损坏。

4.2.1 压力保护

1. 高压开关

高压开关的作用是防止制冷系统在异常的高压下工作，以保护冷凝器和高压管路不会爆裂，压缩机的排气阀不会折断以及压缩机其他零件和离合器不损坏。当冷凝器被污垢、杂物、碎纸或塑料薄膜阻挡冷却风道时，由于制冷剂无法冷却，制冷剂压力便会升高；当制冷系统制冷剂量过多时，系统压力也会增高；还有其他原因都会引起系统压力过高，这时高压开关会自动将压缩机电磁离合器电路切断，使压缩机停止运行，同时又将冷凝器风扇高速档电路接通，自动提高风扇转速，以便较快地降低冷凝器的温度和压力。

高压开关一般安装在制冷系统高压管路上或储液干燥器上，高压开关有触点常闭型和触点常开型两种类型。

触点常闭型高压开关如图4-10所示，其触点串联在压缩机电磁离合器电路中，压力导入口则直接或通过毛细管连接在高压管路上。它直接装在储液干燥器上面，使高压制冷剂蒸气作用在膜片上。正常情况下，其触点常闭，接通离合器电路，压缩机运行。当制冷系统压力异常，高至某一压力，金属膜片的弹力小于蒸气压力时，金属膜片便反弹变形，触点迅速脱离，将离合器电路断开，压缩机停止运行，从而保护了压缩机。当制冷剂压力下降到某一压力时，金属膜片会自动恢复原状，触点重新闭合，电路接通，压缩机又恢复运行。高压开关的切断压力和触点恢复闭合的压力因车型而异。一般触点断开压力在2.1~3.0MPa范围内，恢复闭合的压力为1.6~1.9MPa。如奥迪100型汽车高压开关的切断压力为（2.9±0.14）MPa，恢复压力为（1.4±0.3）MPa。

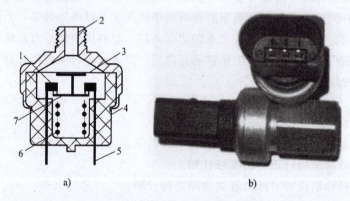

图4-10 触点常闭型高压开关

a) 结构图 b) 实物图

1—固定触点 2—接头 3—膜片 4—外壳 5—接线柱 6—弹簧 7—活动触点

触点常开型高压开关一般用来控制冷凝器风扇的高速档电路。当压力超过某一规定值时，高压开关自动接通风扇高速档电路，使冷凝器风扇高速运转，以加强冷凝器的冷却能力，降低冷凝温度和压力；而当压力低于规定值时，高压开关则自动断开冷凝器风扇的高速档电路。奥迪100型汽车空调系统中装在冷凝器出口管路上的高压开关即为常开型高压开关，其闭合压力为1.58MPa，而触点断开压力则为（1.34±0.17）MPa。

2. 低压开关

低压开关的结构和高压开关一样，只是将动、定触点的位置调动了一下，低压开关如图4-11所示。它也是用螺纹接头直接安装在制冷系统高压管路或储液干燥器上。

低压开关的功能是检测制冷系统高压侧的制冷剂压力是否正常。当压缩机排出的制冷剂压力过低时，低压开关会自动切断离合器电路，压缩机停止运行，以保护压缩机不会损坏。当制冷系统的制冷剂不足或泄漏时，冷冻机油也有可能随着泄漏，这样系统的润滑油便会不足，若压缩机继续运行，将导致严重损坏。所以当高压侧的压力低于0.423MPa时，低压开关便将离合器电路断开，保证压缩机不受损坏。

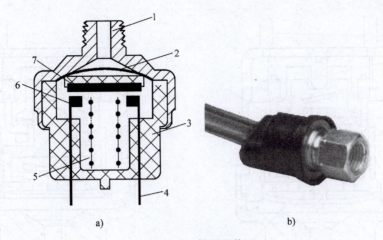

图 4-11 低压开关
a) 结构图 b) 实物图
1—接头 2—膜片 3—外壳 4—接线柱 5—弹簧 6—固定触点 7—活动触点

低压开关还有一个功能，即在环境温度较低时，自动切断离合器电路，使压缩机在低温下停止运行，这样可减少动力消耗，达到节能的目的。环境温度过低时，冷凝器温度以及相应的压缩机排出的制冷剂的温度和压力也低。例如环境温度小于10℃时，其压力正好是0.423MPa，此压力正是低压开关切断离合器电源的数值，所以温度（环境）低于10℃时，低压开关会使制冷系统自动停止工作。

还有一种低压开关安装在制冷系统的低压端，用来控制蒸发器的压力不致过低而结冰，保证制冷系统的工作。在孔管系统中，为控制压缩机工作循环，在旁通阀系统中，除了用恒温开关、热敏电阻来控制电磁旁通阀的通路外，还有采用低压开关控制的。这时，低压开关装在蒸发器的出口处，以测量其压力。当蒸发器压力在0.253~0.289MPa时，低压开关会将电磁旁通道的电路接通，电磁旁通阀开始工作，让一部分高压热蒸气通过旁通阀流到压缩机吸气口，使蒸发器压力回升，以防止其结冰。当蒸发器压力上升到一定值时，低压开关又切断其电路，制冷系统又恢复正常的制冷工作。这种用低压开关控制的旁通阀系统一般用在大、中型客车的空调系统中。

3. 高低压联动压力开关（双重压力开关）

由于高、低压力保护开关均可以安装在储液干燥器上，所以如果把高、低压力保护开关组合成一体，这样既可减少重量和接口数，又可减少制冷剂泄漏的可能性。

图4-12就是装在储液干燥器上的高、低压联动开关（双重压力开关），其工作原理如下：当高压制冷剂的压力正常时，压力应在0.423~2.75MPa之间，金属膜片和弹簧力处于平衡位置，高压触点14、15和低压触点1、2、6、7都闭合，电流从6、7触点到高压触点后再从1、2触点出来。当制冷剂压力降低到小于0.423MPa时，弹簧压力将大于制冷剂压力，推动低压触点7和3脱开，电流随即中断，压缩机停止运行，如图4-12a所示；当压力大于2.75MPa时，蒸气压力将整个装置推到上止点，蒸气继续压迫金属膜片上移并推动顶销，将高压动触点14推开并与高压定触点15接触，将离合器电路断开，压缩机停止运行，如图4-12b所示。当高压端的压力小于2.17MPa时，金属膜片恢复正常位置，压缩机又开始运行。

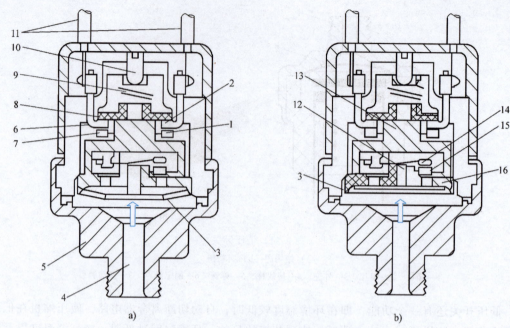

图 4-12 高、低压联动开关（双重压力开关）
a）制冷剂压力低于 0.423MPa 时　b）制冷剂压力高于 2.75MPa 时
1、7—动低压触点　2、6—静低压触点　3—膜片　4—制冷剂压力通道　5—开关座　8—绝缘片
9—弹簧　10—调节螺钉　11—接线柱　12—顶销　13—阀座
14—动高压触点　15—静高压触点　16—膜片座

> 拓展阅读

4.2.2 温度保护

1. 温度控制器

温度控制器又称温度开关、防霜开关，是汽车空调系统中温度控制的一种开关元件，起调节车内温度、防止蒸发器因温度过低而结霜的作用。常用的温度控制器有波纹管式和热敏电阻式两种。波纹管式温度控制器又称压力式温度控制器。

（1）波纹管式温度控制器　波纹管式温度控制器主要是利用波纹管的伸长或缩短来接通或断开触点，从而切断汽车空调压缩机的动力。其感温受压元件主要由感温毛细管和波纹管构成，其内充填有感温工质，毛细管一端放在蒸发器冷风吹出处，用以感受蒸发器温度。感温毛细管内工质温度的变化，会导致波纹管内压力变化，从而使波纹管伸长或缩短。

该温度控制器的调节机构主要由凸轮、凸轮轴、温度调节螺钉等组成，其作用是使温度控制器能在最低至最高温度范围内任意温度下控制动作。温度控制器的停点是根据调节轴的给定位置而变化的，开点和停点的温差基本上是恒定的。它的触点开闭机构，主要由触点、调节弹簧、杠杆等组成，它通过触点的开闭，切断或接通压缩机上的电磁离合器电路。

波纹管式温度控制器如图 4-13 所示，其感温毛细管和波纹管内充有易挥发的感温介质，感温毛细管一端插在蒸发器翅片内约 20～25cm，感受蒸发器表面的温度，另一端与波纹管相通。当吹过蒸发器的空气温度升高或降低时，感温毛细管内的气体便会膨胀或收缩，使波纹管伸长或缩短，推动与之相连的杠杆机构使触点闭合或断开，接通或切断电磁离合器线圈电路，从而控制压缩机的运转与停止，保证蒸发器的温度在某一设定范围之内。旋动凸轮可以改变调节弹簧的预紧力，从而改变冷气的温度范围。

（2）热敏电阻式温度控制器　热敏电阻式温度控制器的感温元件是热敏电阻，它装在蒸发器的出风口位置，检测蒸发器出口的空气温度。热敏电阻具有负温度系数，即当温度升高时，其阻值下降；而当温度降低时，其阻值增加。

热敏电阻将温度变化转换成电阻变化，也就是转换成电压变化。热敏电阻的电压加在急速稳定电路的空调放大器上，放大器将热敏电阻的电压变化的信号放大，便可带动控制电磁离合器的继电器动作，实现对车厢内温度的控制。

由于热敏电阻输出的不是"开关"信号，而是电压信号，所以一般用于电子控制或放大器控制电路中，其控制电路如图4-14所示。

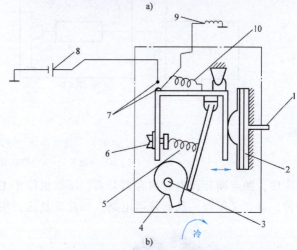

图 4-13　波纹管式温度控制器
a）实物图　b）结构图
1—感温毛细管　2—波纹管　3—凸轮轴　4—凸轮　5—调节弹簧
6—温度调节螺钉　7—触点　8—蓄电池　9—电磁离合器　10—支撑弹簧

热敏电阻式温度控制器对蒸发器出风温度的控制过程如下：采用热敏电阻感受蒸发器出风温度，并通过检测和放大等控制电路控制输出的通断；当蒸发器出风温度降低至某一规定值［如奥拓汽车为 (2.5 ± 0.5)℃，(4.27 ± 0.1)kΩ］时，放大器同时断开电路（急速提升控制电磁阀和压缩机电磁离合器电路），空调切断，防止蒸发器表面结霜；当蒸发器出风温度回升到一个设定值［如奥托汽车回升值为 (1.8 ± 0.3)℃，(0.36 ± 0.06)kΩ］时，真空电磁阀接通，延时 (0.8 ± 0.1)s 后，压缩机电磁离合器恢复工作。不同的车型，其切断温度和接通温度值不一样。

（3）双金属片式温度控制器　双金属片式温度控制器的外形如图4-15所示，它由两种不同材料的金属片组成，两金属片的热膨胀系数相差较大。在双金属片的端部有一动触点，在壳体上有一定触点。这种温度控制器没有毛细管和感温包，直接依据感受空气流过其表面的温度而工作。其温度设定方法与波纹管式温度控制器相同。

双金属片式温度控制器结构如图4-16所示。在设定温度范围内，双金属片平伸，两触点闭合，此时，电磁离合器电路接通，压缩机工作。当流过温度控制器的空气温度低于所设定温度时，由于两种金属片的热膨胀系数不同，热膨胀系数大的金属片收缩很多，导致双金

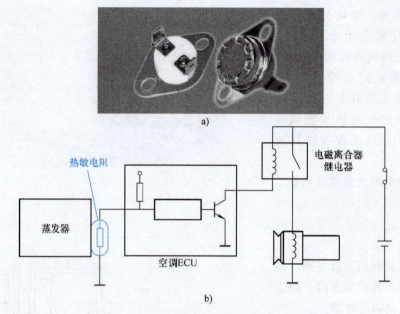

图 4-14 热敏电阻控制电路

a) 热敏开关 b) 控制电路

属片弯曲，触点断开，电磁离合器分离，压缩机停止工作；当温度上升后，金属片受热后逐渐平伸，触点又闭合，从而接通电路。如此反复达到控温的目的。

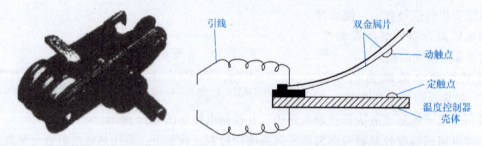

图 4-15 双金属片式温度控制器的外形　　图 4-16 双金属片式温度控制器结构

双金属片式温度控制器的特点是结构简单、不宜损坏且价格便宜。但作为直接感受温度的部件，它必须整体放置在蒸发箱内，安装不便。因此，波纹管式温度控制器的应用要比双金属片式温度控制器广泛。

2. 环境温度开关

环境温度开关也是串联在压缩机电磁离合器电路中的一种温度开关，当环境温度高于4℃时，其触点闭合，而当环境温度低于4℃时，其触点将断开而切断电磁离合器的电路。也就是说，在环境温度低于4℃时是不宜开动空调制冷系统的，其原因是当环境温度低于4℃时，由于温度较低，压缩机内冷冻机油黏度较大，流动性很差，若这时起动压缩机，冷冻机油还没来得及循环流动并起润滑作用时，压缩机就已因润滑不良而磨损加剧甚至损坏。

3. 时间-温度延时继电器

在非独立式空调系统中，当车辆慢速爬坡，发动机发出最大转矩时，发动机的冷却液温度会升得很高，这时由于车速较慢，正面冲刷的冷却风量减少，会致使散热器中的冷却液温度超过127℃。这时为了保护发动机正常工作，时间-温度延时继电器将切断压缩机离合器的电路，使压缩机停止运行，发动机负荷减轻，让冷却液温度和冷凝器温度相应降低，从而保护了发动机的正常运行和冷却系统正常运行。这个装置还有一个功能便是在发动机第一次起动时，延迟空调压缩机起动约0.5~1min，以使发动机运转稳定后再驱动空调系统。

本装置是在一个蜡式节温器上加装两对触点，它安装在空调开关的主电路上，蜡式节温器安装在散热器进口处。当刚起动时，冷却液温度低，只在发动机水道内循环，此时由于发动机工作不稳定，动触点和定触点处于分开位置，空调电路断开，空调压缩机不运行。当发动机工况稳定后，冷却液温度升高到82℃时，石蜡膨胀，迫使绝缘轴上移，两触点接触，空调压缩机开始运行。当发动机满负荷，汽车慢速行驶时，冷却液温度上升，迫使轴上移，动触点在定触点上滑动。当温度上升到127℃时，两触点再度断开，压缩机不运行，从而避免了发动机在长期超负荷下工作而引起零件的损坏。

4. 过热限制器

过热限制器主要用在斜板式压缩机上，当制冷系统温度过高时，它会切断离合器的电路，使压缩机停止运行，防止压缩机受到损坏。过热限制器的结构如图4-17所示。它包括过热开关和熔断器两部分。过热开关装在压缩机后盖紧靠吸气腔的位置，是一种温度传感开关。

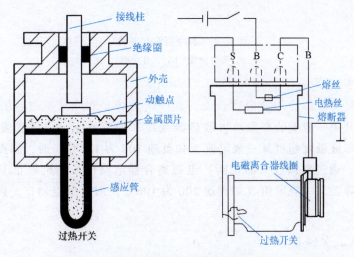

图4-17 过热限制器的结构

当制冷系统的制冷剂泄漏量较多时，压力会下降，若这时压缩机继续工作，它就会产生过热现象。这时制冷剂的温度上升，但压力不增加，会毁坏润滑油，进而损坏压缩机，压缩机内部将烧焦变成黑色。这时，过热开关将检测到入口的温度升高而将电源接通，即过热开关平时是断开的，压缩机温度过热时才会闭合。

熔断器有三个接头，S连接过热开关，B连接外电源，C连接离合器，熔断器内部，B和C之间连接一个低熔点熔丝，S和C接通电热丝。正常情况下，电流通过空调开关与环境温度开关，经过熔断器低熔点熔丝到压缩机的电磁离合器线圈。

当压缩机发生过热时，过热开关闭合，使电路搭铁，这时电流接通过热限制器上的电热丝。电热丝发热后熔化低熔点的熔丝，切断压缩机离合器电路和过热开关的短路电路，压缩机停止运行。当熔断器断路时，一定要仔细检查制冷系统是否因泄漏而缺少制冷剂，否则，接好熔丝后,很快又会烧断。另外,如果仔细检查制冷系统后,确认不缺制冷剂,那么就可能是过热开关坏了,需要更换。过热限制器现在已大部分被低压开关所取代。

5. 制冷剂温度开关

在部分叶片式压缩机和斜盘式压缩机上装有制冷剂温度开关,以防止压缩机因温度过高而损坏。制冷剂温度开关如图 4-18 所示,当制冷剂的温度超过 180℃ 时,该开关断开,切断压缩机电磁离合器的电路。

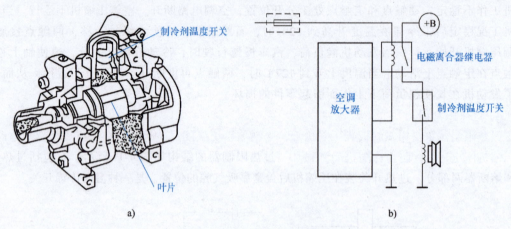

图 4-18 制冷剂温度开关
a) 安装位置 b) 工作电路

6. 冷却液过热开关

冷却液过热开关也称冷却液温度开关,其作用是防止在发动机过热的情况下使用空调。冷却液温度开关一般安装在发动机散热器或冷却液管路上,以感受发动机冷却液温度。当发动机冷却液温度超过某一规定值(如奥迪 100 为 120℃)时,触点断开,直接切断(或触点闭合,通过空调放大器切断)电磁离合器电路使压缩机停止工作;而当发动机冷却液温度下降至某一规定值(如奥迪 100 为 106℃)时,触点动作,自动恢复压缩机的正常工作。

4.2.3 发动机工况保护

1. 怠速保护

发动机怠速控制器有两种类型:一种是自动切断压缩机的离合器电路,使制冷系统停止工作,减小发动机负荷,稳定发动机的怠速性能;另一种是当发动机怠速时,使发动机能自动加大节气门开度,提高转速,既保证有足够的动力维持制冷系统工作,又保证自身正常运转。

(1)空气旁通式怠速控制器 空气旁通式怠速控制器适用于电控燃油喷射式(EFI)发动机,其控制原理如 4-19 所示。

当空调开关打开,怠速提升控制电磁阀通电时,会使一股空气不需要经过节气门阀体而旁通到稳压箱内,此时发动机电控单元(ECU)会根据旁通空气流量的大小增加燃油喷射量,使发动机怠速转速提高。

如果是节气门直动式怠速控制机构,ECU 便会直接控制电动机将节气门开大,提高怠速转速。

学习情境4 　汽车空调电路的故障诊断和排除

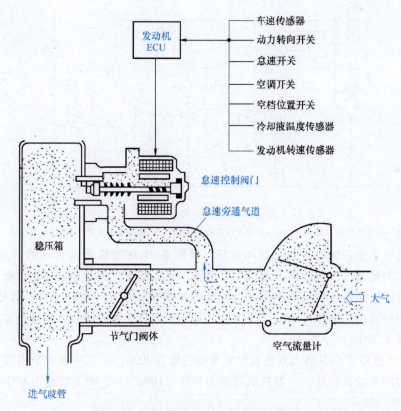

图 4-19　空气旁通式怠速控制器控制原理

（2）怠速继电器　怠速继电器的功能是当发动机处于怠速工况时，自动切断电磁离合器电路，停止发动机驱动压缩机来稳定发动机怠速工况的装置。这种装置是利用点火线圈的脉冲数作为转速控制信号，并将信号输入到怠速继电器的电路中。汽车空调系统的怠速继电器在点火线圈的初级低压负极上。

怠速继电器的电路如图 4-20 所示。该怠速继电器具有"手动"和"自动"两个控制档位，若接到 OFF 位置，则继电器直接通电源，处于接合状态，只要空调接上电流，压缩机就处于运行状态，而不再受怠速继电器制约。在怠速时，只能用手动闭合电源开关的方式来停止压缩机运行。当"自动"控制档位出现故障时，可将开关 K 拨到"手动"控制档位以应急使用，此时，继电器线圈的电流经手动开关搭铁而构成回路，压缩机的工作状态将不再受发动机转速的控制。

怠速继电器的工作过程如下：发动机转速信号由接线柱 2 送入怠速继电器电路，电路中 VT_1、VT_2 及相应的阻容元件组成一频率/电压转换电路，送入的发动机转速信号经电阻 R_1、R_2、电容 C_1 衰减、滤波后由晶体管 VT_1 放大，放大后的脉冲电压又被由电容 C_2、电阻 R_5 和二极管 VD_2 组成的微分电路微分，使其脉冲宽度为一固定值。该脉冲电压再经晶体管 VT_2 放大整形，并经 R_7、C_3 滤波后在由 R_8、RP 和 R_9 组成的分压电路两端变为一电压幅值与输入脉冲的频率成反比的直流电压。该电压经电位器 RP 分压后送入由 VT_3、VT_4 组成的施密特触发器的输入端，用来控制触发器的导通和截止。继电器 J 用来控制压缩机电磁离合器线圈电路的接通和断开。

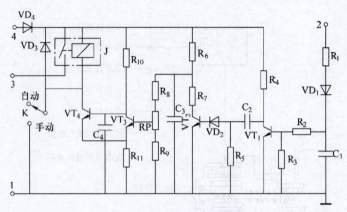

图 4-20 怠速继电器的电路

1—接电源负极（搭铁） 2—接点火线圈负接线柱 3—接电磁离合器 4—接电源正极

当发动机在怠速运转时，点火频率较低，经频率/电压变换电路得到的直流电压较高，施密特触发器的输入电压也较高，此时 VT_3 导通，VT_4 截止，使继电器 J 触点张开，切断了电磁离合器线圈电路，压缩机不工作。当发动机转速升高到某一值时，点火信号频率增加，输入到施密特触发器的电压下降，此时 VT_4 导通，继电器 J 触点闭合，接通电磁离合器线圈电路，使压缩机工作。

电位器 RP 可用于调节输入到施密特触发器的输入电压，并可用来调节电磁离合器开始接通和断开时的发动机转速，一般接通转速为 900~1100r/min，断开转速为 600~700r/min。

2. 加速断开装置

早期高级乘用车为了提高超车能力，常装设汽车加速断开装置。汽车加速或者超车时，需要尽量大的发动机功率来提供汽车加速所需转矩，此时应切断通向压缩机离合器的电路，停止压缩机运行。目前一些新款乘用车取消了这个装置，而一般通过监控节气门位置传感器，在节气门开度超过 90% 时，切断压缩机的工作。

在传统汽车中，加速断开装置一般装在加速踏板下或装在其他位置通过连杆或钢索来操纵，其外形如图 4-21a 所示，安装位置如图 4-21b 所示。当加速踏板踏下行程达到最大行程的 90% 时，加速断开装置切断电磁离合器线圈电路，使压缩机停止工作，解除了压缩机的动力负荷，发动机的全部输出功率用来克服加速时的阻力，提高了车速。当踏板行程小于 90% 或加速断开装置作用延时十几秒后，则自动接通电磁离合器线圈电路，使压缩机又自动恢复工作。

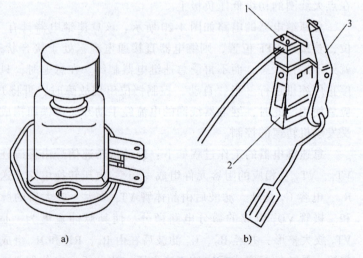

图 4-21 加速断开装置

a) 加速断开装置外形　b) 加速断开装置安装位置

1—加速断开装置　2—加速踏板托架　3—加速踏板总成

> **实践技能**

4.2.4　空调压力开关的故障诊断

<u>压力开关分为高压和低压两种</u>。压力开关性能检测应在制冷系统完好的情况下进行。

1）将歧管压力计和软管接到高、低压检修阀上，当系统中制冷剂压力高于 210kPa 时，低压开关就应接通，否则为性能不良，应予以更换。

2）在制冷系统工作时，用纸板或其他板挡住冷凝器的散热，以恶化其冷却效果，这时冷凝器的温度会逐渐升高，当高压表压力达到 2.1~2.5MPa 时，电磁离合器应立即断电；然后拿开纸板，待高压表压力降低到 1.9MPa 时，电磁离合器应立即通电，使压缩机恢复工作，否则为性能不良。

3）高压开关的触点是常闭式的。用万用表的电阻档测量其两个接线端：如果是断路，说明已损坏；如果电阻为零，则说明性能正常。

4）低压开关的触点在没有压力作用的情况下是常开的。用万用表的电阻档测量其两个接线端，如果性能正常，应该是断路；否则为性能不良。

5）在有压力的情况下检测压力开关较为可靠：低压开关一般在 200kPa 左右触点闭合；高压开关在 2650kPa 左右触点断开。

4.2.5　波纹管式温度控制器故障诊断

（1）温度控制器触点常见故障　触点接触不良或烧毁，会引起电路不能接通；触点频繁动作起弧粘连，会引起电路不能断开；感温腔内的感温剂泄漏，会引起触点不能动作而失去控制作用等。

将空调温度控制器旋钮正、反方向转动几次后，用万用表 R×1 档测量温度控制器接通状态的两个接线端子，若电阻值很小，则表明触点正常；若电阻值很大，则表明触点接触不良；若不通，则可能是感温剂泄漏。是否泄漏可首先进行外观检查，观测感温头封焊头是否破裂、感温包是否有损伤和裂纹、感温管有无弯折痕迹等，然后把感温包放入 30~40℃ 的温水中，测试触点是否闭合。若触点仍不闭合，则表明感温包内的感温剂已漏完；若触点能够闭合，再把感温包从水中取出，在低温环境中放置一段时间后触点又断开，则说明温度控制器的调温范围不当，可通过调节温度范围的调节螺钉加以矫正，将其逆时针方向转动 1~2 圈后再试。

（2）空调温度控制器触点不能自动跳开　把感温包放在冷藏室（5~10℃）内，测量温度控制器两接线端子是否断开。若不断开，则表明触点粘连，可用平口螺钉旋具拨动机械强迫触点断开；若触点能够跳开，则表明温度控制器的控温范围偏低，可顺时针调整调节螺钉。

（3）感温剂泄漏　用热毛巾给感温管加热，并将旋钮调到最低温度，用万用表测量温度控制器的开关是否接通。若开关不通，则表明感温剂已泄漏，此时应更换新的温度控制器。

4.2.6　基于压力、温度检测的故障诊断

空调制冷系统发生故障时，可以通过测量各有关部件的压力与温度，判断故障发生原

因，从而进行修复。因此，各有关部件在制冷系统正常时的压力与温度数据对检修工作有很大的参考价值。

桑塔纳汽车空调制冷系统正常时各有关部件压力与温度值见表 4-1。

表 4-1 桑塔纳汽车空调制冷系统正常时各有关部件压力与温度值

测量位置	制冷剂状态	在怠速（950r/min）和环境温度20℃时测量		测量方式
		压力/MPa	温度/℃	
压缩机高压端	气体	1.1~1.4	60~66	压力：在压缩机处用高压表 温度：在冷凝器入口处用温度计
冷凝器	气体、液体	1.1~1.4	50~58	压力：在压缩机处用高压表 温度：在冷凝器出口处用温度计
储液干燥器	液体	1.1~1.4	50~58	压力：在压缩机出口处用高压表 温度：在储液干燥器出口处用温度计
蒸发器	液体	约0.15	约6	压力、温度：在压缩机处用低压表、温度计
蒸发器出口、压缩机低压端	气体	0.15	0~4	压力：在压缩机处用高压表 温度：在膨胀阀感温包处用温度计

任务工单

见任务工单 10。

学习小结

1. 高压开关的作用是防止制冷系统在异常的高压下工作，以保护冷凝器和高压管路不会爆裂，压缩机的排气阀不会折断以及压缩机其他零件和离合器不损坏。

2. 高压开关一般安装在制冷系统高压管路上或储液干燥器上，高压开关有触点常闭型和触点常开型两种类型。

3. 触点常闭型高压开关其触点串联在压缩机电磁离合器电路中，压力导入口则直接或通过毛细管连接在高压管路上。它直接装在储液干燥器上面，使高压制冷剂蒸气作用在膜片上。正常情况下，其触点常闭，接通离合器电路，压缩机运行。

4. 触点常开型高压开关一般用来控制冷凝器风扇的高速档电路。当压力超过某一规定值时，高压开关自动接通风扇高速档电路，使冷凝器风扇高速运转，以加强冷凝器的冷却能力。

5. 低压开关的功能是检测制冷系统高压侧的制冷剂压力是否正常。当压缩机排出的制冷剂压力过低时，低压开关会自动切断离合器电路，压缩机停止运行，以保护压缩机不会损坏。低压开关还有一个功能，即在环境温度较低时，自动切断离合器电路，使压缩机在低温下停止运行，这样可减少动力消耗，达到节能的目的。

6. 有一种低压开关安装在制冷系统的低压端,用来控制蒸发器的压力不致过低而结冰,保证制冷系统的工作。在孔管系统中,为控制压缩机工作循环,在旁通阀系统中,除了用恒温开关、热敏电阻来控制电磁旁通阀的通路外,还有采用低压开关控制的。

7. 温度控制器又称温度开关,是汽车空调系统中控制温度的一种开关元件,起调节车内温度、防止蒸发器因温度过低而结霜的作用。常用的温度控制器有波纹管式和热敏电阻式两种。

8. 波纹管式温度控制器主要是利用波纹管的伸长或缩短来接通或断开触点,从而切断汽车空调压缩机的动力。其感温受压元件主要由感温毛细管和波纹管构成,其内充填有感温工质,毛细管一端放在蒸发器冷风吹出处,用以感受蒸发器温度。感温毛细管内工质温度的变化,会导致波纹管内压力变化,从而使波纹管伸长或缩短。

9. 环境温度开关也是串联在压缩机电磁离合器电路中的一种温度开关,当环境温度高于4℃时,其触点闭合,而当环境温度低于4℃时,其触点将断开而切断电磁离合器的电路。

10. 时间-温度延时继电器可切断压缩机离合器的电路,使发动机负荷减轻,让冷却液温度和冷凝器温度相应降低,从而保护发动机及冷却系统的正常运行。

11. 过热限制器主要用在斜板式压缩机上,当制冷系统温度过高时,它会切断离合器的电路,使压缩机停止运行,防止压缩机受到损坏。

12. 冷却液过热开关也称冷却液温度开关,其作用是防止在发动机过热的情况下使用空调。

13. 发动机怠速控制器有两种类型:一种是自动切断压缩机的离合器电路,使制冷系统停止工作,减小发动机负荷,稳定发动机的怠速性能;另一种是当发动机怠速时,使发动机能自动加大节气门开度,提高转速,既保证有足够的动力维持制冷系统工作,又保证自身正常运转。

14. 汽车加速或者超车时,需要尽量大的发动机功率来提供汽车加速所需转矩,此时应切断通向压缩机离合器的电路,停止压缩机运行。

思 考 题

若高压开关出现故障,对汽车空调有何影响?

复 习 题

1. 请叙述高压开关的安装位置及作用。
2. 请叙述高压开关的分类。
3. 请叙述低压开关的安装位置及作用。
4. 请叙述压力开关性能检测方法。
5. 请叙述波纹管式温度控制器组成及工作原理。
6. 请叙述热敏电阻式温度控制器工作原理。
7. 如何进行波纹管式温度控制器的故障诊断?

任务 4.3　汽车空调典型电路认知

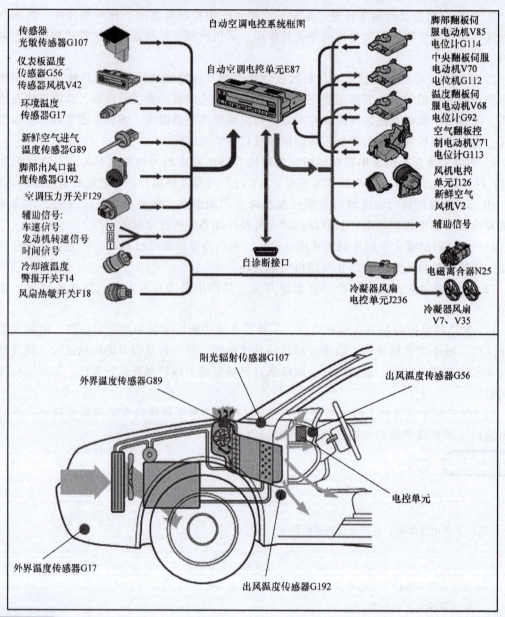

任务载体

故障现象：一辆三菱帕杰罗（PAJERO）越野车在使用空调时，有时制冷正常，出风口吹冷风；有时无法制冷，出风口出热风。空调失效时，关闭空调开关，过一段时间再接通，空调系统还能恢复正常工作。总之空调作用时好时坏，好与坏的时间长短毫无规律。

故障诊断：首先，在空调系统正常工作时，用空调压力表检查空调系统制冷剂（R134a）的工作压力，检查结果为高、低压力均正常（根据故障现象，初步判断是制冷剂中含有水分，空调工作时形成"冰堵",所以产生上述异常现象)。接着放掉全部制冷剂(R134a),反复抽真空后,又充入新的制冷剂(R134a)。当开启空调后,系统制冷正常。交车后不久又返修,故障依旧。

由于故障检修多次,并没有彻底排除,因此采用跟车检查方式,这样可以在空调系统发生故障时,马上下车检修。终于发现在空调系统不制冷时,空调压缩机的电磁离合器不吸合,但空调风扇运转正常。根据电路原理图得知,空调系统正常工作时,空调放大器的输出一方面控制着风扇继电器;另一方面经过双重压力开关和冷却液温控开关,控制着空调压缩机电磁离合器继电器。这样首先检查双重压力开关,压力开关正常;然后检查冷却液温控开关,在发动机冷却液温度正常的情况下,测得其阻值为无穷大,证明其已经失效。

更换冷却液温控开关,故障现象消除。

学习目标

1. 能通过与客户交流、查阅相关维修技术资料等方式获取车辆信息。
2. 能根据故障现象制订正确的维修计划。
3. 能正确选择诊断设备对空调电路系统故障进行诊断。
4. 能正确记录、分析各种检测结果并做出故障判断。
5. 能按照正确操作规范进行电路元件的更换。
6. 能根据环保要求,正确处理对环境和人体有害的废料和损坏的零部件。

理论知识

4.3.1 桑塔纳汽车空调电路

图 4-22 所示为上海桑塔纳汽车空调电路。当外界气温高于 10℃时,才允许使用空调。当需要制冷系统工作时,接通空调开关 A/C,空调开关 A/C 的指示灯亮,表示空调开关已经接通。此时电源经空调开关 A/C、环境温度开关可接通下列电路:

1) 新鲜空气翻板电磁阀电路接通,该阀动作接通新鲜空气翻板电磁阀控制的真空通路,使新鲜空气进口关闭,制冷系统进行车内空气内循环。

2) 经蒸发器温控开关、低压开关对电磁离合器线圈供电的电路接通,同时电源还经蒸发器温控开关接通怠速提升真空转换阀,以提高发动机的转速,满足空调动力源的需要。

3) 对空调继电器中的线圈供电的电路接通,其两对触点同时闭合,其中一对触点接通冷凝器风扇继电器线圈电路;另一对触点接通风机电路。

低压开关串联在蒸发器温控开关和电磁离合器之间,当制冷系统因缺少制冷剂使制冷系统压力过低时,低压开关会断开,压缩机停止工作。

高压开关串联在冷凝器风扇继电器和空调继电器 J_1 的一对触点之间,当制冷系统高压值正常时,触点张开,将电阻 R 串接入冷凝器风扇电动机电路中,使风扇电动机低速运转。当制冷系统高压超过规定值时,高压开关触点闭合,接通冷凝器风扇继电器线圈电路,冷凝器风扇继电器的触点闭合,将电阻 R 短路,使风扇电动机高速运转,以增强冷凝器的冷却能力。同时,冷凝器风扇电动机还直接受发动机冷却液温控开关的控制,当不开空调开关 A/C 时,发动机冷却液温度低于 95℃时,风扇电动机不转动,高于 95℃时,风扇电动机低速转动。当冷却液温度达到 105℃时,则风扇电动机将高速转动。

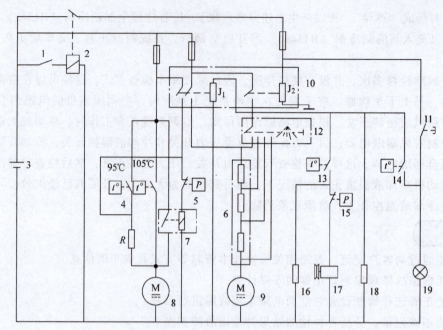

图 4-22 上海桑塔纳汽车空调电路

1—点火开关 2—减负荷继电器 3—蓄电池 4—冷却液温控开关 5—高压开关 6—风机调速电阻 7—冷凝器风扇继电器 8—冷凝器风扇电动机 9—风机电动机 10—空调继电器 11—空调 A/C 开关 12—风机开关 13—蒸发器温控开关 14—环境温度开关 15—低压开关 16—急速提升真空转换阀 17—电磁离合器 18—新鲜空气翻板电磁阀 19—空调开关指示灯

空调继电器中的 J_1 触点在空调开关 A/C 一接通时即可闭合，使风机低速运转，以防止蒸发器因表面温度过低而结冰。

桑塔纳汽车空调电路由电源电路、电磁离合器控制电路、风机控制电路和冷凝器风扇电动机控制电路组成。

1. 电源电路

电源电路电流方向：电源正极→减负荷继电器触点电路→熔断器→A/C 开关→环境温度开关→空调继电器 J_1 线圈电路→电源负极。

2. 冷凝器风扇电路

冷凝器风扇电路有 3 个控制电路。

(1) 冷却液温度控制电路

1) 95℃ 温控开关。电流方向：电源正极→熔断器→95℃温控开关→调速电阻 R→冷凝器风扇电动机→电源负极。此时冷凝器风扇低速运转。

2) 105℃ 温控开关。电流方向：电源正极→熔断器→105℃温控开关→冷凝器风扇电动机→电源负极。此时冷凝器风扇高速运转。

(2) A/C 开关控制电路　当 A/C 开关闭合后，空调继电器 J_1 工作，冷凝器风扇自动进入低速运转。

电流方向：电源正极→熔断器→空调继电器 J_1 触点电路→调速电阻 R→冷凝器风扇电动机→电源负极。

(3) 高压开关控制电路　当 A/C 开关闭合后，空调继电器 J_1 工作。若高压开关闭合，冷凝器风扇继电器工作，此时冷凝器风扇进入高速运转。

电流方向：电源正极→熔断器→冷凝器风扇继电器触点电路→冷凝器风扇电动机→电源负极。

3. 风机电路

风机电路有3个控制电路。

（1）A/C 开关控制电路　当点火开关闭合后，空调继电器 J_1 工作。若 A/C 开关闭合，此时风机自动进入低速运转。

电流方向：电源正极→熔断器→空调继电器 J_1 触点电路→风机调速电阻（3个）→风机电动机→电源负极。

（2）风机开关控制电路　当点火开关闭合后，空调继电器 J_2 工作。若风机接入不同档位，此时在通风工况下，风机可以不同转速运转。

电流方向：电源正极→熔断器→空调继电器 J_2 触点电路→风机开关→调速电阻（3个）→风机电动机→电源负极。

（3）A/C 开关+风机开关联合控制电路　当点火开关闭合后，空调继电器 J_2 工作。若 A/C 开关闭合，并且风机接入不同档位，此时在制冷工况下，风机可以不同转速运转。

联合控制的电流方向：电源正极→熔断器→空调继电器 J_1 触点电路/(空调继电器 J_2 触点电路→风机开关)→风机调速电阻（3个）→风机电动机→电源负极。

风机开关控制的电流方向：电源正极→熔断器→空调继电器 J_2 触点电路→风机开关→调速电阻（3个）→风机电动机→电源负极。

4. 发动机怠速提升电路

当点火开关闭合后，减负荷继电器工作。若 A/C 开关闭合、发动机处于怠速工况，则此时发动机怠速提升电路工作。

电流方向：电源正极→减负荷继电器触点电路→熔断器→A/C 开关→环境温度开关→蒸发器温控开关→怠速提升电磁阀→电源负极。

5. 电磁离合器电路

当点火开关闭合后，减负荷继电器工作。若 A/C 开关闭合，则此时电磁离合器电路可以接通。

电流方向：电源正极→减负荷继电器触点电路→熔断器→A/C 开关→环境温度开关→蒸发器温控开关→低压开关→电磁离合器→电源负极。

6. 新鲜空气翻板电路

当点火开关闭合后，减负荷继电器工作。若 A/C 开关闭合，则此时新鲜空气翻板电路可以接通。

电流方向：电源正极→减负荷继电器触点电路→熔断器→A/C 开关→环境温度开关→新鲜空气翻板电磁阀→电源负极。

拓展阅读

4.3.2　夏利汽车空调电路

夏利汽车空调电路主要由蓄电池、点火开关、空调开关、电磁离合器、空调放大器、散热器风扇电动机继电器、风机及其开关、压力开关、热敏电阻等组成，其控制电路如图 4-23 所示。

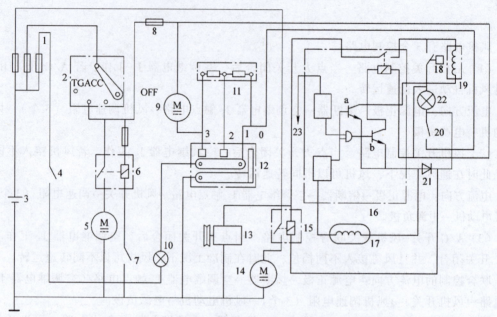

图 4-23　夏利汽车空调系统电路

1、8—熔断器　2—点火开关　3—蓄电池　4—示宽灯开关　5—散热器风扇电动机
6—散热器风扇电动机继电器　7—温控开关　9—风机电动机　10—指示灯　11—风机变速电阻
12—风机变速开关　13—电磁离合器　14—冷凝器风扇电动机　15—冷凝器风扇电动机继电器
16—空调放大器　17—热敏电阻　18—压力开关　19—电磁阀　20—空调开关　21—二极管
22—空调指示灯　23—到点火线圈负极

1. 电源控制电路

电源控制电路电流方向：蓄电池正极→熔断器 1→点火开关→散热器风扇电动机继电器的控制线圈→温控开关→搭铁→蓄电池负极。其中温控开关由发动机散热器中的冷却液温度来控制。当冷却液温度在 83℃ 以下时，温控开关断开，90℃ 以上时闭合，当温控开关闭合时，该电路形成通路。

2. 散热器风扇电动机电路

上述电源电路形成通路时，散热器风扇电动机继电器中的触点闭合，电流方向：蓄电池正极→熔断器 1→点火开关的 IG 档→散热器风扇电动机继电器中的触点→散热器风扇电动机→搭铁→蓄电池负极，散热器风扇电动机开始运转。

3. 风机变速电路

风机变速电路电流方向：蓄电池正极→熔断器 1→点火开关的 IG 档→熔断器 8→风机电动机→风机变速开关→搭铁→蓄电池负极。

风机变速开关有 3 个位置：

1）当风机变速开关放在空档位置时，电路不通。

2）当风机变速开关放在 1 档位置，电流从风机电动机至风机变速电阻，再至风机变速开关搭铁。因电流通过变速电阻的全部电阻，因此，这时风机电动机以最低转速运转。

3）当变速开关推到 2 档时，则电流流过变换电阻的 1/2 电阻，电动机转速提高。

4）当变速开关推到 3 档时，电流不经过变速电阻，直接连到开关一端搭铁，这时转速最高。

夏利汽车的风机在工作时，可以吹出暖风，也可以吹出冷风，也可以吹出同环境温度一样的空气，其关键在于制冷、供暖哪一部分在工作。所以在夏利汽车的空调中，风机是独立工作的，但只有风机工作时，空调开关才能作用。

4. 指示灯电路

指示灯电路电流方向：蓄电池正极→熔断器 1→点火开关的 IG 档→熔断器 8→空调指示灯→空调开关（闭合）→风机变速开关→搭铁→蓄电池负极，这时指示灯亮。

5. 空调放大器电路

空调放大器电路电流方向：蓄电池正极→熔断器 1→点火开关的 IG 档→熔断器 8→空调放大器的控制线圈→空调放大器的晶体管→二极管→空调开关→风机变速开关→搭铁→蓄电池负极。因空调放大器中的控制线圈有电流流过，所以空调放大器内部继电器的触点闭合。

6. 电磁离合器电路

由于上述空调放大器内部继电器触点闭合，电磁离合器电路电流方向：蓄电池正极→熔断器 1→点火开关的 IG 档→熔断器 8→压力开关→空调放大器的触点→电磁离合器→搭铁→蓄电池负极，这时制冷压缩机运转。

7. 冷凝器风扇电路

冷凝器风扇电路电流方向：蓄电池正极→熔断器 1→点火开关的 IG 档→熔断器 8→空调放大器触点→冷凝器风扇电动机继电器的控制线圈→空调开关→风机变速开关→搭铁→蓄电池负极。这时冷凝器风扇电动机继电器的控制线圈通电，触点闭合，从蓄电池来的电流不经点火开关，直接通过熔断器至冷凝器风扇电动机继电器的主触点，再经冷凝器风扇电动机搭铁，冷凝器风扇也开始工作。

8. 电磁阀电路

电磁阀电路电流方向：蓄电池正极→熔断器 1→点火开关的 IG 档→熔断器 8→压力开关→电磁阀→空调放大器的晶体管→二极管→空调开关→风机变速开关→搭铁→蓄电池负极。这时电磁阀通电，阀门打开，表示整个空调制冷系统正常，制冷剂可以在压缩机作用下在整个系统中循环。

夏利汽车空调控制电路中还有：

1）热敏电阻电路。热敏电阻一般安装在蒸发器外侧，以检测蒸发器出口温度。热敏电阻的阻值变化会转化成电压的变化，将此电压加到空调放大器中，经放大、整形后可控制压缩机电磁离合器工作。

2）转速检测装置电路。空调放大器可以根据取自发动机点火线圈的信号来检测发动机转速。当转速太低时，该电路会自动关闭压缩机电磁离合器电源，使压缩机和发动机分离，以减少汽车发动机的负荷，保证发动机不熄火。

4.3.3 丰田佳美汽车空调电路

丰田佳美汽车空调电路如图 4-24 所示。

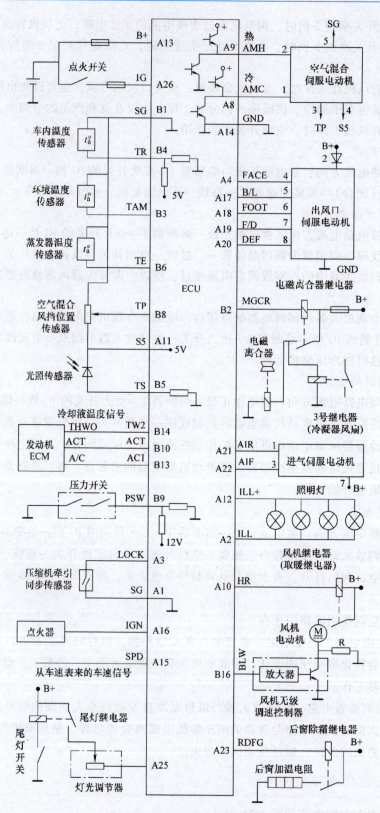

图 4-24 丰田佳美汽车空调电路

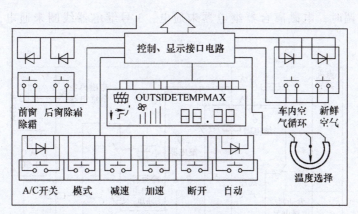

图 4-24 丰田佳美汽车空调电路（续）

1. 电源电路

（1）常供电电路　此电路为中央处理器和只读存储器供电，电流方向：蓄电池→熔断器→B+（A13）→空调控制盒→搭铁（A14）。

（2）正常工作供电电路　点火开关放在点火位置（IG 档）时，电源通过点火开关 IG 端子向空调控制盒和伺服电动机供电。大多数车辆是通过点火开关的 ACC 端子而不是 IG 端子将电流送入空调控制盒的。

2. 压缩机电磁离合器控制电路

电磁离合器由电磁离合器继电器控制。继电器的线圈由空调控制盒 MGCR（B2）端子内的一个开关管控制。开关管导通，继电器吸合，离合器接合；开关管截止，继电器断开，离合器脱开。

开关管的导通或截止由一套逻辑电路决定。参与逻辑电路运算的信号有：A/C 开关信号、发动机 ECM 允准信号、压力开关信号、冷却液温度信号、蒸发器温度信号、压缩机卡滞（压缩机同步）信号。

3. 风机控制电路

按下 A/C 或 FRONT 开关，向 ECU 输送一个使用空调或暖风信号，ECU 则使 HR（A10）端子内的开关管饱和导通，风机继电器通电，常开触点吸合，风机电路因串联固定电阻 R（约 3Ω）而低速转动，显示屏中部的低速显示竖条点亮。此时，BLW（B16）端子电压为 0V，晶体管截止。如需增大风量，按动风机开关的右侧，则向 ECU 输送一个增速信号，ECU 则使 BLW（B16）端子的电压逐步增加。晶体管的基极电流和集电极电流相应增加，风机的转速逐步升高。晶体管饱和导通时，风机转速最高。与之相反，按动风机开关的左侧，则向 ECU 输送减速信号，ECU 使 BLW 端子的电压逐步下降，风机转速逐步下降到低速运转。

4. 冷凝器风扇控制电路

冷凝器风扇控制电路如图 4-25 所示。

（1）不工作状态　不工作时，断开点火开关，2 个风扇的正负两端都搭铁而相通，电动机处于动力阻尼状态，扇叶不会因迎风而转动。接通点火开关，发动机主继电器常开触点吸合，2 个 30A 熔断器与蓄电池相接。由于冷却液温度低于 93℃，冷却液温度开关接通；A/C 高压管路压力低于 1520kPa，高压开关接通。1 号、2 号继电器线圈通电，常闭触点被吸断开。在未使用空调时，电磁离合器继电器未通电，3号继电器线圈未通电，2个风扇均不转动。

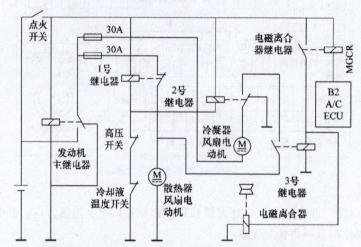

高压开关特性：高压管路压力高于1520kPa时开关断开，低于1226kPa时开关接通。
冷却液温度开关特性：常温时接通，冷却液温度上升到93℃时断开。
冷却液温度下降到83℃时接通。

图 4-25　冷凝器风扇控制电路

（2）工作状态　使用空调时，电磁离合器继电器通电，3号继电器通电，常开触点吸合，风扇慢速转动。当风机在高转速时，制冷量增加，高压管路压力上升。当上升到1520kPa时，高压开关断开，1号和2号继电器线圈断电，常闭触点接通，风扇电动机转速上升到最大转速。此时，高压管路的压力开始下降，当下降到1226kPa时，高压开关又接通，1号、2号继电器通电，常闭触点吸断，常开触点吸合，2个风扇电动机又串联起来接在电源上，以慢速运转。如果高压管路的压力处于1520～1226kPa之间，2个风扇电动机则保持高速运转。

不使用空调时，发动机长时间大负荷运转。冷却液温度超过93℃时，冷却液温度开关断开，1号、2号继电器断电，常闭触点接通，2个风扇电动机并联通电而高速运转，使冷却液温度下降。当冷却液温度降到83℃时，冷却液温度开关接通，1号、2号继电器通电，常闭触点断开，2个风扇电动机停转。断开点火开关，主继电器断开，1、2号继电器断开，2个电动机立即停转。

5. 后窗除霜电路

后窗除霜是靠电阻加热实现的。按下后窗除霜（REAR）开关，ECU使RDFG（A23）端子内的开关管饱和导通，后窗除霜继电器吸合，加温电阻通电，REAR开关旁的除霜符号点亮。再按REAR开关，RDFG（A23）端子内的开关管截止，后窗除霜继电器断开，后窗加温电阻断电，除霜符号熄灭。

6. 空调系统的自动工作过程

按下自动（AUTO）开关，ECU则启用自动工作程序。ECU根据5个传感器（T_R、T_{AM}、T_E、T_S、T_P）送来的信号和设定的温度信号与存储器中的数据进行运算，然后决定风机电动机、出风模式伺服电动机、进气风挡伺服电动机、空气混合伺服电动机的工作状况。

（1）出风模式伺服电动机的工作状况　当设定温度低于车内温度时，则出风模式处于脸部，即将低温空气引入车内顶部；当设定温度高于车内温度时，则出风模式处于足部，即将较热的空气引入车内底部。

（2）风机电动机的工作状况　设定温度与车内温度相差较大时，则风机高速运转，增加出风口的流量。设定温度与车内温度相差较小时，则风机中速运转。

（3）空气混合伺服电动机的工作状况　当设定温度低于车内温度且相差较大时，空气混合风挡迅速移动，使热风侧流量减小，冷风侧流量增加，出风口温度变低。随后，车内温度逐渐下降，空气混合风挡移动减缓，出风口温度达到设定温度时，则空气混合风挡稳定在相应的位置。

当设定温度高于车内温度且相差较大时，空气混合风挡迅速移动，使冷风侧流量减小，热风侧流量增大，出风口温度上升。随后，车内温度逐渐上升，空气混合风挡移动减缓，出风口温度接近设定温度时，则空气混合风挡稳定在相应的位置。

任务工单

见任务工单11。

学习小结

1. 上海桑塔纳汽车空调电路主要由电源电路、电磁离合器控制电路、风机控制电路和冷凝器风扇电动机控制电路组成。

2. 夏利汽车空调电路主要由蓄电池、点火开关、空调开关、电磁离合器、空调放大器、散热器风扇电动机继电器、风机及其开关、压力开关、热敏电阻等组成。

3. 丰田佳美汽车空调系统由电源电路、压缩机电磁离合器控制电路、风机控制电路、冷凝器风扇控制电路、后窗除霜电路等组成。

自我测试

思　考　题

1. 对于桑塔纳汽车空调系统电路，起动发动机后，若是闭合A/C开关，空调系统的风机、冷凝器风扇能否自动运转？

2. 对于桑塔纳汽车空调系统电路，关闭发动机后，空调系统的冷凝器风扇有无可能继续运转？

3. 对于夏利汽车空调系统电路，起动发动机后，若是闭合A/C开关，空调系统的风机、冷凝器风扇能否自动运转？

4. 对于桑塔纳汽车空调系统电路，关闭发动机后，空调系统的冷凝器风扇有无可能继续运转？

5. 桑塔纳汽车空调系统电路与夏利汽车空调系统电路的异同点是什么？

复　习　题

1. 请分析桑塔纳汽车空调系统电路。
2. 请分析夏利汽车空调系统电路。
3. 请分析佳美汽车空调系统电路。

学习情境5

汽车空调控制系统的故障诊断和排除

任务5.1　手动空调控制系统认知及诊断

> **任务载体**

故障现象：一辆捷达汽车慢速行驶时，空调输出的冷气正常。加速时，出风口没有冷气，松开加速踏板空档滑行时，前出风口又有冷气吹出。

故障诊断：停车检查，由于怠速时空调系统正常，于是原地将发动机加速至2500r/min，此时前出风口没有冷气吹出，但风窗玻璃侧的出风口有风吹出。因为这辆捷达汽车的风道由真空机构控制，据此判定是真空控制机构有问题。拔下真空单向阀，用嘴吸吮，单向阀两孔均通气，说明真空单向阀已不起作用。更换新的真空控制单向阀，开启空调开关，发动机在各工况下空调制冷及通风效果均良好。

故障分析：从捷达汽车空调控制机构可知，当发动机转速高、节气门开度大时，进气管道的真空度就小，真空控制机构在弹簧的作用下会关闭前出风口、风道和内循环；怠速时节气门开度小，进气道内的真空度大，真空的吸力会克服真空控制机构弹簧的作用，打开前出风口风道和内循环，所以怠速时有冷风吹出，加速时则没有冷风吹出。

> **学习目标**

1. 能通过与客户交流、查阅相关维修技术资料等方式获取车辆信息。
2. 能根据故障现象制订正确的维修计划。
3. 能正确选择诊断设备对手动空调控制系统故障进行诊断。
4. 能正确记录、分析各种检测结果并做出故障判断。
5. 能按照正确操作规范进行手动空调控制系统的更换。
6. 能根据环保要求，正确处理对环境和人体有害的废料和损坏的零部件。

学习情境5　汽车空调控制系统的故障诊断和排除

> 理论知识

5.1.1　手动汽车空调控制系统

目前，大多数中级乘用车都采用手动汽车空调控制系统。该系统依靠驾驶人拨动控制板上的各种功能键实现对温度、通风风向和风速的控制。下面以某型汽车为例介绍手动汽车空调控制系统。

1. 空调控制板

空调控制板安装在驾驶室前壁，由驾驶人操纵，空调控制板布局如图5-1所示。空调控制板上设有3个控制开关，分别是风机转速调节开关、出风模式选择开关和温度调节开关。

（1）风机转速调节开关　风机转速调节开关设有4个不同的转速档位，以控制风机4种不同的转速。风机电动机是直流电动机，其转速的改变是通过调整串入风机电路的电阻来实现的。

风机调速电阻安装在风机罩的左前方，裸露在风道内，与它串联的还有一个限温开关，当温度超过某一值时，开关断开。风机调速电阻如图5-2所示。

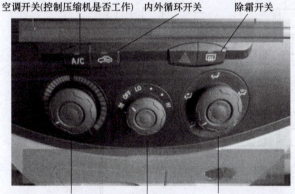

图5-1　空调控制板布局

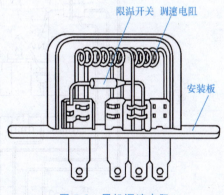

图5-2　风机调速电阻

风机除在停用状态不工作外，在制冷、取暖及通风状态下均可工作。

（2）出风模式选择开关　出风模式选择开关用于确定空调系统的功能，即要求空调是制冷、取暖、通风还是除霜。驾驶人转动温度调节开关、风机转速调节开关、出风模式选择开关，可以确定车内空气的温度、流速、出风位置等。对于温度调节开关，不同颜色表示车内设定温度的高低，蓝色表示设定的温度低，红色表示设定的温度高；对于风机转速调节开关，可以选择低速（LO）到高速（HI）的4个档位，以及OFF—停止位置。

另外，在控制板的后面，设有真空控制开关。当驾驶人操纵出风模式选择开关时，真空控制开关随之联动，通过改变真空通路控制真空驱动器来调节各通风门的状态及热水阀的开度。

（3）温度调节开关　温度调节开关是控制温度门的开关，用钢丝和温度门连接。当开关处于左半区时，温度门关闭通向加热器的风道，出来的空气是未经加热的空气，称之为冷风区。当开关处于右半区时,温度门打开通向加热器的风道,送入车内的空气是经过除湿后的暖空气,称之为热风区。开关可在左右两半区无级连续调节,可停在任意位置,对应温度门也有确定的位置。

2. 真空控制系统

图 5-3 所示为 BJ2021 型汽车空调真空控制系统。在该系统中,各风道由风门控制,风门由出风模式选择开关操纵真空开关并通过真空驱动器来控制。除控制除霜风门的真空驱动器采用双膜片式以外,控制其他风门的真空驱动器均采用单膜片式。

真空控制开关设置在控制板的后面,由滑块和底座组成。底座上有真空接口,接口⑪和②同时通向真空罐,接口⑩和①仅彼此相通,接口③和④均通向真空驱动器控制除霜风门,接口⑥通真空驱动器控制地板风门,接口⑦通真空驱动器控制循环风门,接口⑨通热水阀控制其真空度。滑块上设有通气道,其被状态开关驱动时,调整各接口与真空源之间的联系。

3. 真空系统执行元件

汽车空调系统的风门及热水阀一般都是由真空系统通过真空执行元件来进行控制的。其采用的执行元件有真空罐和真空驱动器。

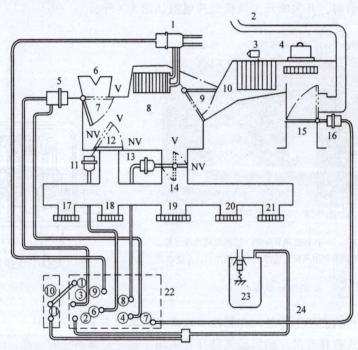

图 5-3 汽车空调真空控制系统

1—热水阀 2—外界通风口 3—感温包 4—风机 5、11、13、16—真空驱动器 6、7—除霜风门 8—加热器 9—温度门 10—蒸发器 12—地板风门 14—仪表板风门 15—循环风门 17—左可调风口 18—左下可调风口 19—左中可调风口 20—右中可调风口 21—右可调风口 22—真空控制开关 23—真空罐 24—真空管路
NV—真空驱动器不通真空风门位置 V—真空驱动器通真空风门位置

(1) 真空罐 真空系统的真空源来自发动机的进气歧管。随发动机的运行工况不同,进气歧管的真空度也相应不同。急速时,真空度最大;而上坡最大转矩时,真空度将最小。其真空的绝对压力在 33.7~101kPa 之间变化。真空度的这种变化,将会影响真空系统的调控工作。所以,真空罐的作用是向系统提供稳定的真空压力,其次是储存真空,使真空系统即

使在发动机停止运行时，仍能保持一定的真空度。

真空罐的构造如图 5-4 所示，它由真空罐和真空保持器两部分组成。真空罐是一个金属罐，里面安装一个真空保持器，其工作原理如下：真空罐内有一个空心膜阀和膜片，将其分成三个腔室，中腔与发动机进气歧管相连，另一个腔与真空执行系统相连。当发动机进气歧管的真空度较高时，膜片被推开。由于发动机的真空度大于真空罐，空心膜阀膨胀开时，气孔 4 被打开，则真空系统成一开口通路，真空度提高。当发动机进气歧管的真空度比真空罐的真空度小时，空心膜阀外面的压力将其压扁，封闭气孔 4，保持罐内真空度，同时膜片右移，封闭发动机歧管接口，将真空系统和真空源分开，保持真空系统和真空罐的真空度，并保持真空系统原来的工作状态。

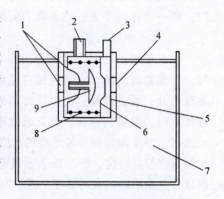

图 5-4 真空罐的构造

1、4—气孔 2—发动机进气歧管接口
3—真空出口 5—真空保持器 6—膜片
7—真空罐 8—弹簧 9—空心膜阀

（2）真空驱动器 真空驱动器的作用是根据真空度的变化进行机械动作，控制风门和热水阀。目前，汽车空调系统中常采用的真空驱动器有 2 种：单膜片式真空驱动器和双膜片式真空驱动器。

1）单膜片式真空驱动器。这类真空驱动器的内部结构和外形如图 5-5 所示。

真空接口通过胶管引进真空气源，连杆连接风门。当接通真空源时，膜片压缩复位弹簧提起连杆；当断开真空源时，复位弹簧伸张迫使膜片带动连杆复位。这类真空驱动器通常用来控制全开或全闭的风门。

2）双膜片式真空驱动器。双膜片式真空驱动器的内部结构和外形如图 5-6 所示。

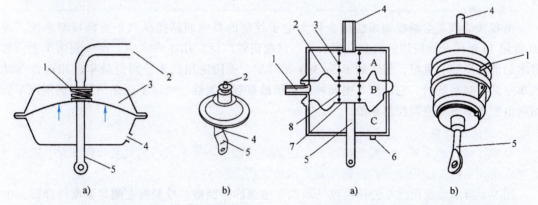

图 5-5 单膜片式真空驱动器的内部结构和外形
a）内部结构 b）外形
1—复位弹簧 2—真空接口 3—膜片
4—通气孔 5—连杆

图 5-6 双膜片式真空驱动器的内部结构和外形
a）内部结构 b）外形
1—B 室真空接口 2—A 室膜片 3—A 室弹簧
4—A 室真空接口 5—连杆 6—通气孔
7—B 室膜片 8—B 室弹簧

当 A 室仅有真空作用时，膜片带动连杆只提到一半位置。若 A 和 B 两室同时有真空作用，连杆才被提到极限位置。若 A、B 两室均无真空作用，则连杆处于最下端。所以，采用双膜片式真空驱动器控制的风门有三个位置：全开、全闭和半开。它也可以同时控制两个风门，即一个开一个关，或者两个同时半开。

4. 其他控制系统

（1）温度门控制　温度门由温度调节开关通过一根钢丝控制。当开关置于温度最低点时，加热器被封闭，空气仅能穿过蒸发器送到各通风门。随着开关向高温方向拨动，温度门逐渐打开，通过蒸发器的空气流部分地通过加热器加热后再送到各通风门。当开关置于温度最高点时，温度门全开，所有通过蒸发器的空气均通过加热器加热后再送到各通风门。

（2）热水阀控制　加热器热水流量的控制有真空控制和绳索控制两种，图 5-7 为加热器热水阀真空控制结构。图 5-7a 表示没有真空作用时，在弹簧作用下热水阀关闭；图 5-7b 表示有部分真空作用时热水阀微开；图 5-7c 则表示全真空作用时，热水阀全开，热水流量最大。

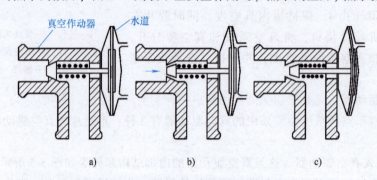

图 5-7　加热器热水阀真空控制结构

用热水阀真空控制的开闭还有一种结构，它依靠真空膜泵转动阀片，控制发动机冷却液进入加热器，或直接进入水泵。

5.1.2　电控气动汽车空调控制系统

电控气动汽车空调控制系统的全称为电子控制的真空回路操纵汽车空调控制系统，是 20 世纪 70 年代开始使用的汽车空调系统，目前仍然广泛应用在许多中、高级乘用车上，如日本的部分皇冠、世纪，德国的 Benz-380 等汽车。美国通用汽车公司是最早使用电控气动汽车空调控制系统的，它的汽车空调控制系统最具有代表性，所以下面介绍美国通用汽车公司的电控气动汽车空调控制系统。

1. 空调控制板

只要驾驶人输入某一个温度值并决定空调的功能，不管车内外的气候如何变化，电控气动汽车空调系统即会为达到设定温度而自动地工作。

图 5-8 所示是通用汽车公司电控气动汽车空调的控制板。控制板左侧是温度选择键，中间是空调功能选择键，这种控制形式与手动调节的略有不同。

（1）温度选择键　温度选择键可在 18.3℃（65℉）到 29.4℃（85℉）之间任意选择，只要选定一个温度以及功能，空调即会为达到这个设定温度而自动地工作。

（2）功能选择键　功能选择键可处在七个不同的位置，控制空调系统的工作。

1）OFF（停止）。功能选择键处在此位置时，若不接通点火开关，则空调系统不工作。若接通点火开关，则压缩机不工作，但当车内温度高于 26.7℃时，空调的风机会自动地低速运转吹入微风；当车内温度低于 26.7℃且发动机冷却液温度高于 82℃时，空调的风机也

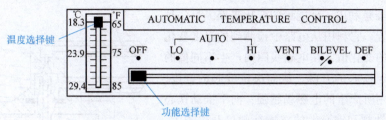

图 5-8 电控气动汽车空调的控制板
1—温度选择键 2—功能选择键

会自动吹入自然风。

2）LO-AUTO（低速-自动）。功能选择键置于此位置时，风机低速运行。当发动机冷却液温度高于82℃，车内温度低于设定温度时，空气先经蒸发器再经加热器送出暖风。若车内温度高于设定温度，则空气经蒸发器冷却后不通过或部分通过加热器。冷空气从中间门吹出，而加热空气从下风口吹出，形成头冷脚暖的环境。

3）AUTO（自动）。功能选择键置于此位置时，空调的工作情况与LO-AUTO位置相同，只是风机不限于低速运行，而是根据车内的温度自动选择转速。若车内温度比设定温度高出较多，需要最快降温时，风机会自动进入高速运行，将蒸发器冷却后的冷空气尽快送到车内，同时促使蒸发器最大限度制冷。若车内温度与设定温度相差不多，风机会自动降低其转速。

4）HI-AUTO（高速-自动）。功能选择键置于此位置时，空调的工作情况与LO-AUTO和AUTO位置相同，只是风机在高速运转。如果车内温度达到设定温度，风机会自动降低转速。但在此位置时，热水阀关闭，加热器不工作，从各风口吹出的是冷空气。

5）VENT。功能选择键置于此位置时，是自然通风。此时，风机低速运行，车外的空气经中风门吸入车内，取暖、制冷系统不工作，因此吹进来的风是未经加热和冷却的自然风。若车内温度高，风机会高速运转；若温度低，风机会自动转入低速运转。

6）BI-LEVEL（双向）。功能选择键置于此位置时，风机可以在任意一个转速工作，自动控制系统能按照设定温度和车内温度分别从中风口吹出冷风，从上、下风口吹出暖风，用于暖脚和除霜。

7）DEF（除霜）。功能选择键置于此位置时，风机高速运转，大部分暖风从上风口吹出，小部分从下风口吹出。

2. 执行器

电控空调真空系统内的真空罐、真空控制器、真空电动机、热水阀与手动空调的真空系统相同，增加的真空元件包括真空换能器、真空保持器和真空伺服电动机。

真空伺服电动机的连杆位置可以在全伸长和全收缩之间的任何位置上。它由真空换能器来控制其供给的真空度大小并决定连杆的伸缩位置。真空伺服电动机得到的真空度大，则其连杆的位置收缩量大；真空度小，则其连杆的位置伸长量大。

（1）真空换能器 真空换能器的种类有几种，原理都大同小异，图5-9所示是其中常用的一种。在真空换能器的支架上，有一个双通针阀，一头控制真空源的通路，一头控制铁心上的大气阀门。铁心下端通大气，外部有一个电磁线圈。线圈的电压为12V，而电流大小由空调的恒温放大器来控制。由于橡胶膜片的密封作用，外面的大气只能通过柱塞阀门和真空系统串气。

真空换能器是利用一种能量的变化来操纵另一种能量工作的装置。它利用从电路中检测到的温度变化值放大为电流的变化值,在电磁线圈内产生不同值的磁场,以此决定铁心的升降,从而决定针阀的开度。其电流越大,则所产生的电磁场越强,向下推动铁心的位移越多,针阀和铁心上的双通针阀口开得越大,外部空气渗入量越多,进入真空伺服电动机的真空度越小,其连杆的位置收缩量越小。当从放大器里传出的电流减小,弹簧就会推动铁心向上,此时双通针阀的阀口开度会减小,甚至会关闭大气与真空系统的通路。这时,系统的真空度增大,真空伺服电动机的连杆位置收缩量增大,甚至达到最大值。

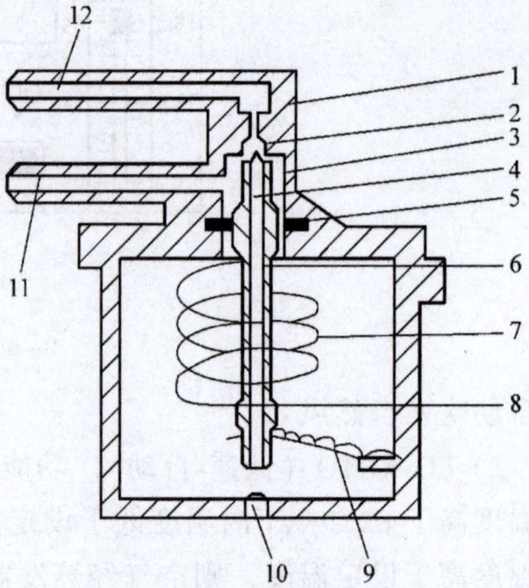

(2)真空保持器 真空保持器的结构如图 5-10所示。当发动机进气歧管中的真空度高于真空罐中的真空度时,单向阀打开(即单向阀是靠发动机进气歧管真空度打开的)。此时,单向阀把真空源与真空罐连通。正常的发动机进气歧管真空度能打开真空膜盒,允许控制系中的真空到达真空作动器。若发动机的进气歧管真空度降低到真空罐的压力之下,则单向阀关闭,真空膜盒也关闭,控制器到真空作动器的回路中断,这样真空罐中的真空度不会下降。它的作用是当发动机进气歧管真空度降低时,真空保持器能关闭发动机的真空源,同时,膜片能关闭真空换能器和真空伺服电动机之间的真空气路,保持系统的原来工作状态。

图 5-10a 表示由于发动机进气歧管真空度增大时使单向阀打开,来自真空换能器的真空信号到达真空作动器。图 5-10b 表示发动机进气歧管真空度下降时,气压增大使膜片上抬,使真空作动器保持一定的真空度。

在加速或发动机停转时,发动机进气歧管中的真空度下降,真空罐被用来驱动空调系统及汽车上其他附属设备中真空元件的动作。

3. 电控气动汽车空调工作原理

图 5-11 所示是电控气动汽车空调工作原理。当选好空调功能键后,空调系统就能在指定温度内自动地控制温度和风量,其控制过程如下:将设定温度的电阻、车外环境温度传感器、车内温度传感器提供的信号输送到温度控制放大器,放大器即产生一个电流信号输入真空换能器转换成对应的真空度信号,并输送到真空驱动器,使控制杆位移,此时温度门控制曲柄、风机转速和反馈电位器都处在一个相应位置,从而输送一定温度和风量的空气。例如,功能键在自动位置(即处于 LO-AUTO、AUTO、HI-AUTO 位置)时,当设定温度与车内温度相比较差值较大,则放大器输入到换能器的电流就大,换能器输出真空度就大,真空驱动器迫使控制杆伸长,甚至到极限位置。这时控制杆驱使温度门关闭通向加热器的风道,使风机处在最高转速

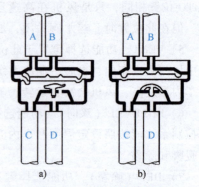

图 5-9 真空换能器

1—换能器外壳 2—双通针阀 3—大气通道
4—铁心 5—橡胶膜片 6、8—来自直流放大器
7—电磁线圈 9—弹簧 10—大气孔
11—接真空伺服电动机 12—接真空罐

图 5-10 真空保持器的结构

a)真空度增大 b)真空度降低
A—到真空驱动器 B—来自真空换能器的真空
C—发动机真空 D—单向阀真空

的位置，真空选择器切断通向热水阀的真空气路，从而保证空调能输出最冷的、风量最大的空气到车内。当车内温度下降后，放大器的输出电流减小，此时换能器输出真空度减小，真空驱动器的控制杆缩短，温度门打开通向加热器的风道，风机转速下降，使吹进车内空气的温度和风量都减小。这个过程一直进行到车内温度在设定温度范围之内。

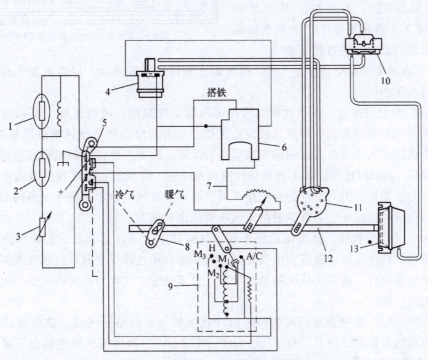

图 5-11　电控气动汽车空调工作原理

1—车外环境温度传感器　2—车内温度传感器　3—温度选择电阻（温度选择键）　4—真空换能器
5—功能选择键　6—温度控制放大器　7—反馈电位器　8—温度门控制曲柄　9—风机调速电路板
10—真空保持器　11—真空选择器　12—控制杆　13—主控制真空驱动器

电控气动汽车空调的真空控制系统由两个小真空控制系统组成。第一个小系统是真空换能器到真空驱动器的系统，用于自动调节空调温度。第二个小系统用于控制上、中、下风门内开关和热水阀开度，它由功能选择键来决定。两个小系统的真空度和操作互不干涉，互不通气。

电控气动汽车空调控制系统，实质上是半自动化的。由于这种空调的成本比手动调节汽车空调系统的成本增加不多，而且又能提高车内空调的舒适性，所以，许多中、高级乘用车上仍采用这一形式的空调控制系统。

拓展阅读

5.1.3　全自动汽车空调控制系统

目前，大量进入中国市场的日、美、德等国家的乘用车，如凯迪拉克、宝马等乘用车都采用全自动汽车空调控制系统（以下简称全自动空调），它比前面介绍的电控气动汽车空调控制系统要可靠、准确得多，而且控制面板也简单。

1. 全自动空调的控制面板

全自动空调的控制面板如图 5-12 所示。"WARMER"（暖）和"COOLER"（冷）用于选择车内温度，WARMER 用于较高温度，COOLER 用于较低温度。用这 2 个按钮可在 18～29℃ 进行温度自动调节。当所选择的温度低于 18℃ 时，在面板上会显示"LO"；当温度超过 29℃ 时，则会显示"HI"。在这 2 个极端温度上，空调系统提供最冷或最热的温度，不再调节温度。

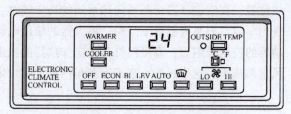

图 5-12　全自动空调的控制面板

"OFF"表示全自动空调停止工作，同时阻止新鲜空气的供给，以防止废气和被灰尘污染的空气进入车内。

"ECON"是经济按钮，按下此按钮后，车内的空气温度、风机速度、暖风分配和新鲜空气分配都是自动调节的；空调压缩机停止工作，只有新鲜空气或暖风通过风机进入车内。按下除霜按钮后，大部分空气通向风窗玻璃进行除霜、除雾，此时空调风机高速运转。

"BI-LEV"为双向按钮，按下该按钮时空调系统的工作状态、温度和空调风机转速的调节与 AUTO 方式相同，但其空气的分配则不同，暖风和冷风按给定的路线以相同的流量从中央出风口和吹脚风道吹出，只有少量的空气吹到风窗玻璃上。

"AUTO"为自动按钮，此按钮适用于所有气候状态，一旦达到显示的内部温度，空调风机将以最低的转速运转。温度发生变化时空调系统会通过改变空调风机速度和调节风门进行调节。天气寒冷时，暖空气从吹脚风道吹出，少部分暖空气吹到风窗玻璃上。天热时，冷风从中央出风口吹出。

"LO"和"HI"为降低或提高空调风机转速按钮。它们是起辅助功能的按钮，当空调系统以其他功能工作时，按下"LO"或"HI"按钮后，空调风机的转速就会下降；如果要使"LO"或"HI"按钮回位，只要按任意按钮即可。

"OUTSIDE TEMP"为外部温度按钮，按下该按钮后，操纵面板上即显示外界温度，此时紧靠按钮左侧的指示灯在显示外界温度时一直点亮。天气寒冷时，为了保证发动机能迅速暖机，空调风机电动机不接通电源，只有当发动机冷却液温度升至 50℃ 时，空调风机电动机才开始工作。如果点火开关接通后，"OUTSIDE TEMP"左边的指示灯亮 1min，说明空调系统有故障。若行驶过程中有故障，该指示灯也会点亮。"℃"和"℉"是用于选择显示摄氏温度还是华氏温度的按钮。

2. 全自动空调的工作原理

全自动空调有一套计算比较电路，通过对传感器信号和预调信号的处理、计算、比较，输出不同的电信号指挥控制机构工作，使温度门的位置不断改变以调节车内空气温度，并使风机的转速随着空调参数的改变而改变。空调风向的控制和各风门的开、关是用驱动器控制的。

图 5-13 是全自动汽车空调控制系统的工作原理。由图 5-13 可见，全自动空调主要由电桥、比较器、真空驱动器等组成。其控制系统由电桥（车外温度传感器、太阳辐射热传感器和调温电阻组成）和比较器组成。当温度变化时，传感器的热敏电阻阻值发生变化，引起电桥的输出电压 U_A、U_B 变化，电桥处于不平衡状态，比较器 OP_1、OP_2 对电桥输出的电信号进行比较后，比较器 OP_1、OP_2 中的一个给升温或降温真空驱动器输出一个电流值，真空驱动器将它转换成真空信号，控制驱动器工作，带动控制杆对温度门的开度进行控制，同时对风机转速和热水阀开度进行控制，最后达到恒温。

学习情境5　汽车空调控制系统的故障诊断和排除

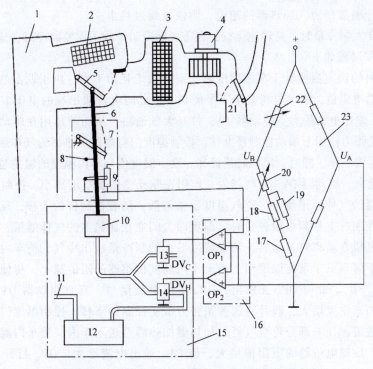

图 5-13　全自动汽车空调控制系统的工作原理

1—乘员室　2—加热器　3—蒸发器　4—风机　5—温度门　6—控制杆　7—风机开关　8—热水阀开关
9—反馈电位器　10—驱动器　11—接发动机进气歧管　12—真空罐　13—降温真空驱动器
14—升温真空驱动器　15—真空控制阀　16—比较器　17—车外温度传感器　18—太阳辐射热传感器
19—风道温度传感器　20—车内温度传感器　21—循环风门　22—调温电阻　23—电桥

3. 全自动空调控制系统的工作过程

全自动空调控制系统中，由车内温度传感器、车外温度传感器和太阳辐射传感器、反馈电位器以及调温电阻组成一个检测信号电桥；由 OP_1、OP_2 和晶体管组成比较放大器电路，输出信号控制两个真空电磁阀。

电路原理：由传感器测得的温度变化转换成电信号（电阻值的增减），引起电压变化，输入到比较器 OP_1、OP_2。驾驶人在选定某一个温度时，调温电阻有一个确定的阻值与之对应，其端电压也输入到比较器 OP_1、OP_2。两个信号在计算比较，并被送到放大器两级放大后，输入真空电磁阀 DV，再控制真空伺服电动机按所需要的条件调节温度，并在反馈电位器的作用下，根据车内的温度，不断修正系统输出的信号，使车内的温度保持恒定。

由于环境的温度、太阳辐射热和其他因素的改变，两个计算比较器不断工作，输出电流给真空电磁阀，使真空伺服电动机不断地调节控制的位置和温度门的位置，使输出的空调温度不断变化，以适应车内微小变化的温度差，使车内的温度保持在预定的温度。

反馈电位器是一个可变电阻，它由驱动器的控制杆控制，其阻值随着控制杆的位置改变而改变。反馈电位器阻值连同温度传感器和调温器的电阻大小变化信号一起传送到比较器。由于反馈电位器的加入，使空调在设定温度和车内温度相差较大时，能输入最大的冷空气量或热空气量；而当这种差值缩小时，使空调能逐渐降温和升温，以满足汽车对温度的要求。

控制杆上有一个装置，在关闭温度门的加热器空气通路时，会切断热水阀的真空气路。

125

只要控制杆打开温度门通入加热器的通道，则恢复通过热水。

风机在需要大制冷量时，高转速运行；在需要制冷量少或不需要制冷时，低转速运行。

具体的工作过程如下：

当调温电阻的设定温度低于车内温度时，空调系统开始工作，由于调温电阻的阻值低于传感器桥臂的总电阻值，因此电桥处于不平衡状态。此时电桥输出端的电压 $U_B>U_A$，OP_2 无电流输出，OP_1 输出电流使真空驱动器 DV_C 打开大气通路，从而使作用在驱动器的真空度减小。膜片在弹簧张力作用下带动控制杆上移，控制温度门将通往加热器的气体通道关小，使流入车内的气体温度下降，同时，风机转速提高。设定温度值与车内温度的温差越大，则电桥两输出端电位差越大，驱动器 DV_C 开度越大，作用在驱动器的真空度越小，控制杆的上移量越大，通往加热器的气体通道越小，进气温度也就越低。随着控制杆的上移，反馈电位器的阻值减小，直到控制杆上移到极限位置时，温度门关闭通往加热器的气体通道，电位器的阻值为零。此时，风机在最高转速运转，蒸发器以最大的制冷量输出冷气，使车内快速降温。

车内温度下降到低于设定温度时，由于车内温度传感器的阻值减小，将使电桥输出端电压 U_B 下降，$U_B<U_A$。此时 OP_1 无输出，OP_2 输出电流信号，真空驱动器 DV_H 打开真空气路，使驱动器的真空度增大，膜片克服弹簧张力带动控制杆下移，控制温度门逐渐打开通往加热器的气体通道，让一部分冷空气经过加热器加热后再送入车内，使车内温度升高。随着控制杆的下移，反馈电位器的电阻值增大，使 OP_2 输出电流增大，DV_C 打开真空气路的开度增大，膜片带动控制杆的移动量也增大，使车内温度快速升高。

若车内温度和预选温度相同，则电桥处于平衡状态，比较器没有信号输出，空调维持在风机中、低速运转，输出合适温度的空调风，保持车内温度恒定。这时，只要车外温度发生变化，比较器就又会在传感器送来的新信号下进行工作。若外界空气温度下降，则需要加热量大一些，这时 OP_1 有信号输出；若输入的空气温度上升，或者太阳辐射量增加，则需要减小空气的加热量，这时 OP_2 工作。这样，两个比较器处于不断修正性交替工作状态，保持车内温度恒定而不受外界环境的影响。

OP_1、OP_2 交替输出，同时 DV_C 和 DV_H 轮换打开大气通路和真空气路，从而控制温度门的开度，实现自动空调对车内温度的控制。

实践技能

5.1.4　汽车空调故障诊断

1. 带自诊断系统的空调故障排除程序

1）用户故障分析。在汽车进行检测时，应该向用户详细了解出现的故障情况。例如：

① 风量控制不良。风机电动机不转、送风量不能调节。

② 温度控制失控。温度不降低、不升高或者降低、升高缓慢。

③ 进气控制失控。只有车外空气送入或只有车内空气循环。

④ 通风控制失控。选择功能键后，送出来的空调风不是经按键上所要求的风门和温度调配后送出。

2）检查和清除故障码。微机控制的汽车空调可以将故障以故障码的形式储存在存储器中，所以在听了用户的报修情况后，应首先依靠 ECU 的诊断功能，将存储在 ECU 中的故障码取出来，然后将储存的故障码从微机中清除。

3) 分析和确认故障及故障部件。通过用户调查和故障码检查，对可能的故障做进一步的分析；还应起动空调系统，对用户的报修进行故障模拟检查，并观察、触摸、查漏、检测温度和风量，进行综合性考察，以初步判断故障种类和位置。

4) 根据故障码，依次检测传感器和故障码所代表的电路、配线、插头、控制器。

5) 根据确诊的故障，再检测无故障码的电路、配线、插头和控制器。

6) 修理或更换故障发生部件的零部件。

7) 试验。

检测结束后，不但要确认故障确已消除，而且还要再进行故障码和执行器检查，空调制冷剂高、低压力检查，空调空气温度调配检查等。

2. 非 OBD Ⅱ 的车载自诊断系统应用方法

(1) 诊断通信插接器（TDCL）和检查插接器 丰田雷克萨斯汽车空调系统诊断通信插接器（TDCL）的外形如图 5-14 所示。TDCL 设在仪表板左侧，能接收来自发动机、自动变速器、防抱死制动系统、空调系统等电子控制器的数据。进行检查时，只要把 TDCL 和检查插接器接到微机中为 TDCL 而设计的监控器接口（即接至 DIN 和 DOUT 接口），便能方便地读出各系统的诊断结果，从而找出故障发生的系统或零部件部位。

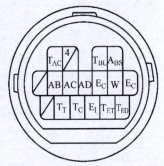

图 5-14　诊断通信插接器的外形

(2) 故障码 汽车空调上的自诊断系统，用数字故障码的形式表示空调系统的各部分故障，并将故障码输入微机存储和输出显示。故障码有两种，一种是对传感器性能进行检查的故障码，另一种是对控制板上各种控制键功能进行检查的故障码。

(3) 清除故障码

1) 拔出 2 号接线盒中的 DOME 熔丝 10s 以上，可清除故障码存储。

2) 重新插入熔丝后，可检查正常代码输出。

3. OBD Ⅱ 车载故障诊断系统应用

OBD Ⅱ 系统的主要特点如下。

1) 其统一诊断插座为 16 端子，并统一安装在驾驶室仪表板下方转向柱附近，避免了各汽车厂采用不同的诊断插座、不同故障码及不同诊断功能给汽车检测带来的不便。诊断插座如图 5-15 所示，诊断端子代号及作用见表 5-1。

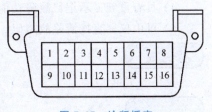

图 5-15　诊断插座

表 5-1　诊断端子代号及作用

端子代号	通用（GM）	福特（Ford）	克莱斯勒 (Chrysler)	奔驰（Benz）	沃尔沃 (Volvo)	丰田 (Toyota)	三菱 (Mitsubishi)
1				DM7/1 HFM15/1			触发发动机故障码
2 SAE-J2012	"M" 发动机数据	BUS 总线					

（续）

端子代号	通用（GM）	福特（Ford）	克莱斯勒（Chrysler）	奔驰（Benz）	沃尔沃（Volvo）	丰田（Toyota）	三菱（Mitsubishi）
3	悬架		SRS-4	A2BUS			
4	搭铁	搭铁	搭铁	搭铁	搭铁	搭铁	搭铁
5	搭铁	搭铁	搭铁	搭铁	搭铁	搭铁	搭铁
6	"B"触发		发动机 9				自动变速器故障码 9
7 ISO-9141			发动机 30ABS5	DM23/1	A6BUS		发动机数据 92
8	防盗						ABS故障码 22
9	BCM 数据	DM6/1 HFMI6/1					
10 SAE-J2012		BUSS					发动机数据 86
11	悬架		SRS				
12							SRS 诊断 9
13		触发	SRS				定速 24
14	音响空调						
15 ISO-9414							
16	B+	B+	B+	B+	B+	B+	B+

2）具有数值分析、数据传输功能。数据传输标准：欧洲统一标准 ISO-Ⅱ（利用端子 7 和 15）；美国统一标准 SAE（利用端子 2 和 10）。

3）具有行车记录功能。能记录车辆行驶过程中的有关数据，能进行车辆运行时动态数据分析，使故障分析、维修更加准确、快捷和方便。

4）具有重新显示记忆故障功能。

5）可由仪器直接清除故障码。

任务工单

见任务工单 12。

学习小结

1. 手动空调控制板上设有 3 个控制开关，分别是风机转速调节开关、出风模式选择开关和温度调节开关。

2. 风机电动机是直流电动机，其转速的改变是通过调整串入风机电路的电阻来实现的。风机除在停用状态不工作外，在制冷、取暖及通风状态下均可工作。

3. 手动空调温度调节开关是控制温度门的开关，用钢丝和温度门连接。当开关处于左半区时，温度门关死通向加热器的风道，出来的空气是未经加热的空气，称之为冷风区；当开关处于右半区时，温度门打开通向加热器的风道，送入车内的空气是经过除湿后的暖空气，称之为热风区。

4. 目前，汽车空调系统中常采用的真空驱动器有 2 种：单膜片式真空驱动器和双膜片式真空驱动器。

5. 电控空调真空系统内的真空罐、真空控制器、真空电动机、热水阀与手动空调的真空系统相同，增加的真空元件包括真空换能器、真空保持器和真空伺服电动机。

6. 汽车空调系统的风门及热水阀一般都是由真空系统通过真空执行元件来进行控制的。其采用的执行元件有真空罐和真空驱动器。真空驱动器的作用是根据真空度的变化进行机械动作，控制风门和热水阀。

7. 电控气动汽车空调的真空控制系统由两个小真空控制系统组成。第一个小系统是真空转换器到真空驱动器的系统，用于自动调节温度。第二个小系统用于控制上、中、下风门内开关和热水阀开度，它由功能选择键来决定。两个小系统的真空度和操作互不干涉，互不通气。

8. 全自动空调有一套计算比较电路，通过对传感器信号和预调信号的处理、计算、比较，输出不同的电信号指挥控制机构工作，使温度门的位置不断改变以调节车内空气温度，并使风机的转速随着空调参数的改变而改变。空调风向的控制和各风门的开、关是用驱动器控制的。

自我测试

思 考 题

电控气动汽车空调控制系统中，若环境温度传感器损坏，会对空调系统产生什么影响？

复 习 题

1. 请叙述手动汽车空调控制系统的工作原理。
2. 请叙述电控气动汽车空调控制系统的工作原理。
3. 请叙述全自动汽车空调控制系统的工作原理。
4. 请叙述带自诊断系统的空调故障排除程序。

任务 5.2　微机控制空调系统检修

故障现象：一辆上海通用别克汽车，装有 R134a 自动空调。据客户反映该车空调有间歇性不制冷的现象，该故障多出现在高速工况，急速工况有时也出现，天气越热故障出现的

频率越高，过一段时间后，空调又自动恢复正常。

故障分析：根据客户提供的一些线索，首先连接车辆故障诊断仪与客户路试。在试车过程中空调制冷突然明显减弱，于是马上停车观察空调压缩机的吸合情况，结果发现压缩机没有吸合，但过一会儿空调系统又恢复了正常。

故障检修：根据自动空调的控制原理，造成压缩机不吸合的可能原因除压缩机本身以外，还有可能是动力系统控制微机（PCM）、空调开关的请求信号、压力传感器信号以及室内、室外温度传感器等的原因。

首先连接空调压力表，测量空调管路压力，结果显示高压为2000kPa，低压为350kPa左右，这说明空调系统压力正常。打开发动机舱内右侧的继电器盒，找到压缩机继电器。检查继电器的吸合线圈，经过反复通电测试未发现异常。

用万用表检测压缩机继电器的控制搭铁线（继电器吸合时为低电位，断开时为高电位），经过反复试验发现，当空调不制冷时从控制微机（PCM）来的控制搭铁线没有搭铁。因而可以认定该车空调系统间歇性不制冷的故障并非由执行部分引起，故障原因可能是PCM本身故障、空调相关信号或电路不正常。

检测PCM到压缩机继电器之间的相关电路，发现故障出现时PCM第39号线没有搭铁信号。连接诊断仪TECH2，监测空调系统空调开关请求信号、压力传感器信号以及室内、室外温度传感器信号，结果发现压力传感器数据在故障出现时异常，而其他传感器数据没有明显变化。

更换压力开关，间歇性不制冷故障消失，系统恢复正常。分析其原因，应该是压力开关出现间歇性卡滞，导致PCM控制压缩机离合器间断吸合。

1. 能通过与客户交流、查阅相关维修技术资料等方式获取车辆信息。
2. 能根据故障现象制订正确的维修计划。
3. 能正确选择诊断设备对微机控制的空调系统故障进行诊断。
4. 能正确记录、分析各种检测结果并做出故障判断。
5. 能按照正确操作规范进行微机控制的空调系统的更换。
6. 能根据环保要求，正确处理对环境和人体有害的废料和损坏的零部件。

5.2.1 传统微机控制的汽车空调系统

这种汽车空调系统以微型计算机为控制中心，结合各种传感器对汽车发动机的有关运行参数（如冷却液温度、转速等）、车外的气候条件（如气温、空气湿度、日照强度等）、车内的气候条件（如平均温度、湿度等）、空调的送风模式（如送风温度、送风口的选择等）、制冷压缩机的开停状况、制冷循环有关部位的温度、制冷剂压力等多种参数进行实时检测，并与操作面板送来的信号（如设定温度信号、送风模式信号等）进行比较，通过运算处理后进行判断，然后输出相应的调节和控制信号，通过相应的执行机构（如电磁真空转换阀和真空驱动器、风门电动机、继电器等），对压缩机的开停状况、送风温度、送风模式、热水阀开度等及时地调整和修正，以实现对车内空气环境进行全季节、全方位、多功能的最佳控制和调节。

1. 微机控制的汽车空调系统基本功能

空调控制：包括温度自动控制、风量控制、运转方式给定的自动控制、换气量的控制等。这些能满足车内空调对舒适性的要求。微机控制的汽车空调系统控制面板如图 5-16 所示。

节能控制：包括压缩机运转速度的控制、换气量的最适量控制、随温度变化换气切换、自动转入经济运行、根据室内外温度自动切断压缩机电源等。

图 5-16　微机控制的汽车空调系统控制面板

故障、安全报警：包括制冷剂不足报警、制冷剂压力过高或过低报警、离合器打滑报警、各种控制器件的故障判断报警。故障部位通过闪烁指示灯报警，指示灯会一直闪烁，直到故障部位修好为止。微机控制的空调系统在某种器件发生故障后，报警的同时，会将这一故障器件自动转入常规运行状态而不影响空调系统的工作。例如：若进气门发生故障，则车内再循环空气门不再使用，进气门自动地将它接到车外空气通路，使空调系统继续工作，但由于外界空气进入车内，此时空调不能提供最凉的空气。

显示：能显示给定的温度、控制温度、控制方式、运转方式的状态以及运转时间等。

故障诊断储存：空调系统发生故障，计算机会将故障部位用代码的形式储存起来，在需要修理时能指示故障的部位，所以很容易修理。

微机控制的空调系统，不仅能按照乘员的需要吹出最适宜温度和湿度的风，而且可根据实际需要调节风速、风量，并极大地简化了操作。

2. 微机控制的汽车空调系统原理

微机控制的汽车空调系统包括硬件系统和软件系统。硬件中的主计算机负责计算、记忆、判断、计时，I/O 接口输入设备模拟开关和转换器，将人工输入温度通过模拟开关输入主机，而传感器送来的信息通过 A-D 转换器输入主机。I/O 接口输出设备有驱动器，控制各个电磁阀。主计算机主要控制压缩机工况和空调一些主要功能并进行监视。在主机的接口上增加了一个辅助计算系统，它是一个过程控制程序的应用软件系统，控制着空调系统的制冷、制热、风门、风向、风的温度和流速等。

微机主机单独接收和计算各种传感器输入的信号，并对控制信号的反馈进行迅速的演算、记忆、比较、判断，再发出各种指令，驱动各执行机构工作，调节、控制车内的温度和各种空调参数。

自动控制空调系统主要由传感器、电控单元（ECU）、执行元件等组成。此外还有温度开关、压力保护开关、模式开关等。

根据执行器的不同，微机控制空调系统可以分为真空驱动型和电动机驱动型，它们的微机控制原理图如图 5-17 所示。

下面具体介绍微机控制空调系统的工作原理。从图 5-17 中可知，微机控制的空调分 4 部分，包括输入信息和数据，输出指令，主机的演算、记忆、判断、计时、指示故障等，计算机外围是指指令的转换器和执行器。

其中，输入的信号有 4 类：

1）车内温度、大气温度、太阳辐射 3 个传感器（热敏电阻）输入的信号。

2）驾驶人预定的调节温度信号、选择功能信号。

3）由分压器检测出温度门的位置信号，以及蒸发器温度传感器、冷却液温度传感器信息。

4）压缩机的工作参数，如转速、制冷剂压力、温度等。

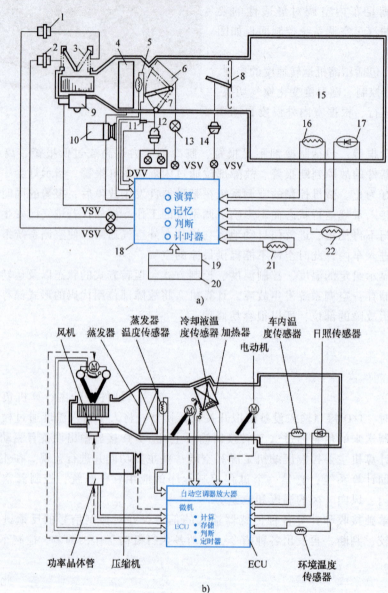

图 5-17 微机控制原理图
a) 真空驱动型 b) 电动机驱动型

1、2—真空驱动器 3—回风风门 4—蒸发器 5—蒸发器传感器 6—加热器芯体 7—温度门 8—出风口转换风门 9—风机 10—压缩机 11—反馈电位器 12—温度门控制驱动器 13—热水阀 14—转换风门真空驱动器 15—乘员室 16—车内温度传感器 17—日照传感器 18—微型计算机 19—运行方式开关 20—温度设定开关 21—发动机冷却液温度传感器 22—车外温度传感器
DVV—降温、升温驱动器 VSV—电磁真空转换阀

为了维持车内温度不变，空调 ECU 依据传感器显示的车内温度不断地调节送风温度和

送风量。影响车内温度的因素较多，如乘员人数的多少、日光照射强度、冷却液温度的变化等，在采用经济运行方式时，由于压缩机停止运转也会导致蒸发器出口温度上升。若驾驶人设定温度的电阻为 R，车内温度的电阻为 R_A，车外空气温度的电阻为 R_B，出风口温度电阻为 R_C，日光照射、外来空气、节能修正等温度的电阻为 R_D，则温度电阻平衡方程为 $R = R_A + R_B + R_C + R_D$。空调 ECU 根据这个方程，对各种参数进行计算、比较、分析、判断后，向执行机构发出各种指令，驱动各执行机构，控制制冷强度，调控车内温度。

空调 ECU 的主要功能如下：

1) 向有关的真空电磁阀发出指令，驱动各个风门处于相应的位置。

2) 根据温度平衡方程和热水阀传感器的信息和蒸发器温度的信息，发出指令，控制 DVV 动作，调节温度门在适当的位置，调节并输出合适温度的空调风。

3) 根据车内的温度情况，控制风机电动机的电压信号，调节空调风量。例如，冬天车内温度较低，若送风量大，送出的风温度较低，会使人因有寒意而感觉不舒服。若调低转速，则送出的暖风温度较高，会使人暖和得多。这点是其他自动空调系统不能做到的。

4) 根据室外温度的高低，自动切断压缩机或加热器的工作。例如，当室外温度降低到 10℃ 以下时，计算机会自动切断压缩机的电路，并将外界空气引进空调后送入车内。在夏天，当室外温度高于 30℃ 时，计算机会发出指令，关闭热水阀，并让风机高速工作，多送凉风到车内。当室外温度高于 35℃ 时，计算机会自动切断车外空气供应，并定期打开与车外空气的通道进行换气。

5) 对于变排量压缩机制冷系统，压缩机的节能输出会引起蒸发器温度上升。这时计算机可自动调节温度门位置，保持输出空气温度不变，保持车内温度恒定。

6) 在冬天和夏季雨天，必须除去玻璃上的结霜和凝雾，以保证驾驶人和乘员视线清晰。只要触摸 DEF 开关，空调就会向风窗玻璃和汽车两侧玻璃吹出热风。

> **拓展阅读** >>>

5.2.2 新型微机控制的汽车空调系统

1. 微机控制空调的控制面板

A/C 开关、调温（设定温度）开关、模式开关是空调系统必不可少的部分。微机控制空调的控制面板如图 5-18 所示，相应开关的功能见表 5-2。

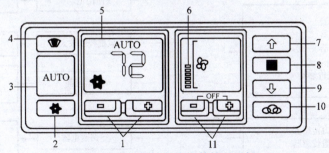

图 5-18 微机控制空调的控制面板

1—温度控制按钮　2—A/C 开关　3—自动模式按钮　4—除霜按钮　5—温度显示屏　6—风机转速显示屏
7—将气流导向车窗的按钮　8—将气流导向驾驶室前排气口和中央控制台后部的按钮
9—将气流导向脚部的按钮　10—内外循环按钮　11—风机调速按钮

表 5-2 微机控制空调主要开关的功能

序号	开关名称	开关功能
1	温度控制按钮	按动按键可在 18~29℃ 范围内选定目标车内温度，并由温度显示屏显示
2	A/C 开关	按下 A/C 开关，将接通电磁离合器电路；反之断开电磁离合器电路，压缩机不工作
3	自动模式开关	一旦按下，压缩机、进气门、调温门、模式门、风机转速均由 ECU 自动控制。由系统将车内温度控制在操作者所选择设定的温度。一旦达到所选的车内温度，风机将以最低转速运转，万一温度变化，系统会自动改变风机转速及调温门的开启位置
4	除霜按钮	按下除霜开关，将模式门定于除雾位置，内外空气比例门会自动处于新鲜空气位置，外部空气在 2℃ 以上时，压缩机才会起动
5	温度显示屏	显示驾驶人设定的温度，可进行摄氏与华氏温度转换
6	风机转速显示屏	显示风机转速，单位：r/min
7~9	气流分配按钮	按下相应按钮，气流会按选定出口吹出：吹脸、吹脚、吹车窗除霜、双风口出风等。↑为气流导向车窗或吹脸；↓为气流导向脚部；■为双风口出风，即气流导向驾驶室前排气口和中央控制台后部
10	内外循环按钮	按下内外循环按钮，实现内外循环通风模式转换
11	风机调速按钮	通过两个按钮调节风机转速，并由风机转速显示屏显示
12	经济模式开关	按下此开关时，空调为压缩机不运转的全自动控制。如果设定的温度高于车外的温度，系统会将车内温度控制在目标温度值；如果设定的温度低于车外的温度，系统会使风机自动运转，但压缩机不工作，即不会制冷与除湿

2. 控制系统的基本组成

微机控制的空调系统主要由输入信号源、控制器、执行器三部分组成，如图 5-19 所示。

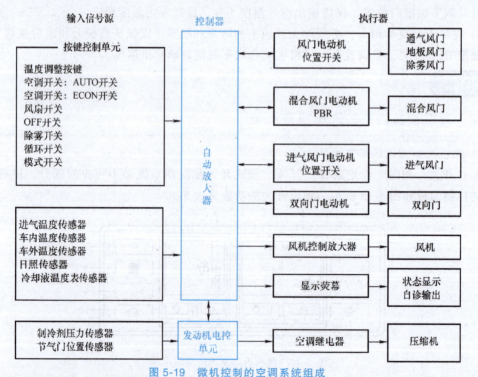

图 5-19 微机控制的空调系统组成

注：1. PBR 为电位平衡电阻器的简称，其功能是用来回授混合风门位置信号给自动放大器。
2. 位置开关的功能是回授风门（模式风门、进气风门）位置信号给自动放大器。

汽 车 空 调

第 3 版

任务工单

机械工业出版社

任务工单

任务工单1

任务名称	空调制冷系统认知	学　　时		班　　级	
学生姓名		学生学号		任务成绩	
实训设备	汽车空调实验台、温度计、风速测量仪	实训场地	一体化教室	日　　期	
客户任务	制订工作计划，对汽车空调系统的部件进行认知并进行空调性能检测				
任务目的	学习空调系统的结构组成、安装位置，并能进行风速和温度的测试				

一、资讯

1. 在测量空气温度时，常有2种温度值：_____温度和_____温度。
2. _____压力是将完全真空状态作为零值的压力值。_____压力是将1个标准大气压作为零值的相对压力值，即压力表上所显示的数值。_____是指低于1个标准大气压的压力值大小，是相对压力。
3. _____湿度：在某一温度下，空气中所含水蒸气量与空气中该温度下所能含水蒸气量之比。
4. 物质的某一饱和温度必对应于某一饱和压力，并且饱和温度_____，饱和压力随之上升；反之，饱和温度下降，饱和压力也随之下降。
5. 汽车空调系统主要由以下几部分组成：_____、暖风系统、_____、空气净化系统与电路及其控制系统。
6. 汽车空调制冷系统由_____、冷凝器、膨胀阀、_____和风机等组成，各部件之间采用钢管（或铝管）和高压橡胶管连接成一个密闭系统。
7. 汽车空调制冷系统主要分为两类，一类是_____系统，另一类是_____系统。
8. _____一般通过发动机曲轴带轮驱动，压缩机上的电磁离合器可以接通或切断发动机的驱动力。冷凝器安置在发动机_____的前面，用冷凝器风扇对制冷剂进行散热。储液干燥器安装在靠近_____处，一般安装在受发动机排热影响小的地方。蒸发器和膨胀阀装在一个箱体内，一般安装在_____。

二、决策与计划

请根据任务要求，确定所需要的检测仪器、工具，并对小组成员进行合理分工，制订详细的诊断和修复计划。

1. 需要的检测仪器、工具。

2. 小组成员分工。

3. 诊断和修复计划。

（续）

三、实施（参考本任务的任务载体）

1. 运行汽车空调，观察空调的状况：_____
   _____。

2. 检测。

（1）空调部件的安装位置和类型：
　　　　压缩机：_____
　　　　冷凝器：_____
　　　　蒸发器：_____
　　　　膨胀阀：_____
　　　　储液干燥器：_____

（2）读取温度值：

发动机转速/(r/min)	中央出风口温度/℃	高压管路温度/℃	低压管路温度/℃
怠速			
1500			
2000			
3000			

（3）读取出风口流速：

发动机转速/(r/min)	中央出风口流速	左侧出风口流速	右侧出风口流速
怠速			
1500			
2000			
3000			

通过上述检查，得出以下结论：
_____
_____

四、评估

1. 请根据自己任务完成的情况，对自己的工作进行自我评估，并提出改进意见。

（1）
_____
_____

（2）
_____
_____

（3）
_____
_____

2. 教师对学生工作情况进行评估，并进行点评。
_____
_____
_____

3. 学生本次任务成绩：_____。

任务工单2

任务名称	压缩机故障检修	学　　时		班　　级	
学生姓名		学生学号		任务成绩	
实训设备	汽车空调实验台、歧管压力计、组合工具	实训场地	一体化教室	日　　期	
客户任务	请制订工作计划，并利用诊断设备诊断"空调制冷效果逐渐变差，直至几乎不制冷"故障					
任务目的	学习压缩机故障检修方法，确定故障位置，并对故障部件进行检测					

一、资讯

1. 往复活塞式压缩机的工作可分为_____、排气、_____、吸气4个过程。
2. 斜板式变排量压缩机的形式很多，但是其原理基本相似，都是用_____改变余隙容积的大小，使排气量发生变化，从而改变制冷量。
3. 涡旋式空调压缩机主要由_____、旋转涡管、_____、吸气口等组成。
4. 在机械控制式变排量压缩机中，斜盘的倾斜角是由斜盘后方_____的压力控制的（压力低，斜盘倾角大，排量大；压力高，斜盘倾角小，排量小），而斜盘箱压力由_____控制。
5. 电控式变排量压缩机没有_____，没有温控开关，空调启动后，压缩机一直运转，因此电控式变排量压缩机是否实现制冷，可以通过触摸管道判断（空调_____时，低压管道凉，高压管道热；空调_____时，高低压管路无冷热感觉）。

二、决策与计划

请根据故障现象和任务要求，确定所需要的检测仪器、工具，并对小组成员进行合理分工，制订详细的诊断和修复计划。

1. 需要的检测仪器、工具。

2. 小组成员分工。

3. 诊断和修复计划。

三、实施（参考本任务的任务载体）

1. 运行汽车空调，观察空调的状况：_____
_____。

2. 检测。

（1）读取歧管压力计值：

发动机转速/(r/min)	高压值/MPa	低压值/MPa
怠速		
1500		
2000		
3000		

（续）

（2）压缩机解体检查：

类型：_____

拆装步骤：_____
_____
_____
_____
_____

检测发现：_____
_____
_____

通过上述检查，得出以下结论：
_____
_____
_____

四、检查

故障排除后，进行如下检查：

1. 空调系统定性检查情况：_____
_____
_____
_____

2. 空调系统定量检查情况：_____
_____
_____

五、评估

1. 请根据自己任务完成的情况，对自己的工作进行自我评估，并提出改进意见。

（1）_____
_____

（2）_____
_____

（3）_____
_____

2. 教师对学生工作情况进行评估，并进行点评。
_____
_____
_____

3. 学生本次任务成绩：_____。

任务工单3

任务名称	电磁离合器故障检修	学 时		班 级	
学生姓名		学生学号		任务成绩	
实训设备	汽车空调实验台、歧管压力计、万用表、组合工具	实训场地	一体化教室	日 期	
客户任务	请制订工作计划,并利用诊断设备诊断"开启空调后车内无冷风吹出;查看电磁离合器不吸合,压缩机不工作"故障				
任务目的	学习电磁离合器故障检修方法,确定故障位置,并对故障部件进行检测和更换				

一、资讯

1. 电磁离合器由_____、_____和压力板等主要部件组成。
2. 电磁离合器有两种形式,一种为旋转线圈式,电磁线圈与带轮一起_____;另一种是固定线圈式,电磁线圈_____,只有带轮转动。
3. 当空调开关接通时,电流通过电磁离合器的_____,电磁线圈产生电磁吸力,使压缩机的_____与带轮接合,将发动机的转矩传递给压缩机主轴,使压缩机主轴旋转。
4. 当断开空调开关时,电磁线圈的吸力消失。在_____作用下,压力板和带轮脱离,_____便停止工作。

二、决策与计划

请根据故障现象和任务要求,确定所需要的检测仪器、工具,并对小组成员进行合理分工,制订详细的诊断和修复计划。

1. 需要的检测仪器、工具。

2. 小组成员分工。

3. 诊断和修复计划。

三、实施(参考本任务的任务载体)

1. 运行汽车空调,观察空调的状况:_____
_____。
2. 检测。
(1)读取歧管压力计值:

发动机转速/(r/min)	高压值/MPa	低压值/MPa
怠速		
1500		
2000		
3000		

（续）

(2) 检测电磁离合器电路：_____
_____
_____

(3) 检测电磁离合器：_____
_____
_____

(4) 检测压缩机工作状态：_____
_____
_____

通过上述检查，得出以下结论：_____
_____
_____

四、检查

故障排除后，进行如下检查：

1. 空调系统定性检查情况：_____
_____
_____

2. 空调系统定量检查情况：_____
_____
_____

五、评估

1. 请根据自己任务完成的情况，对自己的工作进行自我评估，并提出改进意见。

(1) _____
_____

(2) _____
_____

(3) _____
_____

2. 教师对学生工作情况进行评估，并进行点评。
_____
_____

3. 学生本次任务成绩：_____。

任务工单4

任务名称	膨胀阀故障检修	学　　时		班　　级	
学生姓名		学生学号		任务成绩	
实训设备	汽车空调实验台	实训场地	一体化教室	日　　期	
客户任务	请制订工作计划，并利用诊断设备诊断"空调系统工作时，中央通风道里总是发出'吱吱'的轻微响声"故障					
任务目的	学习膨胀阀故障检修方法，确定故障位置，并对故障部件进行检测和更换					

一、资讯

1. 热力膨胀阀简称膨胀阀，也称为节流阀，其安装在_____入口处，是汽车空调制冷系统的高压与低压的分界点。

2. 膨胀阀功用是：把来自储液干燥器的高压_____制冷剂节流减压，调节和控制进入蒸发器中的_____制冷剂的量，使之适应制冷负荷的变化，同时可防止压缩机发生液击现象和蒸发器出口蒸气异常过热现象。

3. 膨胀阀的计量孔可以释放制冷剂的压力（由针阀控制），使之由_____变为_____，是制冷系统内低压侧的始点。膨胀阀自动调节制冷剂流量的功能是依靠安装在蒸发器出口管子上的_____实现的。

4. 膨胀阀的压力弹簧也可以人工调整，当膨胀阀的出液量小，车厢内温度降不下来时，可以通过调节螺钉将压力弹簧调_____。

5. 汽车空调系统采用电子膨胀阀后，可以通过_____出口的温度、压力等参数，由电控单元控制制冷系统的运行。

6. 电磁式膨胀阀针阀的位置取决于施加在线圈上的控制_____，因此可以通过改变控制电压来调节膨胀阀的流量。

7. 减速型电动膨胀阀的工作原理是：电动机通电后，高速旋转的转子通过_____减速，再带动阀针做直线移动，来改变阀口的流通面积。

二、决策与计划

请根据故障现象和任务要求，确定所需要的检测仪器、工具，并对小组成员进行合理分工，制订详细的诊断和修复计划。

1. 需要的检测仪器、工具。

2. 小组成员分工。

3. 诊断和修复计划。

三、实施（参考本任务的任务载体）

1. 运行汽车空调，观察空调的状况：_____
_____。

2. 检测。

（1）中央通风道检查：_____
_____
_____

（2）蒸发器检查：_____
_____
_____

7

（续）

（3）膨胀阀检查：

通过上述检查，得出以下结论：

四、检查

故障排除后，进行如下检查：

1. 空调系统定性检查情况：

2. 空调系统定量检查情况：

五、评估

1. 请根据自己任务完成的情况，对自己的工作进行自我评估，并提出改进意见。

（1）

（2）

（3）

2. 教师对学生工作情况进行评估，并进行点评。

3. 学生本次任务成绩：_____。

任务工单5

任务名称	热交换器气流不畅通故障检修	学　　时		班　　级	
学生姓名		学生学号		任务成绩	
实训设备	汽车空调实验台	实训场地	一体化教室	日　　期	
客户任务	请制订工作计划，并利用诊断设备诊断"空调三年未经任何维护，现在经常出现电磁离合器跳开，几十秒后又重新吸合的现象"故障				
任务目的	学习蒸发器故障检修方法，确定故障位置，并对故障部件进行检测和更换				

一、资讯

1. 蒸发器主要有_____、管带式和_____。
2. _____蒸发器由两片冲压成复杂形状的铝板叠焊在一起组成制冷剂通道，每两片通道之间夹有蛇形散热带。

二、决策与计划

请根据故障现象和任务要求，确定所需要的检测仪器、工具，并对小组成员进行合理分工，制订详细的诊断和修复计划。

1. 需要的检测仪器、工具。

2. 小组成员分工。

3. 诊断和修复计划。

三、实施（参考本任务的任务载体）

1. 运行汽车空调，观察空调的状况：_____
_____。

2. 检测。

（1）读取歧管压力计值：

发动机转速/(r/min)	高压值/MPa	低压值/MPa
急速		
1500		
2000		
3000		

（2）读取温度值：

发动机转速/(r/min)	中央出风口温度/℃	高压管路温度/℃	低压管路温度/℃
急速			
1500			
2000			
3000			

（续）

(3) 蒸发器检查：_____
_____
_____

通过上述检查，得出以下结论：
_____
_____
_____
。

四、检查

故障排除后，进行如下检查：

1. 空调系统定性检查情况：_____
_____
_____

2. 空调系统定量检查情况：_____
_____
_____

五、评估

1. 请根据自己任务完成的情况，对自己的工作进行自我评估，并提出改进意见。

(1) _____
_____

(2) _____
_____

(3) _____
_____

2. 教师对学生工作情况进行评估，并进行点评。
_____
_____
_____

3. 学生本次任务成绩：_____。

任务工单6

任务名称	储液干燥器堵塞故障检修	学　　时		班　　级	
学生姓名		学生学号		任务成绩	
实训设备	汽车空调实验台	实训场地	一体化教室	日　　期	
客户任务	请制订工作计划，并利用诊断设备诊断"在空调压缩机开启的瞬间，制冷效果好，制冷量也能达标，但只要连续开机不到1min，制冷效果就变差，直至不制冷"故障				
任务目的	熟悉汽车空调制冷系统的故障检修步骤和储液干燥器的更换方法				

一、资讯
1. 储液干燥器也称干燥过滤器，安装在_____和_____之间。
2. 储液干燥器主要由干燥器体、_____、_____和引出管等组成。
3. 如果有气液混合的制冷剂进入储液干燥器，则_____制冷剂会留在顶部，只有_____制冷剂会降到下部。

二、决策与计划
请根据故障现象和任务要求，确定所需要的检测仪器、工具，并对小组成员进行合理分工，制订详细的诊断和修复计划。
1. 需要的检测仪器、工具。

2. 小组成员分工。

3. 诊断和修复计划。

三、实施（参考本任务的任务载体）
1. 运行汽车空调，观察空调的状况：_____
_____。

2. 检测
（1）读取歧管压力计值：

发动机转速/(r/min)	高压值/MPa	低压值/MPa
怠速		
1500		
2000		
3000		

（2）膨胀阀检测：_____
_____

（3）储液干燥器检测：_____
_____

通过上述检查，得出以下结论：_____
_____
_____

（续）

四、检查

故障排除后，进行如下检查：

1. 空调系统定性检查情况：_____
_____
_____

2. 空调系统定量检查情况：_____
_____
_____

五、评估

1. 请根据自己任务完成的情况，对自己的工作进行自我评估，并提出改进意见。

（1）_____
_____

（2）_____
_____

（3）_____
_____

2. 教师对学生工作情况进行评估，并进行点评。
_____
_____
_____

3. 学生本次任务成绩：_____。

任务工单7

任务名称	汽车空调暖风系统检测	学　　时		班　　级	
学生姓名		学生学号		任务成绩	
实训设备	汽车空调实验台	实训场地	一体化教室	日　　期	
客户任务	请制订工作计划，并利用诊断设备诊断"发动机转速超过3000r/min时出风口暖风变凉，空调无暖风"故障				
任务目的	熟悉汽车空调暖风系统的构成、工作原理及其故障的检测方法				

一、资讯

1. 水暖式暖风装置一般以水冷式发动机冷却系统中的_____为热源，将冷却液引入车厢内的热交换器中，使风机送来的车厢内空气（内循环式）或外部空气（外循环式）与热交换器中的冷却液进行热交换，_____将加热后的空气送入车厢内。

2. 水暖式暖风装置中，从发动机_____分流出来的冷却液流入加热器芯体，放热后的冷却液由管道回到发动机。

3. 综合预热式暖风装置在通常的发动机冷却液管路上并联了一条装有_____与水暖式暖风装置的管路，并在预热器入口与发动机之间的管路上装有_____，当冷却液温度升到或降到某一值时，预热器会自动中断或重新进行工作。

4. 如果水暖式的加热器与汽车发动机的冷却液管路相通，则在发动机冷却液温度低于80℃时加热器工作。当冷却液温度高于80℃时，由于恒温器的控制作用，则会自动切断_____的电源，停止供油，而加热器中的水泵继续工作，以保证加热器零件不因过热而损坏，并继续向车厢内供应暖气。

二、决策与计划

请根据故障现象和任务要求，确定所需要的检测仪器、工具，并对小组成员进行合理分工，制订详细的诊断和修复计划。

1. 需要的检测仪器、工具。

2. 小组成员分工。

3. 诊断和修复计划。

三、实施（参考本任务的任务载体）

1. 运行汽车空调，观察空调的状况：_____。

2. 检测。

(1) 空调控制风门真空管路检测：

(2) 热水阀检测：

（续）

(3) 热水箱及管路检测：_____
_____
_____

通过上述检查，得出以下结论：
_____
_____
_____

四、检查

故障排除后，进行如下检查：

1. 空调系统定性检查情况：_____
_____
_____

2. 空调系统定量检查情况：_____
_____
_____

五、评估

1. 请根据自己任务完成的情况，对自己的工作进行自我评估，并提出改进意见。

(1)_____
_____

(2)_____
_____

(3)_____
_____

2. 教师对学生工作情况进行评估，并进行点评。
_____
_____

3. 学生本次任务成绩：_____。

任务工单8

任务名称	汽车空调送风量配送系统检测	学　时		班　级	
学生姓名		学生学号		任务成绩	
实训设备	汽车空调实验台	实训场地	一体化教室	日　期	
客户任务	请制订工作计划，并利用诊断设备诊断"一辆行驶里程约10.6万km、搭载N55发动机的宝马535i汽车，断开点火开关，空调风机常转"故障				
任务目的	熟悉汽车空调送风量配送系统的构成及其故障的检测方法				

一、资讯

1. 汽车空调送风量配送系统按功能可分为_____型、冷暖合一型和_____型。

2. 冷暖分开型：制冷和采暖系统各自分开，由两个完全独立的_____和暖风机所组成，各有各的风机，_____也是完全分开的。

3. 冷暖合一型：在暖风机的基础上增加蒸发器和_____，但制冷和采暖各自分开，不能同时工作。

4. 全功能型：全功能型汽车空调集_____、除湿、_____、通风、净化于一体，既可供冷气，又可供暖气，还可进行_____、除尘。

5. 汽车空调送风量配送系统按空气流动路径可分为_____、空气混合式、冷风与热气并进式和_____。

二、决策与计划

请根据故障现象和任务要求，确定所需要的检测仪器、工具，并对小组成员进行合理分工，制订详细的诊断和修复计划。

1. 需要的检测仪器、工具。

2. 小组成员分工。

3. 诊断和修复计划。

三、实施（参考本任务的任务载体）

1. 运行汽车空调，观察空调的状况：_____
_____。

2. 检测

（1）风机叶片检查：_____
_____

（2）空调系统风道检查：_____
_____

通过上述检查，得出以下结论：
_____
_____
_____

（续）

四、检查
故障排除后，进行如下检查：

1. 空调系统定性检查情况：_____
_____
_____

2. 空调系统定量检查情况：_____
_____
_____

五、评估

1. 请根据自己任务完成的情况，对自己的工作进行自我评估，并提出改进意见。

（1）_____
_____

（2）_____
_____

（3）_____
_____

2. 教师对学生工作情况进行评估，并进行点评。
_____
_____

3. 学生本次任务成绩：_____。

任务工单9

任务名称	汽车空调基本电路检测	学 时		班 级	
学生姓名		学生学号		任务成绩	
实训设备	汽车空调实验台	实训场地	一体化教室	日 期	
客户任务	请制订工作计划,并利用诊断设备诊断"发动机工作时,打开空调开关,空调压缩机不工作"故障				
任务目的	熟悉汽车空调基本电路的构成及检测方法				

一、资讯

1. 汽车空调系统的基本电路一般包括_____电路、_____控制电路和电磁离合器控制电路。
2. 汽车空调系统工作过程是:接通空调及风机开关,电流从_____流经空调及风机开关后分为两路,一路经_____至电磁离合器,使电磁离合器线圈通电,压缩机被发动机带动开始工作,同时与电磁离合器并联的压缩机工作指示灯也通电发亮;另一路从开关通过两个风机_____到风机电动机,这时风机电动机也开始运转。
3. 为了保证空调系统更好地工作,有的汽车空调系统还设置了发动机转速检测继电器,其作用是只有当发动机转速高于_____时,才能接通空调电路。
4. 控制风扇转速的方式有两种:一是利用一个风扇_____的方式调节风扇的转速;或利用两个电风扇以_____和_____的方式调节风扇的转速。
5. 制冷剂压力传感器向动力控制模块(PCM)输送管路中制冷剂压力的变化信号,动力控制模块根据此信号实现以下控制:当压力高于_____或低于_____时,分离电磁离合器;加强怠速控制,补偿空调的怠速负荷;控制冷凝器风扇的工作。

二、决策与计划

请根据故障现象和任务要求,确定所需要的检测仪器、工具,并对小组成员进行合理分工,制订详细的诊断和修复计划。

1. 需要的检测仪器、工具。

2. 小组成员分工。

3. 诊断和修复计划。

三、实施(参考本任务的任务载体)

1. 运行汽车空调,观察空调的状况:_____
_____。

2. 检测

(1) 空调循环系统中制冷剂量检测:_____
_____
_____

（续）

（2）空调系统相关电器元件（低压开关、高压开关、空调控制面板、除霜开关、空调继电器、空调开关及相关的空调控制电路）的工作情况检测：_____

_____

_____

_____

_____

通过上述检查，得出以下结论：_____

_____

_____

四、检查

故障排除后，进行如下检查：

1. 空调系统定性检查情况：_____

_____

_____

2. 空调系统定量检查情况：_____

_____

_____

五、评估

1. 请根据自己任务完成的情况，对自己的工作进行自我评估，并提出改进意见。

（1）_____

_____

（2）_____

_____

（3）_____

_____

2. 教师对学生工作情况进行评估，并进行点评。

_____

_____

3. 学生本次任务成绩：_____。

任务工单10

任务名称	空调系统保护电路检测	学　　时		班　　级	
学生姓名		学生学号		任务成绩	
实训设备	汽车空调实验台	实训场地	一体化教室	日　　期	
客户任务	请制订工作计划，并利用诊断设备诊断"起动发动机后，按下空调开关，发动机怠速提升，风机通风，散热器风扇电动机工作，但出风口吹出的是自然风，没有冷气"故障				
任务目的	熟悉空调电路压力保护元件、温度控制元件等故障检测步骤和操作规范				

一、资讯

1._____的作用是防止制冷系统在异常的高压下工作，以保护冷凝器和高压管路不会爆裂，压缩机的排气阀不会折断以及压缩机其他零件和离合器不损坏。

2. 高压开关一般安装在制冷系统_____上或_____上，高压开关有触点常闭型和触点常开型两种类型。

3. 触点常闭型高压开关其触点串联在压缩机_____电路中，压力导入口则直接或通过毛细管连接在高压管路上。

4. 触点常开型高压开关一般用来控制冷凝器风扇的_____电路。

5. 低压开关的功能是检测制冷系统_____的制冷剂压力是否正常。当压缩机排出的制冷剂压力过低时，低压开关会自动切断_____电路，压缩机停止运行，以保护压缩机不会损坏。

6. 低压开关可以在环境温度较低时，自动切断_____电路，使压缩机在低温下停止运行，这样可减少动力消耗，达到节能的目的。

7. 有一种低压开关安装在制冷系统的低压端，用来控制蒸发器的_____不致过低而结冰，保证制冷系统的工作。

8. 温度控制器又称温度开关，是汽车空调系统中控制温度的一种开关元件，起调节车内温度、防止_____因温度过低而结霜的作用。

9. 常用的温度控制器有_____式和_____式两种。

10. 波纹管式温度控制器主要是利用波纹管的伸长或缩短来接通或断开_____，从而切断汽车空调压缩机的动力。

11. 波纹管式温度控制器的感温受压元件主要由_____和波纹管构成，其内充填有感温工质，毛细管一端放在蒸发器冷风吹出处，用以感受蒸发器温度。

12. _____可切断压缩机离合器的电路，使发动机负荷减轻，让冷却液温度和冷凝器温度相应降低，从而保护发动机及冷却系统的正常运行。

13. 冷却液过热开关也称冷却液温度开关，其作用是防止在_____的情况下使用空调。

14. 对于环境温度开关，当环境温度高于_____时，其触点闭合。

15. 发动机怠速控制器有两种类型：一种是自动切断压缩机的_____电路，使制冷系统停止工作，减小发动机负荷，稳定发动机的怠速性能；另一种是当发动机怠速时，使发动机能自动加大开度，提高转速，既保证有足够的动力维持制冷系统工作，又保证自身正常运转。

16. 汽车加速或者超车时，需要尽量大的发动机功率来提供汽车加速所需转矩，此时应切断通向_____的电路，停止压缩机运行。

二、决策与计划

请根据故障现象和任务要求，确定所需要的检测仪器、工具，并对小组成员进行合理分工，制订详细的诊断和修复计划。

1. 需要的检测仪器、工具。

（续）

2. 小组成员分工。

3. 诊断和修复计划。

三、实施（参考本任务的任务载体）
1. 运行汽车空调，观察空调的状况：_____
_____。
2. 检测。
(1) 压缩机电磁离合器检测：_____

(2) 高、低压开关检测：_____

(3) 温度控制器工作状态：_____

(4) 其他保护元件检测：_____

通过上述检查，得出以下结论：
_____
_____

四、检查
故障排除后，进行如下检查：
1. 空调系统定性检查情况：_____

2. 空调系统定量检查情况：_____

五、评估
1. 请根据自己任务完成的情况，对自己的工作进行自我评估，并提出改进意见。
(1)
_____

(2)
_____

(3)
_____

2. 教师对学生工作情况进行评估，并进行点评。
_____
_____

3. 学生本次任务成绩：_____。

任务工单11

任 务 名 称	汽车空调典型电路检测	学　　　时		班　　　级	
学 生 姓 名		学 生 学 号		任 务 成 绩	
实 训 设 备	汽车空调实验台	实 训 场 地	一体化教室	日　　　期	
客 户 任 务	请制订工作计划，并利用诊断设备诊断"使用空调时，有时制冷正常，出风口吹冷风；有时无法制冷，出风口出热风。空调失效时，关闭空调开关，过一段时间再接通，空调系统还能恢复正常工作"故障				
任 务 目 的	熟悉空调电路故障检测步骤、操作规范				

一、资讯

1. 上海桑塔纳汽车空调电路主要由_____电路、_____控制电路、风机控制电路和_____电动机控制电路组成。

2. 夏利汽车空调电路主要由_____、点火开关、_____、电磁离合器、_____、散热器风扇电动机继电器、风机及其开关、压力开关、热敏电阻等组成。

3. 丰田佳美汽车空调系统由_____、压缩机电磁离合器控制电路、风机控制电路、_____控制电路、_____电路等组成。

二、决策与计划

请根据故障现象和任务要求，确定所需要的检测仪器、工具，并对小组成员进行合理分工，制订详细的诊断和修复计划。

1. 需要的检测仪器、工具。

2. 小组成员分工。

3. 诊断和修复计划。

三、实施（参考本任务的任务载体）

1. 运行汽车空调，观察空调的状况：_____
_____。

2. 检测。

(1) 读取歧管压力计值：

发动机转速/(r/min)	高压值/MPa	低压值/MPa
怠速		
1500		
2000		
3000		

（续）

（2）空调系统电路检测：_____
_____
_____
_____
_____

通过上述检查，得出以下结论：
_____
_____
_____

四、检查

故障排除后，进行如下检查：

1. 空调系统定性检查情况：_____
_____
_____

2. 空调系统定量检查情况：_____
_____
_____

五、评估

1. 请根据自己任务完成的情况，对自己的工作进行自我评估，并提出改进意见。

（1）_____
_____

（2）_____
_____

（3）_____
_____

2. 教师对学生工作情况进行评估，并进行点评。
_____
_____

3. 学生本次任务成绩：_____。

任务工单12

任务名称	手动空调控制系统检测	学　　时		班　　级	
学生姓名		学生学号		任务成绩	
实训设备	汽车空调实验台	实训场地	一体化教室	日　　期	
客户任务	请制订工作计划，并利用诊断设备诊断"该空调输出的冷气正常。加速时，出风口没有冷气，松开加速踏板空档滑行时，前出风口又有冷气吹出"故障				
任务目的	熟悉手动空调控制系统检测步骤、操作规范				

一、资讯

1. 风机电动机是直流电动机，其转速的改变是通过调整串入风机电路的_____来实现的。风机除在停用状态不工作外，在制冷、取暖及通风状态下均可工作。
2. 手动空调控制板上设有3个控制开关，分别是_____开关、出风模式选择开关和_____调节开关。
3. 手动空调温度调节开关是控制_____的开关，用钢丝和温度门连接。
4. 当手动空调温度调节开关处于左半区时，温度门关死通向加热器的风道，出来的空气是未经加热的空气，称之为_____；当开关处于右半区时，温度门打开通向_____的风道，送入车内的空气是经过除湿后的暖空气，称之为热风区。
5. 目前，汽车空调系统中常采用的真空驱动器有两种：_____式真空驱动器和双膜片式真空驱动器。
6. 汽车空调系统的风门及热水阀一般都是由真空系统通过真空执行元件来进行控制的。其采用的执行元件有_____和_____。
7. 真空驱动器的作用是根据真空度的变化进行机械动作，控制_____和热水阀。

二、决策与计划

请根据故障现象和任务要求，确定所需要的检测仪器、工具，并对小组成员进行合理分工，制订详细的诊断和修复计划。

1. 需要的检测仪器、工具。

2. 小组成员分工。

3. 诊断和修复计划。

三、实施（参考本任务的任务载体）

1. 运行汽车空调，观察空调的状况：_____
_____。

2. 检测

（1）发动机怠速时，空调系统工作状况：_____

（2）发动机高速时，空调系统工作状况：_____

（3）真空控制机构检查：_____

（续）

通过上述检查，得出以下结论：
_____
_____
_____

四、检查

故障排除后，进行如下检查：

1. 空调系统定性检查情况：_____
_____
_____

2. 空调系统定量检查情况：_____
_____
_____

五、评估

1. 请根据自己任务完成的情况，对自己的工作进行自我评估，并提出改进意见。

（1）_____
_____

（2）_____
_____

（3）_____
_____

2. 教师对学生工作情况进行评估，并进行点评。
_____
_____

3. 学生本次任务成绩：_____。

任务工单13

任务名称	微机控制空调系统检测	学　　时		班　　级	
学生姓名		学生学号		任务成绩	
实训设备	汽车空调实验台	实训场地	一体化教室	日　　期	
客户任务	请制订工作计划，并利用诊断设备诊断"在接通风机开关和空调开关时，发动机的怠速提高了，但是空调压缩机不工作"故障				
任务目的	熟悉微机控制空调系统检测步骤、操作规范				

一、资讯

1. 微机控制的汽车空调系统以微型计算机为控制中心，结合各种传感器对汽车发动机的有关运行参数（如_____、_____等）、车外的气候条件（如气温、空气湿度、_____等）、车内的气候条件（如_____、湿度等）、空调的送风模式（如_____、送风口的选择等）、制冷压缩机的开停状况、制冷循环有关部位的温度、制冷剂压力等多种参数进行实时检测，并与操作面板送来的信号（如设定温度信号、送风模式信号等）进行比较，通过运算处理后进行判断，然后输出相应的调节和控制信号，通过相应的执行机构（如电磁真空转换阀和_____、_____、继电器等），对压缩机的_____、送风温度、送风模式、_____等做及时的调整和修正，以实现对车内空气环境进行全季节、全方位、多功能的最佳控制和调节。

2. 微机主机单独接收和计算各种传感器输入的信号，并对控制信号的反馈进行迅速的演算、记忆、比较、判断，再发出各种指令，驱动各_____工作，调节、控制车内的_____和各种空调参数。

3. 空调的传感器主要包括车内温度传感器（装在_____）、车外温度传感器（装在_____下、散热器前或发动机舱车内空气进口处）、日照传感器（装在前风窗玻璃下、_____上）、蒸发器温度传感器、空气质量传感器等。

4. 微机控制的汽车空调系统输入的信号有4类：1）_____、大气温度、_____3个传感器（热敏电阻）输入的信号；2）驾驶人预定的_____信号、选择功能信号；3）由分压器检测出温度门的位置信号，以及_____传感器、冷却液温度传感器信息；4）压缩机的工作参数，如_____、_____、温度等。

二、决策与计划

请根据故障现象和任务要求，确定所需要的检测仪器、工具，并对小组成员进行合理分工，制订详细的诊断和修复计划。

1. 需要的检测仪器、工具。

2. 小组成员分工。

3. 诊断和修复计划。

三、实施（参考本任务的任务载体）

1. 运行汽车空调，观察空调的状况：_____

_____。

（续）

2. 检测

（1）读取歧管压力计值：

发动机转速/(r/min)	高压值/MPa	低压值/MPa
怠速		
1500		
2000		
3000		

（2）电磁离合器检测：_____
_____

（3）制冷剂量检测：_____
_____

（4）电子元件检测：_____
_____

通过上述检查，得出以下结论：
_____
_____
_____

四、检查

故障排除后，进行如下检查：

1. 空调系统定性检查情况：_____
_____
_____

2. 空调系统定量检查情况：_____
_____
_____

五、评估

1. 请根据自己任务完成的情况，对自己的工作进行自我评估，并提出改进意见。

（1）
_____
_____

（2）
_____
_____

（3）
_____
_____

2. 教师对学生工作情况进行评估，并进行点评。
_____
_____
_____

3. 学生本次任务成绩：_____。

任务工单14

任务名称	电动汽车空调不运行故障诊断	学　　时		班　　级	
学生姓名		学生学号		任务成绩	
实训设备	北汽新能源 EV200 纯电动汽车空调实验台	实训场地	一体化教室	日　　期	
客户任务	请制订工作计划，并利用诊断设备检测空调不运行故障，并对故障部件进行更换				
任务目的	学习电动汽车空调系统的结构、组成，并了解常见故障的检修操作步骤、方法				

一、资讯

1. 北汽新能源 EV200 纯电动汽车空调控制系统由传感器、_____和执行器组成。

2. 北汽新能源 EV200 纯电动汽车空调传感器主要有_____、空调温度传感器（包括空调蒸发器各出风口温度传感器、车内温度传感器等）和_____传感器。

3. 北汽新能源 EV200 纯电动汽车空调控制器主要有_____控制器、空调控制器和集成控制器。

4. 北汽新能源 EV200 纯电动汽车空调执行器主要有空调压缩机、_____、模式转换电机、内外循环电动机、风机调速控制模块和_____等。

5. 在纯电动汽车空调系统中，空调压缩机以_____为动力源进行驱动，空调压缩机不运行主要故障原因除与传统燃油汽车有相同因素以外，还涉及高压系统故障。

6. 在涉及高压系统的电路检查与处理时，要做好安全防护措施，并严格按照安全维修操作规程对高压系统_____后方可进行。

7. 北汽新能源 EV200 纯电动汽车空调工作原理是什么？

二、决策与计划

请根据故障现象和任务要求，确定所需要的检测仪器、工具，并对小组成员进行合理分工，制订详细的诊断和修复计划。

1. 需要的检测仪器、工具。

2. 小组成员分工。

3. 诊断和修复计划。

(续)

三、实施（参考本任务的任务载体）

1. 确认空调压缩机是否运行：_____。
2. 检查空调系统制冷剂压力。
首先使用空调压力表组测量系统的平衡压力。空调系统制冷剂平衡压力为_____。
若测得的空调系统制冷剂平衡压力过低，应检查是否存在制冷剂泄漏点：_____。
3. 检查空调压缩机相关控制电路。

(1) 空调压缩机相关控制电路检查：_____
_____
_____。

(2) 检查低压系统熔断器：_____
_____
_____。

(3) 判断空调控制器发出控制信号的情况：_____
_____
_____。

(4) 判断空调压缩机控制器接收信号的情况：_____
_____
_____。

(5) 检查高压系统熔断器：_____
_____
_____。

(6) 检查空调压缩机：_____
_____
_____。

通过上述检查，得出以下结论：_____
_____
_____。

四、检查

故障排除后，进行如下检查：

1. 空调系统定性检查情况：_____
_____
_____。

2. 空调系统定量检查情况：_____
_____
_____。

五、评估

1. 请根据自己任务完成的情况，对自己的工作进行自我评估，并提出改进意见。

(1) _____

(2) _____

(3) _____

2. 教师对学生工作情况进行评估，并进行点评。
_____
_____
_____

3. 学生本次任务成绩：_____。

任务工单15

任务名称	电动压缩机检测	学 时		班 级	
学生姓名		学生学号		任务成绩	
实训设备	电动汽车空调实验台	实训场地	一体化教室	日 期	
客户任务	请制订工作计划，并利用诊断设备完成电动汽车空调压缩机检测，对故障部件进行更换					
任务目的	学习电动汽车空调压缩机的结构，并完成相关部件的检测					

一、资讯

1. 一般而言，电动空调压缩机是通过小型变频器驱动的，_____带动运转。压缩机的变频器可以整合到_____中，或者并入到车辆的主变频器组件等部件里。

2. 电动空调压缩机将电动机整合到了空调压缩机室中后，压缩机并非由离合器控制，而是通过改变_____转速来改变压缩机的输出功率。

3. 影响压缩机输出功率的因素包括蒸发器温度、车厢温度、_____及蒸发器目标温度等。

4. 电动空调压缩机通过_____在电动机周围或附近循环运动而对电动机进行冷却。

5. 由于空调系统的冷冻机油悬浮在制冷剂中，因此，冷冻机油_____导电。

6. 电动压缩机一般采用_____压缩机。由于其电动机同轴驱动压缩机，因此可通过调节电动机转速改变压缩机转速，实现空调压缩机排量及制冷量的灵活控制。

7. 驱动电动汽车空调压缩机运转的是_____电动机，而向空调三相永磁同步电动机供电的则是三相高压交流电。

8. 电动汽车的蓄电池只能提供_____流电，为此必须使用变频器将蓄电池直流电转换为交流电，为空调压缩机和三相永磁同步电动机提供交流电源。

二、决策与计划

请根据故障现象和任务要求，确定所需要的检测仪器、工具，并对小组成员进行合理分工，制订详细的诊断和修复计划。

1. 需要的检测仪器、工具。

2. 小组成员分工。

3. 诊断和修复计划。

三、实施（参考本任务的任务载体）

1. "压缩机无起动声音，电源电流无变化"故障检修步骤：

① _____。

② _____。

2. "压缩机发出异常声音"故障检修步骤：

① _____。

② _____。

（续）

3. "压缩机无起动声音，电源电流无变化，各端口电压正常"故障检修步骤：
① _____。
② _____。
③ _____。
4. 检测高压和低压压力：
高压侧压力：_____。
低压侧压力：_____。
5. 开启空调前后声音变化：_____。
安装部位是否达标：_____。
制冷剂加注量及过程是否符合标准：_____。
空调系统中运动件声音检查结果：_____。
通过上述检查，得出以下结论：_____。
_____
_____
_____

四、检查
故障排除后，进行如下检查：_____。
空调系统压缩机工作状况：_____。

五、评估
1. 请根据自己任务完成的情况，对自己的工作进行自我评估，并提出改进意见。
（1）
_____
_____

（2）
_____
_____

（3）
_____
_____

2. 教师对学生工作情况进行评估，并进行点评。
_____
_____

3. 学生本次任务成绩：_____。

任务工单16

任务名称	空调系统基本检修工具应用	学　时		班　级	
学生姓名		学生学号		任务成绩	
实训设备	汽车空调实验台	实训场地	一体化教室	日　期	
客户任务	请制订工作计划，并利用检修设备练习空调系统基本检修工具的操作规范				
任务目的	熟悉空调系统基本检修工具的操作步骤和操作规范				

一、资讯

1. 歧管压力计也称压力表组，它由两个_____（低压表和高压表）、两个_____（低压手动阀和高压手动阀）、三个软管接头（一个接_____工作阀，一个接_____工作阀，一个接_____）和歧管座组成。

2. 大多数汽车空调制冷系统中都有两个_____，分别设置在高压侧和低压侧，某些汽车空调上还装有三个检修阀。常用的检修阀有_____（自动阀）和手动阀两种。

3. 电子卤素检漏仪是根据_____素原子在一定的电场中极易发生电离而产生电流的原理制成的。

二、决策与计划

请根据故障现象和任务要求，确定所需要的检测仪器、工具，并对小组成员进行合理分工，制订详细的诊断和修复计划。

1. 需要的检测仪器、工具。

2. 小组成员分工。

3. 诊断和修复计划。

三、实施（参考本任务的任务载体）

1. 运行汽车空调，观察空调的状况：_____
_____。

2. 检测

（1）读取歧管压力计值：

发动机转速/(r/min)	高压值/MPa	低压值/MPa
急速		
1500		
2000		
3000		

（2）空调系统零部件外观检查：_____
_____
_____
_____

（续）

（3）空调系统制冷剂泄漏检查：_____
_____
_____

（4）抽真空操作：_____
_____
_____

通过上述检查，得出以下结论：
_____
_____
_____
_____

四、检查

故障排除后，进行如下检查：

1. 空调系统定性检查情况：_____
_____
_____
_____

2. 空调系统定量检查情况：_____
_____
_____
_____

五、评估

1. 请根据自己任务完成的情况，对自己的工作进行自我评估，并提出改进意见。

（1）_____
_____
_____

（2）_____
_____
_____

（3）_____
_____
_____

2. 教师对学生工作情况进行评估，并进行点评。
_____
_____
_____
_____

3. 学生本次任务成绩：_____。

任务工单17

任务名称	空调系统基本检修操作	学　时		班　级	
学生姓名		学生学号		任务成绩	
实训设备	汽车空调实验台或整车	实训场地	一体化教室	日　期	
客户任务	请制订工作计划，并利用检修设备完成汽车空调系统的基本检修操作，包括压力检测、充注制冷剂、充注冷冻机油等				
任务目的	使学生能利用检修设备进行汽车空调的基本检修操作				

一、资讯

1. 汽车空调制冷系统检修的基本操作一般包括_____，_____，_____，_____等。
2. 制冷剂的充注包括_____、从高压侧充注液态制冷剂、检漏作业、从低压侧充注气态制冷剂和_____5项基本作业。
3. 汽车空调制冷系统修理之后，由于接触了空气，必须用_____抽真空，排出制冷系统内的_____和空气，以维护空调制冷系统的正常工作。
4. 空调系统重点检漏的部位主要有：①拆修过的制冷系统部件及各连接部位；②压缩机_____、_____、检修阀和过热保护器；③_____及制冷剂进出连接管口；④制冷系统各管路及连接部位。
5. 从高压侧注入一定量的_____制冷剂，不允许打开歧管压力计上的低压手动阀，也_____运转压缩机。
6. 系统内制冷剂的排放有两种方法，一是将制冷剂放到_____中，但这会污染环境；二是_____制冷剂，但要有回收装置。
7. 起动发动机，开启风量开关置于_____档，温度调节至_____温度档（MAX COOL），按下 A/C 开关，运转 2～3min 后，可以对空调系统进行定性检查。
8. 在环境气温为 20～35℃ 条件下，起动发动机，按下 A/C 开关，风量开关置于_____，温度开关置于_____位置，打开车门，使发动机在 2000r/min 左右运转 15～20min 后，可以对空调系统进行定量检查。

二、决策与计划

请根据故障现象和任务要求，确定所需要的检测仪器、工具，并对小组成员进行合理分工，制订详细的诊断和修复计划。

1. 需要的检测仪器、工具。

2. 小组成员分工。

3. 诊断和修复计划。

三、实施（参考本任务的任务载体）

1. 运行汽车空调，观察空调的状况：_____
_____。

2. 检测
(1) 读取歧管压力计值：

发动机转速/(r/min)	高压值/MPa	低压值/MPa
怠速		
1500		
2000		
3000		

（续）

(2) 制冷剂的充注：_____
_____
_____

(3) 补充冷冻润滑油：_____
_____
_____

(4) 空调系统电路检测：_____
_____
_____

通过上述检查，得出以下结论：_____
_____

四、检查
故障排除后，进行如下检查：
1. 空调系统定性检查情况：_____
_____

2. 空调系统定量检查情况：_____
_____

五、评估
1. 请根据自己任务完成的情况，对自己的工作进行自我评估，并提出改进意见。
(1) _____
_____

(2) _____
_____

(3) _____
_____

2. 教师对学生工作情况进行评估，并进行点评。
_____
_____

3. 学生本次任务成绩：_____ 。

（1）输入信号　空调的输入信号主要来源于传感器，传感器主要包括车内温度传感器（装在仪表板下）、车外温度传感器（装在前保险杠下、散热器前或发动机舱车内空气进口处）、日照传感器（装在前风窗玻璃下、仪表板上）、蒸发器温度传感器、空气质量传感器等。

主要输入信号的功用见表 5-3。

表 5-3　主要输入信号的功用

序号	输入信号	输入信号功用
1	车内温度传感器信号	①确定混合风门位置；②确定风机转速；③确定进气门位置；④确定各模式下各风门位置
2	车外温度传感器信号	①确定混合风门位置；②确定风机转速；③确定进气门位置；④确定各模式下各风门位置；⑤控制压缩机
3	日照传感器信号	①修正混合风门位置；②修正风机转速
4	蒸发器温度传感器信号	防止蒸发器结霜
5	出风口温度传感器信号	若出风口温度大于理论温度，则 ECU 修正混合风门位置，使出风更冷
6	车速信号	用来控制风机转速。车速越高，风机转速越低（噪声与恒温控制）；若接收不到车速信号，则风机肯定会转，但不随车速变化——无调节车内温度的功能（出风口温度、风机风量）
7	刮水器信号	雨天自动除霜雾。即 ECU 收到刮水器信号时，先吹脸 30min，再吹玻璃 30s；若 ECU 收不到刮水器开关信号，则不能自动除霜雾（驾驶人可在玻璃上有霜雾时手动除霜雾）
8	发动机转速传感器信号	①无发动机转速信号则发动机不能发动，压缩机不能工作；②发动机转速信号、压缩机转速信号共同检测压缩机传动带是否打滑，若打滑则应切断压缩机，防止传动带断裂
9	空气质量传感器信号	灰尘过大时，切断外循环空气。若空气质量传感器损坏，而车外尘土飞扬时，将无法切断外循环——即阻止不了外部带灰尘的空气进入

（2）空调 ECU　空调 ECU 是空调系统的核心，包括硬件系统和软件系统，空调 ECU 系统如图 5-20 所示。

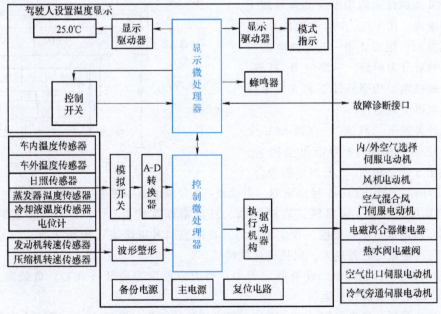

图 5-20　空调 ECU 系统

空调 ECU 接收人工设定数据及各种传感器传来的数据，进行存储、计算、分析、判断后，向各执行器发出相应指令，各执行器完成各自相应的工作，从而控制温度、湿度、风速、风向等各种参数，实现空调的制冷、制热、通风、净化、去湿、除霜等功能。

（3）执行器 空调的执行器包括风机电动机、压缩机电磁离合器、调温门电动机、进气门电动机、出风模式对应的风门电动机。各种警告灯（如制冷剂压力异常警告灯、冷却液温度异常警告灯）、故障诊断插口也属于执行器。主要执行器的功能见表 5-4。

表 5-4 空调主要执行器的功能

序号	执行器	功能
1	压缩机电磁离合器	实现发动机和压缩机的连接和切断。通则制冷，断则不制冷
2	调温门电动机	改变调温门的位置，从而改变出风口气流温度
3	进气门电动机	控制内外空气比例门的位置，从而控制进入车内新鲜空气的比例
4	风门电动机	控制出风门的开启组合，实现不同的出风方式
5	风机电动机	改变风机转速，从而实现热量交换所需的速度

3. 微机控制空调系统的控制原理

（1）风机转速控制 空调系统的风机转速控制具有自动控制与手动控制两种模式。

1）手动控制转速。将风机转速开关置于手动模式时，风机完全按照驾驶人的意愿进行工作。

风机开关置于"低速"：空调 ECU 令 1 号与 2 号端子相通，1 号继电器吸合。风机电流方向：电源正极→1 号继电器→电动机→电阻 R_1→搭铁。此时，由于风机电路串入专门电阻 R_1，因此只能低速运转（图 5-21）。

风机开关置于"中速"：空调 ECU 令 1 号与 2 号端子相通，2 号继电器吸合；ECU 端子 4 间歇性地向功率管的 4 号端子输入控制电流，使 VT_1、VT_2 间歇性导通。风机电流方向：电源正极→1 号继电器→电动机，然后分为两路，一路经 R_1 搭铁，另一路间歇性地经功率管的 2 和 3 端子搭铁。此时风机中速运转。

风机开关置于"高速"：空调 ECU 令 1 号与 2 号端子相通，1 号继电器吸合；ECU 令端子 5 和 2 相通，2 号继电器吸合。

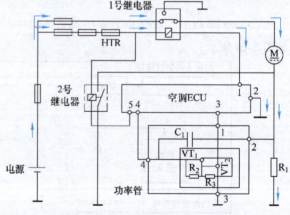

图 5-21 风机转速基本控制电路

风机电流方向：电源正极→1 号继电器→电动机→2 号继电器→搭铁。风机高速运转。

2）自动控制转速。风机转速自动控制。自动空调系统处于"AUTO"模式时，空调 ECU 根据车内温度、车外温度、设定温度等，自动控制风机转速（无级变速）。一般来说，室内温度与设定温度之差越大，风机转速就越高。

风机（转速）极速控制。在有些车型中，当设定温度为最低（18℃）或最高（32℃）时，风机会固定于最高转速运行。

风机起动控制。风机在起动时，工作电流会比稳定工作时大得多，为了防止烧坏风机控制模组，不论风机目标转速是多少，在风机起动时都为低速运转，然后才逐步升高，直到达到理想的转速，整个过程大约需要5s。

预冷时滞控制。夏天，车辆长时间停放在炎热的太阳下，若马上打开风机，则此时吹出的是热风而不是冷风。因此，风机不能立刻工作，而是应滞后一段时间工作。即空调系统处于"AUTO"模式时，若室外环境温度高于30℃，则空调ECU控制风机电动机低速运转，且出风模式选择在除霜（DEF）模式，工作5s后，切换至正常控制模式。

预热时滞控制。冬天，车辆长时间在室外停放后，若立刻打开风机，则此时吹出的是冷风而不是暖风。因此风机要在冷却液温度升高时，才能逐步转向正常工作。即空调系统处于"AUTO"模式时，若室外环境温度低于15℃，则空调ECU控制风机电动机低速运转，且出风模式选择在除霜（DEF）模式，直至发动机冷却液温度高于20℃，风机电动机才正常工作。

风机电动机最高转速延迟。当风机电动机转速调节到最大时，全自动空调ECU将使风机电动机转速升至最大的时间延迟，约为8s。

阳光补偿。在空调系统处于"AUTO"模式时，全自动空调ECU会根据日照传感器信号，自动调整风机转速和调温门电动机，修正温度控制。

车速补偿。在车速高时，风机的转速可适当降低，以补偿散热的影响（使空调效果与低速时相同）。

除霜补偿。空调系统处于"AUTO"模式时，若手动选择除霜（DEF）模式，则全自动空调ECU将在3s内使风机电动机工作电压增大，以提高风机转速，但风机电动机工作电压最大不超过10V。

（2）温度控制　温度控制过程：用调温开关设定目标温度，并将功能开关置于"自动空调"位置；空调ECU根据车内温度传感器、环境温度传感器、冷却液温度传感器、蒸发器温度传感器、日照传感器、设定温度等输入的信号，决定调温门的位置和风机转速等参数，并向它们发出相应指令；调温门电动机根据ECU的信号指令，控制其阀门开度，从而改变空气流的温度。

各传感器不断将新的数据传输给ECU，ECU又发出新的指令，实现新的控制功能，直到车内温度达到设定温度时，ECU停止该电动机的工作。

若温度设定在"最低"或"最高"，空调ECU将不参考传感器数值，而控制到最冷或最热；当温度设定在"最低"时，压缩机自动工作，出风模式处于正面出风位置，内外循环处于内循环状态，风机电动机转速最高，冷暖空气混合控制阀门处于关闭位置；当温度设定在"最高"时，压缩机不工作，出风模式处于下面出风位置，内外循环处于外循环状态，冷暖空气混合控制阀门处于打开位置。

（3）进气控制（内外循环气流控制）　此控制有手动与自动两种操作模式。

1）手动模式时，进气门只有两种位置：内循环与外循环气流。

2）自动模式时，进气门有三种位置：内循环、外循环、20%新鲜空气。空调ECU根据室内温度、环境温度、设定温度，自动调节进气门的位置。若室内温度为35℃，则进气门处于内循环位置；若室内温度为30℃，则进气门处于20%新鲜空气；若室内温度处于25℃，则进气门处于外循环位置。

当AUTO开关接通，通过调温开关设定好目标温度时，空调ECU根据输入信号（车内温度传感器、环境温度传感器、冷却液温度传感器、蒸发器温度传感器、日照传感器、目标温度等输入的信号），决定内外气比例，并控制内外气比例门电动机工作，控制内外气比例。若模式开关设定在 DEF 模式，则 ECU 迫使空调引入新鲜空气。

当从外循环切换至内循环时，风机电动机工作电压将降低 1~2V，并保持为 4.9~10V；当从内循环切换至外循环时，风机电动机工作电压将升高 1~2V，并保持为 4.9~10V。

在系统处于"AUTO"模式时，空调系统首先进入内循环。为了防止废气进入车内，内外循环模式将根据车速自动切换。内外循环模式自动切换的条件为内外循环模式处于"AUTO"控制模式，且空调系统处于正常工作状态。

车速持续 10s 低于 10km/h 或车辆停止时，系统自动切换至内循环模式，同时自动内外循环切换功能将被中止 10min。

（4）出风模式控制　出风模式有手动控制与自动控制两种模式。

当 AUTO 开关断开时，ECU 根据手动开关的位置，调整出风模式。出风模式有五种：吹脸、双层、吹脚、吹脚/除霜、除霜。何处出风，完全取决于手动操作的档位。

当 AUTO 开关接通时，控制过程：通过调温开关设定好目标温度；空调 ECU 根据输入信号（车内温度传感器、环境温度传感器、冷却液温度传感器、蒸发器温度传感器、日照传感器、目标温度等输入的信号）决定风机转速和出风方式。在自动模式中，出风模式一般只有三种：吹脸、吹脚、双层。空调 ECU 根据室内温度、环境温度、设定温度，自动调节出风模式。车内温度为 30℃ 时，出风模式为"吹脸"；车内温度为 20℃ 时，出风模式为"双层"；车内温度为 15℃ 时，出风模式为"吹脚"。

（5）压缩机控制　自动空调压缩机的控制信号见表 5-5。

表 5-5　压缩机的控制信号

序号	信号名称	说　明
1	发动机冷却液温度开关或传感器信号	别克、捷达前卫等汽车，拔下冷却液温度传感器后，空调不工作
2	风机开关信号	按下"风机开关"，空调系统才能工作
3	A/C 开关信号	按下"A/C"开关，空调制冷系统才能工作
4	蒸发器温度传感器或温控开关信号	用于膨胀阀型制冷系统
5	压力循环开关信号	安装在低压管上，用于节流管式制冷系统
6	压力开关信号	安装在高压管上，为常闭式开关，可防止制冷系统高压过高使机件胀裂
7	发动机转速传感器信号	高速或低速大负荷时，切断空调
8	压缩机转速传感器信号	防止传动带断裂
9	节气门全开信号	发动机急加速时切断空调

压缩机的基本控制：空调 ECU 根据室内温度、环境温度、设定温度，自动决定压缩机是否工作。

环境低温保护：在环境温度低于某一数值（如 3℃、5℃、8℃、10℃、15℃）时，压缩机不工作。

高速控制：在发动机转速超过某一转速时，压缩机不工作，以保护压缩机。

加速切断：在发动机处于急加速工况时，为了提供足够的动力，压缩机会暂时停止工作。

高温控制：在发动机冷却液温度超过某一数值（109℃）时，压缩机不工作，以防止发动机冷却液温度进一步上升。

传动带打滑控制：有些车型，发动机外围只有一根传动带，若压缩机卡死，会使该传动带负荷过大而断裂，从而使水泵、发电机等都不能工作。因此，在传动带打滑时，压缩机不工作。

低速控制：发动机转速低于某一转速（600r/min）时，为了防止发动机失速，压缩机不工作。

低压保护：为了防止压缩机在系统没有制冷剂的条件下工作，使压缩机损坏，在系统压力低于某一数值（0.5MPa）时，压缩机不工作。

高压保护：在系统压力超过某一数值（2.8MPa）时，压缩机不工作。

装有变排量压缩机的空调系统，离合器保持接合状态，但下列情况除外：A/C开关、风机开关、点火开关转至OFF位置，加速切断系统工作和制冷剂不足时。

当蒸发器温度传感器测知蒸发器温度低于某一规定值时，控制器会切断电磁离合器，使压缩机不工作；当蒸发器温度又高于某一数值时，控制器又会使压缩机工作。

当制冷剂温度超过105℃时，易熔塞开启，将制冷剂排放到大气中。如果易熔塞熔化或开启，应检查制冷管路并更换储液干燥器。

当发动机严重超载时（节气门处于全开位置，发动机转速低于规定值），压缩机将关闭约4s，从而防止发动机因过载而熄火。

刮水器补偿控制：下雨天前风窗玻璃上容易结雾，为防止结雾，空调ECU将自动切换至除雾模式（压缩机不工作，且系统处于外循环状态）；在系统处于"AUTO"模式时，全自动空调ECU收到刮水器信号1min后，空调系统会自动工作，且当刮水器信号中止20s后，空调系统会自动停止工作。

5.2.3　汽车空调电控单元的检修

（1）查找端子　根据电路图找到电磁离合器控制线圈与ECU的连接端，以及ECU的搭铁端，找到端子后用彩色笔做好标记。

（2）查找晶体管　用数字万用表的测量通断档，从确定的空调控制端子一点点沿着ECU的印制电路向内查找，直至找到某个晶体管或晶体管排。

（3）确定管脚　以NPN型为例，查到印制电路所对应的管脚即晶体管的集电极，其旁边较细的印制线便是晶体管的基极，但是需要进一步确认是左边的一根还是右边的一根。确认方法如下：将空调操作面板设置在空调制冷运转状态，将万用表连接到要确认的一根基极线上，打开A/C开关，显示电压应为5V；关闭A/C开关，显示电压应为0V。用此方法测试这两根线，反复测试后符合条件的即为基极。

确认发射极时，如果是晶体管排，一般情况下，其发射极大多在排的两端。用数字万用表的测量通断档，一端连接ECU的搭铁端，另一端接到排的搭铁端，能够导通的管脚即为晶体管的发射极。若只有一个晶体管，通过印制电路的粗细即可判断其发射极。

(4) 选择替换的晶体管　需要替换的晶体管可能是直接镶嵌在电路板上的一个晶体管（夏利车型），也可能是一个独立的晶体管（日产车系），还可能是晶体管排中的一个晶体管（本田车系）。这类晶体管一般可在旧的汽车电器元件中找到，鉴定晶体管时大致可以从以下几方面入手：

1）看外观。此类晶体管应有 3 个脚，其形状与原晶体管形状应基本相同，一般是扁平的，其体积大小和是否有孔及散热片并不重要。

2）看型号。日本产的晶体管型号一般为 2SA（NPN 型）、2SC（NPN 型）及 2SD（PNP 型）。国内电子市场上可以买到的替换元件型号有 BT179 和 BT178。晶体管排的型号一般为 2003 和 1413。

3）看电阻。晶体管的基极一般都串有电阻，基极的电阻值要与原晶体管相近，可根据颜色来确定电阻值，棕、红、橙、黄、绿、蓝、紫、灰、白、黑分别对应数字 1、2、3、4、5、6、7、8、9、0。由于晶体管的基极是靠电流的大小控制的，而 ECU 电压值是固定的，那就要利用电阻来控制电流。如果电流过大，则会烧毁晶体管，如果电流过小，则不能将其触发。

4）测量确认。首先，将大致确定的晶体管从电路板上取下，用万用表的二极管测量档测量。根据晶体管的属性，应该只有 1 个管脚相对于另外 2 个管脚单向导通，具备这一属性的则可确定其是晶体管（有一对管脚单向导通的是场效应管），相对另外两个管脚导通的那个管脚就是晶体管的基极。然后，将晶体管的基极插入 B，另外两个脚分别插入 C 和 E，用万用表的晶体管测量档测量，如果显示值在 200~300 之间，证明管脚插对了，C 代表集电极，E 代表发射极，进而可确定这个晶体管是 PNP 型还是 NPN 型（N 为负极，P 为正极）。

(5) 焊接晶体管　对于直接镶嵌在电路板上的晶体管和独立的晶体管，将旧件取下即可；对于晶体管排，则须用螺钉旋具划断晶体管的基极印制线。将数字万用表调至测量通断档，将其正、负表笔分别抵在晶体管的集电极和发射极上，将基极与电路板的基极控制线相连接，打开空调开关，看万用表是否显示导通，若导通，则证明此晶体管可以使用。

之后，将替换的晶体管焊接到电路板上即可。对于晶体管排，是从电路板的背面连接的。焊接时要注意：焊锡要尽可能少，避免过热，判断管脚的属性要对应，焊接完成后要用万用表测量各管脚，相互之间应不连通。最后，用胶带将附加的晶体管包好，避免与 ECU 护板连通和摩擦。

(6) 测试　在不装护板的情况下，将 ECU 连接到车体线束中。起动空调，检查压缩机电磁离合器能否吸合和断开，同时用手触摸晶体管，有些发热是正常的，若烫手则说明有问题。还要检查故障灯是否点亮，如果空调压缩机吸合后故障灯点亮，说明晶体管的发射极选错了。如果压缩机不能停机，则表明换上的晶体管被击穿，或晶体管排的基极未被彻底划断。

测试时，最好使空调系统运转 30min 以上，检查 ECU 是否正常工作，并且进行 10km 以上的路试，观察是否有故障灯点亮的情况。若故障灯不亮，则确认汽车空调无问题。

见任务工单 13。

学习小结

1. 微机控制的汽车空调系统以微型计算机为控制中心，结合各种传感器对汽车发动机的有关运行参数（如冷却液温度、转速等）、车外的气候条件（如气温、空气湿度、日照强度等）、车内的气候条件（如平均温度、湿度等）、空调的送风模式（如送风温度、送风口的选择等）、制冷压缩机的开停状况、制冷循环有关部位的温度、制冷剂压力等多种参数进行实时检测，并与操作面板送来的信号（如设定温度信号、送风模式信号等）进行比较，通过运算处理后进行判断，然后输出相应的调节和控制信号，通过相应的执行机构（如电磁真空转换阀和真空驱动器、风门电动机、继电器等），对压缩机的开停状况、送风温度、送风模式、热水阀开度等及时地调整和修正，以实现对车内空气环境进行全季节、全方位、多功能的最佳控制和调节。

2. 微机主机单独接收和计算各种传感器输入的信号，并对控制信号的反馈进行迅速的演算、记忆、比较、判断，再发出各种指令，驱动各执行机构工作，调节、控制车内的温度和各种空调参数。

3. 微机控制的汽车空调系统输入的信号有4类：1）车内温度、大气温度、日光照射3个传感器（热敏电阻）输入的信号；2）驾驶人预定的调节温度信号、选择功能信号；3）由分压器检测出温度门的位置信号，以及蒸发器温度传感器、冷却液温度传感器信息；4）压缩机的工作参数，如转速、制冷剂压力、温度等。

4. 为了维持车内温度不变，空调 ECU 依据传感器显示的车内温度不断地调节送风温度和送风量。影响车内温度的因素较多，如乘员人数的多少、日光照射强度、冷却液温度的变化等，在采用经济运行方式时，由于压缩机停止运转也会导致蒸发器出口温度上升。若驾驶人设定温度的电阻为 R，车内温度的电阻为 R_A，车外空气温度的电阻为 R_B，出风口温度电阻为 R_C，日光照射、外来空气、节能修正等温度的电阻为 R_D，则温度平衡方程为 $R = R_A + R_B + R_C + R_D$。空调 ECU 根据这个方程，对各种参数进行计算、比较、分析、判断后，向执行机构发出各种指令，驱动各执行机构动作，控制制冷强度，调控车内温度。

5. 空调的传感器主要包括车内温度传感器（装在仪表板下）、车外温度传感器（装在前保险杠下、散热器前或发动机舱车内空气进口处）、日照传感器（装在前风窗玻璃下、仪表板上）、蒸发器温度传感器、空气质量传感器等。

自我测试

思 考 题

微机控制的汽车空调系统中，若压缩机不能正常工作，可能是什么原因导致的？

复 习 题

1. 叙述传统微机控制的汽车空调系统的输入信号有哪些。
2. 叙述传统微机控制的汽车空调系统的输出信号有哪些。
3. 叙述传统微机控制的汽车空调系统的工作原理。
4. 叙述新型微机控制的汽车空调系统包含哪些控制内容。

学习情境6

电动汽车空调系统的故障诊断和检修

任务6.1 电动汽车空调系统认知

  任务载体

故障现象：车辆可以正常上电，开启风机，按下 A/C 开关，出风口无风吹出。

故障诊断：首先检查模式开关是否处于除霜或者吹脚模式，当模式开关处于除霜或者吹脚模式时，吹向面部的风门不会有风。如果模式开关处于吹面模式而面部风门依然无风吹出，则需要检查调速电阻是否正常，电源线正负极之间电压是否在 9~16V 之间。如果调速电阻与电源线都正常，则确定为风机失效，须更换风机。

经检查，该车风机损坏，更换风机后，空调系统恢复正常工作。

  学习目标

1. 能通过与客户交流、查阅相关维修技术资料等方式获取车辆信息。
2. 能根据故障现象制订正确的维修计划。
3. 能正确对电动汽车空调系统的整体故障进行诊断。
4. 能正确记录、分析各种检测结果并做出故障判断。
5. 能按照正确操作规范进行电动汽车空调系统部件的更换。
6. 能根据环保要求，正确处理对环境和人体有害的废料和损坏的零部件。

6.1.1 电动汽车空调系统的分类及组成

1. 电动汽车空调系统的分类

（1）纯电动汽车空调系统　纯电动汽车的空调系统与传统动力汽车基本相同，由压缩机、冷凝器、蒸发器、冷凝器风扇、风机、膨胀阀、储液干燥器和高低压管路附件等组成。传统汽车压缩机由发动机传动带通过电磁离合器带动，而纯电动汽车采用电动压缩机，电动压缩机由动力蓄电池提供的高压电驱动。

（2）混合式空调系统　混合式空调系统是由带式空调压缩机和电动空调压缩机共同组成的混合一体机。正常工作时，空调控制系统会选择最有效率的机械驱动模式或电驱动模式，它既可以由发动机驱动，也可以由电动机驱动，还可以由两者一起驱动。当发动机不工作时，电动机可以驱动空调压缩机继续工作，保证车内的温度。如果室外温度特别高，需要高速制冷，而电动机驱动不能满足制冷要求时，发动机系统将自动起动，将冷气源源不断地输送到车内。当车内温度已经稳定到最佳水平时，发动机自动关闭，节约油耗。

（3）遥控空调系统　遥控空调系统是指驾驶人通过智能手机应用程序或汽车密钥卡按钮激活的空调系统。在传统的混合动力汽车中，车内空调运行时间取决于动力蓄电池的荷电量（SOC），使用手机应用程序或汽车密钥卡将遥控空调打开后，最多可运行3min。在插电式混合动力汽车中，遥控空调最多可以运行10min，车内空间越大所需空调运作时间越长。

在这种控制系统中，当手机应用程序或汽车密钥卡发出激活遥控空调系统的命令后，如果车门尚未锁上，则车辆的控制系统会锁住车门，并闭合蓄电池包的高压主继电器，从而使蓄电池包带动空调压缩机工作。但此时高压主继电器处于闭合状态，遥控空调系统其实并没有使车辆上电（READY 为 ON）。在遥控空气调节超时、动力蓄电池的荷电量低于规定阈值、车辆的车门处于解锁状态等情况下，手机应用程序或汽车车密钥卡将发出关闭遥控空调系统的命令。

（4）车内太阳能通风系统　有些混合动力汽车和纯电动汽车将太阳电池板安装在汽车的车顶，当车辆断电（READY 为 OFF）且在炎热的天气下停车时，可以打开太阳能通风系统使车内通风透气，但是太阳电池板不会为车辆动力蓄电池包充电。

通常情况下，太阳能通风系统是通过开关控制的。当车内温度上升到高于规定值时，如果接通太阳能通风系统并且太阳电池板能够输出足够的电压，太阳电池板的电流就会激活汽车内部的风机。在昏暗或多云的天气，太阳能通风系统可能无法产生足够的电压。有些太阳能通风系统还可以控制车内通风口。为了分隔太阳能通风系统与汽车的电气系统，此系统的风机控制器通常是独立安装的。

2. 电动汽车空调系统的组成

电动汽车空调系统的组成如图 6-1 所示。其布置如图 6-2 所示。

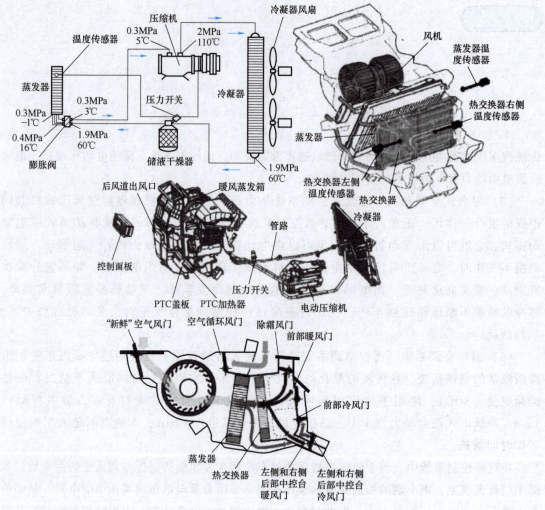

图 6-1 电动汽车空调系统的组成

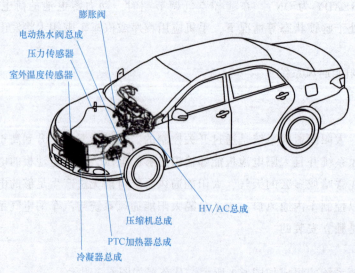

图 6-2 电动汽车空调系统布置

6.1.2 电动汽车空调系统工作原理

1. 制冷系统工作原理

电动汽车空调系统一般具有制冷、采暖、除霜、通风换气4种功能。电动压缩机自动调节式空调为蒸气压缩式循环制冷，制冷剂为 R410a，冷冻机油型号为 POE，控制方式为按键操纵式，自动空调箱体的模式风门、冷暖混合风门和内外循环风门由电动机控制。

通过空调面板打开空调后，空调控制器会通过高压侧的压力传感器、低压侧的压力温度传感器和蒸发器温度传感器信号控制电动压缩机工作。电动压缩机的电源通过高压电控总成中的空调接触器进行控制，由膨胀阀精确控制流量的功能整体提升空调系统工作效率。

电动汽车空调制冷系统原理如图 6-3 所示，由空调驱动器驱动的电动压缩机将气态的制冷剂从蒸发器中抽出，并将其压入冷凝器。高压气态制冷剂经过冷凝器时会通过液化进行热交换（释放热量），热量被车外的空气带走。高压液态的制冷剂经膨胀阀的节流作用而降压，低压液态制冷剂在蒸发器中汽化而进行热交换（吸收热量），蒸发器附近被冷却的空气通过风机吹入车厢。蒸发器出来的气态的制冷剂又被压缩机抽走，泵入冷凝器，使制冷剂进行封闭的循环流动，不断地将车厢内的热量排到车外，降低车厢内的气温。

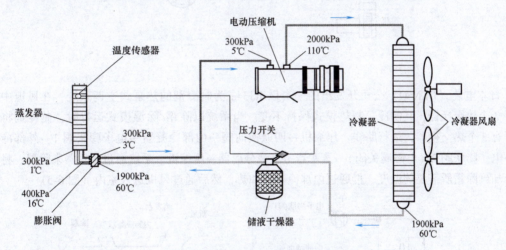

图 6-3　电动汽车空调制冷系统原理

冷凝器风扇由两个电动机控制转速，可以形成高速和低速两种模式。高速时两个风扇电动机为单独供电，低速时两个风扇电动机为串联供电。

2. 暖风系统工作原理

燃油汽车空调系统的暖风热源主要由发动机冷却液提供，而电动汽车的暖风系统与之不同，主要包括热泵式暖风系统和 PTC 暖风系统。

（1）热泵式暖风系统　热泵式暖风系统由传动带驱动直流无刷电动机提供动力，其工作原理如图 6-4 所示。空调系统的制冷/制热模式由四通换向阀转换，图 6-4 中实线箭头表示制冷工况的制冷剂流向，虚线箭头表示制热工况的制冷剂流向。

该空调系统工作原理具体如下：当空调系统需要运行在制冷模式时，通过四通换向阀的动作，使得从压缩机出口流出的制冷剂按照图 6-4 中实线指示的方向运行，通过风机将冷风吹入室内，实现车内制冷。当空调系统需要运行在制热模式时，同样通过四通换向阀的动作，使得从压缩机出口流出的制冷剂按照图 6-4 中虚线指示的方向运行，实现车内制热。

可以看出，该热泵式暖风系统与普通暖风系统整体架构不同，其区别在于，增加了可改变制冷剂流向的四通换向阀，且采用了允许双向流动的膨胀阀。在制热工况下，系统从除霜模式转换为制热模式时，风道内热交换器上的冷凝水将迅速蒸发，会在车辆的前风窗玻璃上结霜，影响驾驶安全性。

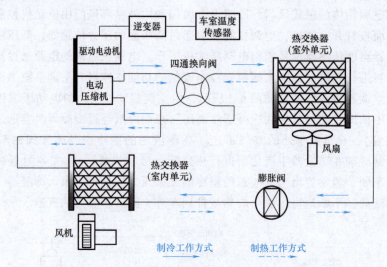

图 6-4 热泵式暖风系统工作原理

日本电装（DENSO）公司开发出的一套以 R134a 为制冷剂的热泵式空调系统，在风道中使用了 2 个热交换器，其制冷、制热模式保持不变。当系统以除霜/除湿模式运行时，制冷剂将经过所有 3 个热交换器，运行路线：压缩机→四通换向阀→内部冷凝器→电子膨胀阀 1→外部冷凝器→电子膨胀阀 2（电磁阀关闭）→蒸发器→气液分离器→压缩机。系统通过蒸发器来除湿，将空气冷却到除霜所需的温度，再通过内部冷凝器加热，然后通过风机送入室内（图 6-5）。

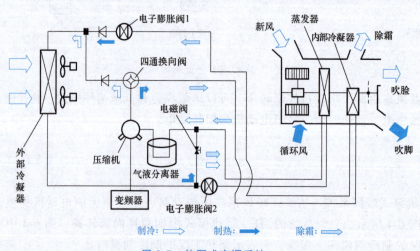

图 6-5 热泵式空调系统

当系统制冷时，高温高压制冷剂气体从压缩机经过四通换向阀进入外部冷凝器变成低温高压制冷剂液体，再经过电子膨胀阀 2 进行节流形成低温低压制冷剂液体，之后再经过蒸发器进行吸热，蒸发为低温低压制冷剂气体，然后通过气液分离器回到压缩机，此时电磁阀关闭。通过以上循环，风机将冷风从风口送出。

当系统制热/除霜时，高温高压制冷剂气体从压缩机经过四通换向阀进入内部冷凝器变成低温高压制冷剂液体，再经过电子膨胀阀1进行节流形成低温低压制冷剂液体，再经过外部冷凝器进行吸热蒸发为低温低压制冷剂气体，此时电磁阀打开，制冷剂气体通过电磁阀和气液分离器回到压缩机。通过以上循环，风机将热风从风口送出。

（2）PTC电加热器式暖风系统　PTC电加热器是采用PTC热敏电阻元件为发热源的一种加热器。PTC热敏电阻通常是用半导体材料制成的，电阻随温度变化而急剧变化。当外界温度降低，PTC电阻值随之减小，发热量反而会相应增加。

PTC热敏电阻元件按材质可以分为陶瓷PTC热敏电阻和有机高分子PTC热敏电阻。用于空调辅助电加热器的是陶瓷PTC热敏电阻。因PTC热敏电阻元件具有电阻值随环境温度变化而变化的特性，所以PTC电加热器具有节能、恒温、安全和使用寿命长等特点。

空调辅助电加热器可以分为粘接式陶瓷PTC加热器和金属PTC管状加热器。粘接式陶瓷PTC加热器是将多个陶瓷PTC芯片及铝波纹散热片用耐高温树脂胶粘接在一起的加热器，其散热性好、电气性能稳定。粘接式陶瓷PTC加热器又分为加热器表面带电型和加热器表面不带电型2种。

金属PTC管状加热器采用进口镍铁合金丝为发热材料，其发热管外镶铝散热片，散热效果非常好。这种加热器配用了温度控制器和熔断器，使产品更安全、可靠。

（3）PTC水加热器式暖风系统　PTC水加热器式暖风系统采用PTC水加热器进行取暖，该PTC水加热器自带冷却液温度传感器、高压互锁装置、IGBT温度传感器、电压采集装置、电流采集装置以及相应的自动保护程序。

该暖风系统的工作过程是：冷却液经电子水泵输送到PTC水加热器，经过加热的冷却液输送到暖风芯体，经风机将暖风芯体周围的热量输送到驾驶室各出风口，暖风芯体的冷却液回到暖风出水管总成，然后再次进行循环，PTC水加热器工作过程如图6-6所示。

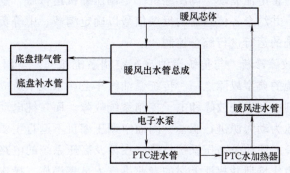

图6-6　PTC水加热器工作过程

实践技能

6.1.3　电动汽车空调整体性能检测

1. 电动汽车空调不运行故障诊断

北汽新能源EV200纯电动汽车空调控制系统由传感器、控制器和执行器组成，其原理框图如图 6-7 所示。其中，传感器主要有空调压力传感器、空调温度传感器（包括空调蒸发器各出风口温度传感器、车内温度传感器等）和环境温度传感器；控制器主要有空调压缩机控制器、空调控制器风机调速控制模块、PTC 控制器和集成控制器等；执行器主要有空调压缩机、冷暖调节电动机、模式转换电动机和内外循环电动机。

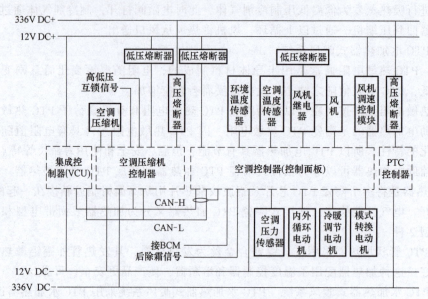

图 6-7 北汽新能源 EV200 纯电动汽车空调控制系统原理框图

（1）工作原理　空调控制器接收空调 A/C 开关信号以及空调压力传感器、环境温度传感器和空调温度传感器等信号来判断空调系统是否满足运行条件。如果运行条件满足，则空调控制器通过 CAN 总线信号向空调压缩机控制器发出运转指令。空调压缩机控制器接收到运转指令后，通过动力蓄电池驱动空调压缩机。空调压缩机运行后，空调控制器根据驾驶人所设定的温度及模式，并结合各传感器的反馈信号以确定满载、中等负荷、低负荷的运行方式，并对整个空调系统的运行进行综合控制。

（2）空调压缩机故障诊断　与传统燃油汽车空调系统相同，空调压缩机不运行故障也是纯电动汽车空调系统的典型故障之一。传统燃油汽车空调系统中造成空调压缩机不运行故障的主要原因是制冷剂循环系统故障和电子控制系统故障。而在纯电动汽车空调系统中，空调压缩机以动力蓄电池为动力源进行驱动，因而空调压缩机不运行主要故障原因除与传统燃油汽车有相同因素以外，还涉及高压系统故障。在涉及高压系统的电路检查与处理时，必须由经过车辆高压系统操作培训并执证上岗的专业维修人员来操作，操作时要做好安全防护措施，并严格按照安全维修操作规程对高压系统下电后方可进行。具体的诊断步骤如下。

1）确认空调压缩机是否运行。对于纯电动汽车来说，空调压缩机运行条件（如系统制冷剂压力、车内温度、环境温度是否满足运行条件等）与传统燃油汽车空调系统相同。此外，纯电动汽车还需要满足动力蓄电池电量充足、全车能够正常上高压电等条件，因此需要先行对这些与传统燃油汽车空调系统不相同的条件确认无误之后，才能接通空调 A/C 开关，以确认空调压缩机是否运行。

2）检查空调系统制冷剂压力。在确认空调压缩机不运行后，首先应使用空调压力表组测量系统的平衡压力。在测量平衡压力之前需要关闭空调并静置数分钟,待空调系统高、低压两侧的压力逐步趋于一致后再进行测量,此时测量到的高、低压两侧系统的压力称为空调系统制冷剂平衡压力。若测得的平衡压力在 0.50~0.75MPa,则空调系统内制冷剂加注量基本正常;若测得的平衡压力大于 0.75MPa,则判定系统内制冷剂加注量高于正常值;若测得的平衡压力小于 0.50MPa,则判定系统内制冷剂加注量少于正常值。

若测得的空调系统制冷剂平衡压力过低,则应检查是否存在制冷剂泄漏点。除了通过目视检查相关元器件外观是否有因机械损伤所引起的泄漏点外,还可以使用空调系统专用检漏仪对常见的故障泄漏点(如管路各处接头,管路与蒸发器、冷凝器、膨胀阀、储液干燥器的接头及维修检查充注阀口等部位)进行检查。

3)检查空调压缩机相关控制电路。如果空调系统制冷剂平衡压力正常,而接通空调 A/C 开关后空调压缩机仍不运行,则须对空调压缩机及其相关控制电路进行检查。从故障概率上分析,空调压缩机本身出现故障的概率较小,因此建议先检查其相关的控制电路。

空调压缩机相关控制电路检查:关闭 A/C 开关,点火开关置于 OFF 档,取下并保管好汽车钥匙,严格按车辆维修手册中高压系统下电的操作步骤下电。之后通过目测检查空调系统相关的高、低压电路及导线插接器,确认是否有松动、脱落、变形、损坏、退针等其他接触不良的现象。

检查低压系统熔断器:检查向空调控制器、空调压缩机控制器提供低电压的熔断器是否存在脱落、变形、熔断、退针或其他接触不良的现象。若发现有熔丝熔断情况,则须查明熔断原因,在确认无短路风险后更换相同电流限值的熔丝,再严格按车辆维修手册中高压系统上电的操作步骤上电后重新进行检查。

判断空调控制器发出控制信号的情况:通过上述 2 项检查后,空调压缩机仍未运转则须检查并判断空调控制器向空调压缩机控制器发出控制信号的情况。判断空调控制器是否发出控制信号可以通过以下 2 种方式进行:第一种,接通空调 A/C 开关,目视检查冷凝器风扇是否运转。如果风扇运转,则可初步判断空调控制器已经发出压缩机运转指令。第二种,使用故障检测仪接入空调控制器,通过查看与空调压缩机控制相关的数据流,以确认空调控制器是否向空调压缩机控制器发出运转指令。如果数据流上显示有控制信号输出,则可初步判断空调控制器已经发出压缩机运转指令,否则,可认为空调控制器未发出工作指令,此时须检查车内各空调温度传感器、环境温度传感器、制冷剂压力开关、空调控制器等元件及其相关电路。在使用第二种方法的过程中,若故障检测仪无法与空调控制器进行通信,则须对空调控制器低压系统的供电和搭铁进行检查。若供电与搭铁正常则可考虑是空调控制器本身故障。

判断空调压缩机控制器接收信号的情况:通过上述检查并确定空调控制器已向空调压缩机控制器发出信号后,如果空调压缩机仍不运转,应使用故障检测仪接入空调压缩机控制器,查看数据流中的空调控制器输入信号情况。如果信号正常则须检查压缩机的高压系统熔断器或压缩机本身。如果信号不正常则须检查空调控制器至空调压缩机控制器之间的 CAN 总线是否正常。如果故障检测仪无法与空调压缩机控制器进行通信,则须对空调压缩机控制器低压系统和搭铁进行检查。

检查高压系统熔丝:通过上述的检查之后若空调压缩机仍无法运转,则须进一步检查空调压缩机高压供电是否正常。高压系统熔丝的导通性不可在空调压缩机与高压线束连接状态下直接测量。在检查空调压缩机高压熔断器时，必须严格按照安全规程进行。全车下电后，要断开空调压缩机高压插接器，打开高压控制盒（PDU），检查空调压缩机高压系统熔断器是否熔断。若未熔断则有可能是压缩机本身故障；若熔断须检查原因，在确认无短路风险后更换熔断器，再重新连接相关线束，之后严格按照维修手册上电的操作步骤进行上电，最后重新进行空调系统运行检查。

检查空调压缩机：如果上述检查均确认正常，空调压缩机不运行的故障就基本确定为空调压缩机元件故障。

2. 制冷剂加注流程

（1）检查空调系统部件安装情况　此过程中主要核对管路、冷凝器、膨胀阀、压缩机等各主要部件是否齐全，是否安装和连接到位，确认各连接点是否漏装 O 形密封圈，是否将螺栓拧紧。

（2）抽真空　空调高低压充注阀均连接制冷剂加注机，打开阀门后开始抽真空过程，过程根据实际情况持续 5~10min，若结束后压力值仍偏高或原系统内水分含量偏多，则此过程可反复进行多次。

（3）保压　抽真空完毕后应关闭高低压软管阀门，10min 后观察压力值变化，若无明显反弹，则可认为此空调系统密封正常，可进行后续加注工作。

（4）制冷剂加注　按照车辆前舱指示标签所要求的加注量数值加注相应的制冷剂，加注过多或过少均会影响空调使用效果。

注意：①若采用简易方式加注，建议采用低压端加注，同时制冷剂罐体倒置，以保证液态制冷剂压力满足加注过程；②若在简易加注中仅由单一加注阀加注，加注困难时，可起动压缩机。

任务工单

见任务工单 14。

学习小结

1. 纯电动汽车空调系统与传统动力汽车基本相同，由压缩机、冷凝器、蒸发器、冷凝器风扇、风机、膨胀阀、储液干燥器和高低压管路附件等组成。传统汽车压缩机由发动机传动带通过电磁离合器带动，而纯电动汽车采用电动压缩机，电动压缩机由动力蓄电池提供的高压电驱动。

2. 混合式空调系统是由带式空调压缩机和电动空调压缩机共同组成的混合一体机。正常工作时，空调控制系统会选择最有效率的机械驱动模式或电驱动模式，它既可以由发动机驱动，也可以由电动机驱动，还可以由两者一起驱动。当发动机不工作时，电动机可以驱动空调压缩机继续工作，保证车内的温度。如果室外温度特别高，需要高速制冷，而电动机驱动不能满足制冷要求时，发动机系统将自动起动，将冷气源源不断地输送到车内。当车内温度已经稳定到最佳水平时，发动机自动关闭，节约油耗。

3. 遥控空调系统是指驾驶人通过智能手机应用程序或汽车密钥卡按钮激活的空调系统。在传统的混合动力汽车中，车内空调运行时间取决于动力蓄电池的荷电量（SOC），使用手机应用程序或汽车密钥卡将遥控空调打开后，最多可运行 3min。在插电式混合动力汽车中，遥控空调最多可以运行 10min，车内空间越大所需空调运作时间越长。

4. 电动汽车空调系统一般具有制冷、采暖、除霜、通风换气 4 种功能。电动压缩机自动调节式空调为蒸气压缩式循环制冷，制冷剂为 R410a，冷冻机油型号为 POE，控制方式为按键操纵式，自动空调箱体的模式风门、冷暖混合风门和内外循环风门由电动机控制。

5. 由空调驱动器驱动的电动压缩机将气态的制冷剂从蒸发器中抽出，并将其压入冷凝器。高压气态制冷剂经过冷凝器时会通过液化进行热交换（释放热量），热量被车外的空气带走。高压液态的制冷剂经膨胀阀的节流作用而降压，低压液态制冷剂在蒸发器中汽化而进行热交换（吸收热量），蒸发器附近被冷却的空气通过风机吹入车厢。蒸发器出来的气态的制冷剂又被压缩机抽走，泵入冷凝器，使制冷剂进行封闭的循环流动，不断地将车厢内的热量排到车外，降低车厢内的气温。

6. 热泵式暖风系统由传动带驱动直流无刷电动机提供动力。空调系统的制冷/制热模式由四通换向阀转换。在制热工况下，系统从融霜模式转换为制热模式时，风道内热交换器上的冷凝水将迅速蒸发，会在车辆的前风窗玻璃上结霜，影响驾驶的安全性。

7. PTC 电加热器是采用 PTC 热敏电阻元件为发热源的一种加热器。PTC 热敏电阻通常是用半导体材料制成的，电阻随温度变化而急剧变化。当外界温度降低，PTC 电阻值随之减小，发热量反而会相应增加。

思 考 题

纯电动汽车空调系统不能运行，可能是什么原因导致的？

复 习 题

1. 请叙述电动汽车空调系统的分类。
2. 请叙述电动汽车空调系统的组成。
3. 请叙述电动汽车空调制冷系统的工作原理。
4. 请叙述 PTC 水加热器式暖风系统的工作原理。

任务 6.2　电动汽车空调的结构与控制原理认知

任务载体

故障现象：某型号电动汽车可以正常上电，开启风机，按下 A/C 开关，吹出的风与自然风温度相同，压缩机不起动。

故障诊断：首先检查整车电量是否小于 20%，当电量小于 20% 时，将限制空调制冷系统的开启，以增加续航里程。

若电量大于 20%，则检查蒸发器温度传感器插接器是否连接牢固，并用万用表测量蒸发器温度传感器两端的电阻值是否处于 0.33~5.38kΩ 之间。如果范围超出，则判定为蒸发器温度传感器失效，应更换蒸发器温度传感器。

若蒸发器温度传感器正常，则检查空调管路中的压力开关电路是否连接正常，并使用万用表检测压力开关的导通性。如果压力开关不导通，则进行制冷剂压力的进一步检测。使用歧管压力表检测系统压力，读取压力表数值，此时高压侧与低压侧压力应该基本一致。若压力表读数小于 0.2MPa，则说明系统缺少制冷剂，系统需要排查漏点并重新加注制冷剂；若压力处于 0.2~0.8MPa 之间，则说明压力开关失效，应更换压力开关。

若压力开关正常，则使用万用表检查电动压缩机主电源电压是否处于 195~405V 之间，信号传输线束中 12V+ 和 12V- 之间电压是否在 9~16V 之间。如果上述电压不在正常范围之内，则应分别检查高低压电路是否正常连接。

如果上述检测结果正常，则需要对 CAN 信号进行检查：将诊断仪连接到车辆检测口，读取 VCU 发往压缩机的信息，查看 VCU 是否发出开启指令，压缩机是否执行 VCU 发出的指令。如果 VCU 未发出开启指令，则故障由 VCU 引起，应更换 VCU 或者刷新程序；如果压缩机没有执行 VCU 的开启指令，则故障由压缩机引起，应更换压缩机或刷新压缩机控制程序。

经检查，该车蒸发器温度传感器失效，更换蒸发器温度传感器后，空调系统恢复正常工作。

 学习目标

1. 能通过与客户交流、查阅相关维修技术资料等方式获取车辆信息。
2. 能根据故障现象制订正确的维修计划。
3. 能正确诊断电动汽车空调系统的零部件故障。
4. 能正确记录、分析各种检测结果并做出故障判断。
5. 能按照正确操作规范对电动汽车空调系统部件进行检查。
6. 能根据环保要求，正确处理对环境和人体有害的废料和损坏的零部件。

理论知识

6.2.1 电动汽车空调的结构

1. 电动压缩机

一般而言，电动空调压缩机是通过小型变频器驱动的交流电动机带动运转的。压缩机的变频器可以整合到压缩机组件中，或者并入到车辆的主变频器组件等部件里。电动空调压缩机将电动机整合到了空调压缩机室中后,压缩机并非由离合器控制,而是通过改变电动机转速来改变压缩机的输出功率。影响压缩机输出功率的因素包括蒸发器温度、车厢温度、环境温度及蒸发器目标温度等。

电动空调压缩机通过系统制冷剂在电动机周围或附近循环运动而对电动机进行冷却。由于空调系统的冷冻机油悬浮在制冷剂中,因此,冷冻机油不可以导电。常规的冷冻机油会污染系统,可能导致汽车车载诊断系统出现高压电搭铁故障。此时,若空调系统难以彻底清除污染油,可能需要更换整个部件。

比亚迪 e5 制冷系统采用的电动压缩机,额定功率为 2kW,安装在发动机舱左侧,固定在变速器上,如图 6-8 所示。系统工作时,高压压力为 2.0~3.0MPa;低压压力为 0.5~1MPa。

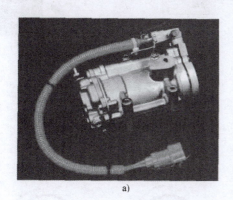 

a)   b)

图 6-8 电动压缩机
a) 实物 b) 安装位置

电动压缩机一般采用涡旋式压缩机,其外部连接如图 6-7a 所示,内部涡旋结构如图 6-9b 所示,工作过程如图 6-9c 所示。由于电动机同轴驱动压缩机,因此可通过调节电动机转速改变压缩机转速,实现空调压缩机排量及制冷量的灵活控制。

涡旋式压缩机包括一个固定涡管和一个旋转涡管,这两个相互啮合的涡管,其线形是相同的,它们相互错开180°安装在一起(即相位角相差180°)。固定涡管固定在机架上,旋转涡管由电动机直接驱动。旋转涡管是不能自转的,只能围绕固定涡管做很小回转半径的公转运动。当驱动电机旋转带动旋转涡管公转时,制冷剂气体通过滤芯吸入到固定涡管的外围部分,随着驱动轴的旋转,旋转涡管在固定涡管内按轨迹运转,使两涡管之间形成由外向内体积逐渐缩小的腔体,制冷剂气体在两涡管所组成的月牙形压缩腔内被逐步压缩,最后中心孔通过阀片将被压缩后的制冷剂气体连续排出。

涡旋式压缩机在主轴旋转一周时间内,其吸气、压缩、排气3个工作过程是同时进行的,其外侧空间与吸气口相通,始终处于吸气过程;其内侧空间与排气口相通,始终处于排气过程。

2. 三相永磁同步电动机

驱动电动汽车空调压缩机运转的是三相永磁同步电动机,而向空调三相永磁同步电动机供电的则是三相高压交流电。电动汽车的蓄电池只能提供直流电,为此必须使用变频器将蓄电池直流电转换为交流电,为空调压缩机和三相永磁同步电动机提供交流电源。

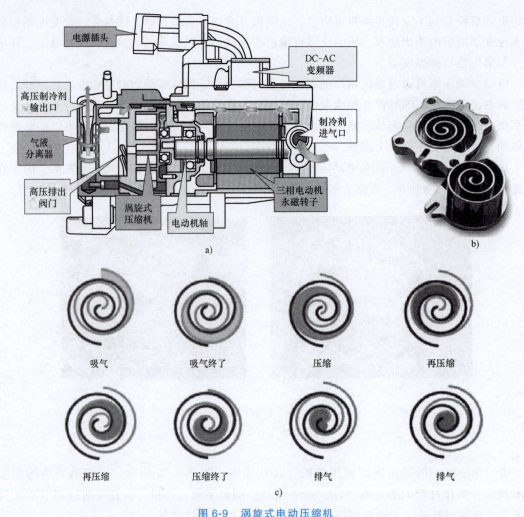

图 6-9 涡旋式电动压缩机
a) 外部连接 b) 内部涡旋结构 c) 工作过程

（1）三相永磁同步电动机的工作原理 三相永磁同步电动机主要由定子与转子组成，它利用通电的定子绕组产生旋转磁场，带动永磁转子同步旋转。定子通入三相对称交流电，从而在定子与转子的气隙间产生旋转磁场，不论定子旋转磁场与永磁转子起始时相对位置如何，定子的旋转磁极与转子的磁极间，总是会产生电磁力拖动转子同步旋转。由于转子有磁极，在极低频率下也能旋转运行，所以比异步电动机的调速范围更宽。

三相永磁同步电动机的工作原理如图 6-10 所示，中部圆圈表示永磁转子，永磁体按 N、S 磁极沿圆周径向交替排列，外部三个小线圈表示定子上输入的对称三相正弦波交流电，产生的旋转磁场与永磁转子相互作用拖动转子同步旋转，并力图使定子与转子的轴线对齐。图中 n_0 为

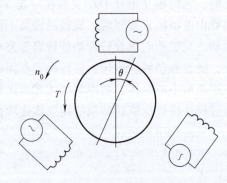

图 6-10 三相永磁同步电动机的工作原理

电动机的同步转速、T 为转矩、θ 为功率角。

空调三相永磁同步电动机转子虽与定子的旋转磁场能同步运行，但当转子有负荷阻力时，会使电动机转子与定子的磁场轴线间形成相位差。功率角 θ 表示转子与定子的磁场轴线间的夹角，负荷越大，功率角 θ 也越大，它虽不影响转子的同步运转，但当负荷阻力过大时，功率角 θ 将造成转子失速停转。由于汽车空调的中小负荷起动与运行特性，不易使电动机转子停转，故这种永磁同步电动机适合驱动空调。

（2）变频器　电动汽车空调的三相永磁同步电动机定子需要通入三相交流电，但电动汽车上只有高压直流蓄电池，所以需要变频器将直流电转化为交流电。电动空调的变频器使用了 6 个场效应晶体管，它是绝缘栅双极型晶体管（IGBT），属于电压控制类器件，其特点是栅极的驱动功率小而饱和压降低。IGBT 的导通或截止受控于栅极电压，该电压可以引起 IGBT 的源极与漏极间的通路或断路状况。

图 6-11 所示为变频器的工作原理，当 6 个 IGBT 的栅极按一定规律轮流加上占空比脉冲调制控制电压时，就会让蓄电池的直流高压电流经过变频器，在输出端形成三相正弦交流电流，利于三相永磁同步电动机平稳运转并产生的转矩以驱动空调压缩机。图 6-11 中与 IGBT 并联的二极管是电动机三相绕组的续流二极管，起保护 IGBT 的作用。

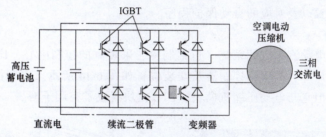

图 6-11　变频器的工作原理

（3）调节制冷剂的排量　通过控制永磁同步电动机定子各相绕组的通电频率及电流大小，可以高精度地调节电动机转子的转速与转矩，并能直接控制压缩机的转速，调节制冷剂的排量，以适合汽车运行对空调系统的要求。图 6-12 反映了输入电动机的三相交流电的波形，图 6-12a 表示三相交流电的频率高，使得驱动电动机的转速升高，电压的幅值大，使得电动机的驱动转矩更大；图 6-12b 则反之，电动机的转速低，输出转矩较小。

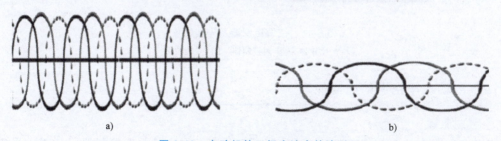

图 6-12　电动机的三相交流电的波形

a）频率高、转速高，电压幅值大、转矩大　b）频率低、转速低，电压幅值小、转矩小

3. PTC 水加热器

比亚迪 e5 暖风系统采用正温度系数（Positive Temperature Coefficient，PTC）水加热器，

其额定功率为 6kW，PTC 水加热器加热冷却液后供给暖风芯体（图 6-13a），其安装位置如图 6-13b 所示。

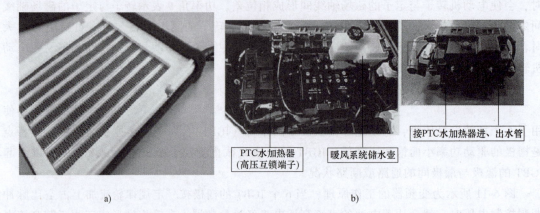

图 6-13　PTC 水加热器

a）暖风芯体　b）PTC 水加热器安装位置

该 PTC 水加热器自带冷却液温度传感器、高压互锁装置、IGBT 温度传感器、电压采集装置、电流采集装置以及对应的自动保护程序。

4. 空调控制器

空调控制器是电动汽车空调系统（包括制冷、采暖）的控制中心，比亚迪 e5 空调控制器安装在蒸发箱体底部，其空调控制器及安装位置如图 6-14 所示。空调控制器在整车 CAN 网络属于舒适网，但它与电动压缩机模块、PTC 模块组成了空调子网。

图 6-14　空调控制器及安装位置

a）比亚迪 e5 空调控制器　b）安装位置

6.2.2　电动汽车空调的控制原理

1. 控制原理

北汽 EV160 纯电动汽车空调系统的控制原理（图 6-15）是整车控制器（VCU）采集到空调 A/C 开关信号、空调压力开关信号、蒸发器温度信号、风速信号以及环境温度信号等信号后，经过运算处理形成控制信号，通过 CAN 总线传输给空调控制器，由空调控制器控制空调压缩机高压电路的通断。

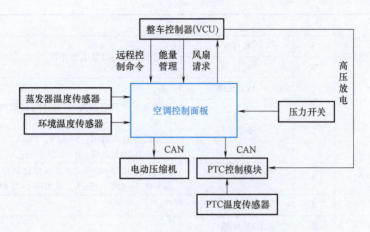

图 6-15 北汽 EV160 纯电动汽车空调系统的控制原理

2. 电动压缩机电路原理

电动压缩机电路原理如图 6-16 所示。空调继电器控制压缩机 12V 低压电源，低压电源电压是空调压缩机控制器的通信信号传输及控制功能得以正常运行的可靠保证。整车控制器（VCU）通过数据总线 CAN-H、CAN-L 与空调压缩机控制器相连接，压缩机控制器再控制空调压缩机的高压电源线 DC+ 与 DC- 通断。高低压互锁信号线在高压上电前会确保整个高压系统的完整性，使高压电在一个封闭的环境下工作，提高安全性。空调压缩机的高压线束与低压线束相互独立，空调压缩机插接器如图 6-17 所示，其中高压端子 B 与 DC+ 对应，为高压电源正极，A 与 DC- 对应，为高压电源负极。线束的各个端子定义见表 6-1。

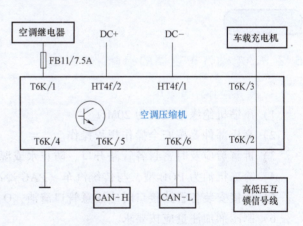

图 6-16 电动压缩机电路原理

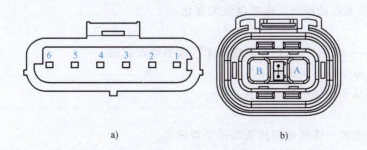

图 6-17 空调压缩机插接器
a) 低压插接器　b) 高压插接器

表 6-1 端子定义

插接器	端口	插口定义	备注
高压两针脚（动力插口）	A	高压正	控制器与动力蓄电池连接
	B	高压负	
低压六针脚（控制信号插口）	1	12V 正极	
	2	互锁信号	高电压或悬空为关闭（OFF），低电压或搭铁为开启（ON） 高电压输入范围：5~15V，15mA 低电压输入范围：0~0.8V，15mA
	3	互锁信号	信号形式为 400Hz PWM 占空比信号；电压：0~15V，高电压 5~15V、15mA，低电压 0~0.8V、15mA
	4	12V 负极	
	5	CAN-H 插口	
	6	CAN-L 插口	

另外，电动压缩机是否允许开启由 BMS 根据整车动力蓄电池电量情况及空调控制器指令判断。当整车动力蓄电池电量足够时，可开启空调制冷，使电动压缩机工作。

6.2.3 电动汽车空调的检修

1. 检修操作注意事项

1）压缩机绝缘电阻值为 20MΩ。
2）高压部件要按安全操作规程操作。
3）拆解后应及时密封各管路开口，防止水或湿空气进入系统。
4）冷冻机油为 POE 型，与传统汽车（PAG 冷冻机油）不同，勿混用。
5）连接安装各管路接口时应注意管口清洁，O 形密封圈要涂抹冷冻机油。
6）制冷剂加注量应按要求。
7）制冷剂喷出时应注意个人防护，要避免接触，以防冻伤、吸入及误入眼睛。

2. 电动汽车空调系统的故障诊断

以北汽新能源电动汽车 EV160 为例，说明空调系统故障诊断的方法。

（1）压缩机无起动声音，电源电流无变化

原因分析：

1）12V DC（或 24V DC）控制电源未接入驱动控制器。
2）控制电源电压不足或超压。
3）接插器端子接触不良或松脱。

检修步骤：

1）检查压缩机一体机电源插头端子是否松脱。
2）检查控制电源到驱动控制器之间的导线是否有短路。

（2）压缩机发出异常声音

原因分析：

1) 电动机缺相。
2) 冷凝器风扇无正常工作,系统压差过大,电动机负载过大。

检修步骤:
1) 检查驱动控制器与电动机连接的电源及相关导线,保证其接触良好及导通。
2) 保证冷凝器风扇正常工作,待系统压力平衡后再次起动。

(3) 压缩机无起动声音,电源电流无变化,各端口电压正常

原因分析:空调控制器未接收到空调系统的 A/C 开关信号。

检修步骤:
1) 检查 A/C 开关是否有故障。
2) 检查与 A/C 开关相连的导线是否短路。
3) 检查 A/C 开关连接方式是否正常(搭铁低电压 0~0.8V)。开启压缩机,接高电压或悬空关闭压缩机。

(4) 高压压力正常,低压压力偏低

原因分析:蒸发器表面结满灰尘,蒸发器表面翅片碰伤,温度驱动控制器失灵,风机风量减小(风量开关、变速电阻器损坏)。

检修方法:清洗及整理蒸发器表面,检修温控器、风机、风量开关、变速电阻器,当更换蒸发器时必须向系统内加注 30~50mL 冷冻机油。

(5) 开启空调前后声音变化

原因分析:当开动空调后,电动机与压缩机的旋转均会产生声音,电动机转动引起整体振动的频率有微小差异,使最后传出的声音有差异,故在车静止时人感觉电动机和压缩机的声音有差别,个别会认为是异响。

排除方法:首先检查安装部位是否达标,其次判断制冷剂加注量及加注过程是否符合标准,最后检查空调系统中运动件声音,判定压缩机工作声音是否正常,可用听诊器直接放在压缩机上听取,若是电动机内部零件有运转及摩擦声音,则属正常工作声音。

3. 电动压缩机常见故障原因及排除

(1) 电动压缩机常见故障及排除方法 空调电动压缩机不能工作的故障可能是机械故障或电气系统故障,其常见故障原因及排除方法见表 6-2。

表 6-2 电动压缩机常见故障原因及排除方法

故障	现象	原因	排除方法
驱动控制器不工作,压缩机不工作	压缩机无起动声音,电源电流无变化	① 12V 控制电源未通入驱动控制器 ② 控制电源电压不足或超压 ③ 接插器端子接触不良或松脱	① 检查驱动控制器控制电源插头端子是否松脱 ② 检查控制电源到驱动控制器之间的导线是否有断路 ③ 测量控制电源电压是否达到要求(对 12V DC 控制电源驱动控制器,控制电源至少大于 9V DC,不得高于 15V DC)
驱动控制器工作正常,压缩机不正常工作	压缩机发出异常声音	① 电动机缺相 ② 冷凝器风扇未正常工作,系统压差过大,电动机负载过大	① 检查驱动控制器与电动机连接的三相插头及相关导线,保证其接触良好及导通 ② 保证冷凝器风扇正常工作,待系统压力平衡后再次起动

（续）

故障	现象	原因	排除方法
驱动控制器工作正常，压缩机不工作	压缩机无起动声音，电源电流无变化，各端口电压正常	驱动控制器未接收到空调系统的 A/C 开关信号	① 检查 A/C 开关是否有故障 ② 检查与/AC 开关相连的导线是否断路 ③ A/C 开关连接方式是否正确（搭铁低电压 0~0.8V）；开启压缩机，接高电压或悬空关闭压缩机
驱动控制器工作正常，压缩机不工作	压缩机无起动声音，电源电流无变化，高压端口电压不足或无供电	欠电压保护启动	关闭整车主电源 ① 检查驱动控制器主电源输入接口处的接插器端子是否有松脱 ② 主电源到驱动控制器之间的导线是否断路 ③ 控制主电源输入的继电器是否正常工作
驱动控制器自检正常，压缩机不工作	压缩机起动时有轻微抖动，电源电流有变化随后降为 0	① 冷凝器风扇未正常工作，系统压差过大，电动机负载过大导致的过电流保护启动 ② 电动机缺相导致的过电流保护启动	① 保证冷凝器风扇正常工作，待系统压力平衡后再次启动 ② 检查驱动控制器与电动机连接的三相插头及相关导线，保证其接触良好及导通

(2) 电动压缩机及其控制电路的检测　压缩机是空调制冷系统制冷剂循环的动力。压缩机的故障可能是机械故障或电气系统故障，电气系统故障又分为高压电控制系统故障和低压电控制系统故障，压缩机的高压电上电受到低压电控制。空调压缩机高压电不能上电，无法正常工作，一般是由于低压控制系统的故障引起的。因此，空调压缩机的电气故障诊断重点从低压电路控制系统开始。

1）空调压缩机故障的判别。压缩机维修诊断会有高压电危险，操作前一定要穿橡胶绝缘鞋，戴绝缘手套，严格按照高压电的操作规范操作。以 EV600 为例，举升汽车，拆下空调压缩机低压插接器时，要识别压缩机低压插接器及高压插接器（图 6-18）。

图 6-18　空调压缩机低压插接器与高压插接器

2）测量搭铁线、CAN 总线。点火开关处于"OFF"状态，断开空调压缩机低压插接器，分别测量搭铁线、CAN 总线。

搭铁线的测量：用万用表测量低压插接器 4 号端子与车身之间的电阻（图 6-19），其正常电阻应不超过 1Ω，如果电阻无穷大，则故障为搭铁线断路。若搭铁线有故障，压缩机控制器将无法控制压缩机工作。

空调压缩机 CAN 总线电阻的测量：用万用表测量低压插接器 5 号端子与 6 号端子之间的电阻（图 6-20），其电阻值约 60Ω，若电阻无穷大，则故障为断路；若电阻接近于 0，则可能为 CAN-H 与 CAN-L 短路或与其连接的相关部件有短路现象。

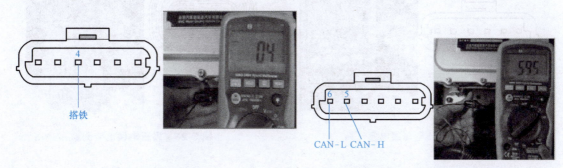

图 6-19　搭铁测量　　　　　　　　　图 6-20　CAN 总线电阻测量

空调压缩机 CAN 总线的搭铁短路测量：用万用表分别测量低压插接器 5 号端子与车身、6 号端子与车身之间的电阻（图 6-21），电阻值应为无穷大，若电阻接近于 0，则故障为导线有搭铁现象。导线搭铁短路往往是由于导线绝缘胶老化、磨损导致导线的金属直接与车身相通。

3）空调压缩机高低压互锁信号线的测量：用万用表测量空调压缩机低压插接器内部 2 号端子与 3 号端子之间的电阻（图 6-22），电阻值应小于 1Ω，如果电阻无穷大，则故障为电路断路。

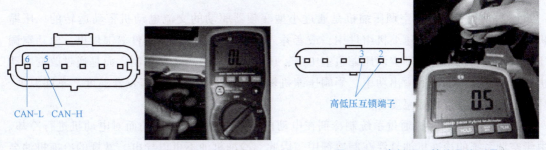

图 6-21　CAN 总线搭铁短路测量　　　　　　图 6-22　高低压互锁信号线测量

4）12V 低压电源线测量：点火开关旋至"ON"档，用万用表测量低压插接器 1 号端子的直流电压（图 6-23），电压值应为 9~14V，如果测得电压为 0，则检查 FBII/7.5A 熔丝、空调继电器，若熔丝及继电器良好，则检查低压插接器 1 号端子与 FBII/7.5A 熔丝之间有否断路。

5）空调压缩机高压电线 A、B 电流的测量：连接空调压缩机高压插接器，把点火开关旋至"ON"档，打开空调"A/C"开关，把风量开至最大，用数字钳形表分别测量高压电线 A 和 B 的电流（图 6-24），电流值应为 1~1.5A；若电流值为 0，在检查动力蓄电池高压插接器以及高压控制盒高压线束插接器。如果插接器正常，则为空调压缩机内部控制器故障。

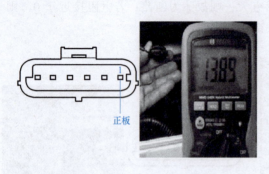

正极

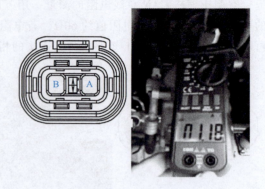

图 6-23 低压电源线电压测量　　　　　　图 6-24 高压电线电流测量

（3）修复及检验　对于检查出的故障点，进行修复或更换元件，连接空调压缩机高压插接器与低压插接器，装复蓄电池负极，确保各元件连接正常。把点火开关旋至"ON"档，打开空调"A/C"开关，风量开至最大，空调系统应工作正常；用压力表组测量空调系统高低压管路压力，低压管路压力应为 0.25～0.35MPa，高压管路压力应为 1.3～1.5MPa；不开空调时，系统低压侧与高压侧压力应平衡，压力应约为 0.6MPa。

 任务工单

见任务工单 15。

 学习小结

1. 一般而言，电动空调压缩机是通过小型变频器驱动的交流电动机带动运转的。压缩机的变频器可以整合到压缩机组件中，或者并入到车辆的主变频器组件等部件里。电动空调压缩机将电动机整合到了空调压缩机室中后，压缩机并非由离合器控制，而是通过改变电动机转速来改变压缩机的输出功率。影响压缩机输出功率的因素包括蒸发器温度、车厢温度、环境温度及蒸发器目标温度等。

2. 电动空调压缩机通过系统制冷剂在电动机周围或附近循环运动而对电动机进行冷却。由于空调系统的冷冻机油悬浮在制冷剂中，因此，冷冻机油不可以导电。常规的冷冻机油会污染系统，可能导致汽车车载诊断系统出现高压电搭铁故障。此时，若空调系统难以彻底清除污染油，可能需要更换整个部件。

3. 驱动电动汽车空调压缩机运转的是三相永磁同步电动机，而向空调三相永磁同步电动机供电的则是三相高压交流电。电动汽车的蓄电池只能提供直流电，为此必须使用变频器将蓄电池直流电转换为交流电，为空调压缩机和三相永磁同步电动机提供交流电源。

 自我测试

思　考　题

电动汽车空调系统中，若压缩机不能正常工作，可能是什么原因导致的？

复 习 题

1. 请叙述三相永磁同步电动机的工作原理。
2. 电动汽车空调系统维修操作注意事项有哪些？
3. 电动汽车空调压缩机无起动声音，电源电流无变化的故障检修步骤是什么？
4. 电动汽车空调压缩机发出异常声音的故障检修步骤是什么？

学习情境 7

空调系统基本检修操作

任务 7.1 认识空调系统基本检修工具

故障现象：一辆帕萨特 B5 汽车行驶过程中空调突然停止运行，但有时又恢复正常。

故障解决：根据故障现象分析，初步认为可能是空调压力过高导致压缩机不工作。为此首先检修空调系统的管路，发现空调压力在正常范围内，同时对冷凝器和蒸发器进行清洗，确认散热系统良好。再次试车，发现该车冷气突然消失，压缩机不工作。压缩机一般在以下几种情况时不工作：①发动机急加速工况；②冷却液温度高于 125℃；③空调系统的高压系统压力大于 320kPa。可是经过检查，这些情况都不存在，那就可能是电路的问题。首先检修空调系统的熔丝，一切正常。在该空调电路里，空调系统压力开关 F129 的主要作用是当系统压力过低（小于 200kPa）时，切断空调压缩机；当压力过高（大于 3000kPa）时，切断系统工作，以保护压缩机；当制冷剂循环压力升高时，提高冷凝器风扇风速，优化冷凝器性能。拔下空调压力开关 F129 插头，当 A/C 开关接通时，测量 2 号端棕色或白色线应为 12V 电压，实际测量结果为 0V，于是查找电压异常的原因。顺着连接电路，发现在发动机左侧转向助力泵罐饰罩下有一过渡 4 针转换插头，拔下后发现该插头浸水并已氧化，因此引起空调电路不良。清洁插头后故障排除。

1. 能通过与客户交流、查阅相关维修技术资料等方式获取车辆信息。

2. 能根据故障现象制订正确的维修计划。
3. 能正确选择诊断设备对空调系统故障进行诊断。
4. 能正确记录、分析各种检测结果并做出故障判断。
5. 能按照正确操作规范进行空调系统部件的更换。
6. 能根据环保要求，正确处理对环境和人体有害的废料和损坏的零部件。

 理论知识

检修汽车空调时，除了使用各类扳手、螺钉旋具、钳子、锉刀、万用表、电烙铁、电钻、钢锯、电筒等常用工具外，还必须具备一套专用的检修工具和设备，用于对制冷系统检测和维修作业。检修工具和设备主要有歧管压力计、真空泵、制冷剂罐注入阀、制冷剂回收加注机等。

7.1.1 歧管压力计

歧管压力计也称压力表组，它由两个压力表（低压表和高压表）、两个手动阀（低压手动阀和高压手动阀）、三个软管接头（一个接低压手动阀，一个接高压手动阀，一个接制冷剂罐或真空泵吸入口）和歧管座组成，如图7-1所示。

歧管压力计用橡胶软管与汽车空调系统连接，在橡胶软管末端接头上带有顶销，用于顶开压缩机上的气门阀。橡胶软管有多种颜色，按规定，蓝色软管用于低压侧，红色软管用于高压侧，绿色、白色或黄色软管用于连接歧管压力计上的中间接口，橡胶软管应耐油、耐压。

歧管压力计主要用于对空调系统抽真空、充入或放出制冷剂以及判定空调系统故障等。

1）低压手动阀（LO）开启，高压手动阀（HI）关闭，此时可以从低压侧向制冷系统充注气态制冷剂。

2）低压手动阀（LO）关闭，高压手动阀

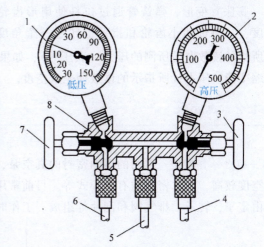

图7-1 歧管压力计
1—低压表（蓝） 2—高压表（红） 3—高压手动阀（HI）
4—高压侧软管（红） 5—维修用软管（绿）
6—低压侧软管（蓝） 7—低压手动阀（LO）
8—歧管座

（HI）开启，此时可使系统放空，排出制冷剂，也可以从高压侧向制冷系统充注液态制冷剂。

3）两个手动阀均关闭，可用于检测高压侧和低压侧的压力。

4）两个手动阀均开启，内部通道全部相通。如果接上真空泵，就可以对系统抽真空。压力表上所标出的压力一般为表压力，为了抽真空时应用方便，压力表上还标有真空刻度。

通常，歧管压力计上的3个接头都已分别与注入软管接好。当制冷系统管路内有制冷剂时，可按如下步骤把歧管压力计与空调制冷系统检修阀连接起来。

1）用工具卸下装在压缩机上的检修阀压力表接口及调节杆上的螺母，注意动作要缓慢，以防制冷剂漏出伤人。

2) 关闭歧管压力计上的两个手动阀。

3) 把歧管压力计上的低压软管连接到低压侧检修阀上，高压软管连接到高压侧检修阀上，中间软管的另一端用布包好后放在一块干净的布片上。各软管接头只能用手拧紧。

4) 使用阀门扳手把检修阀调到"中位"（对于气门阀无须进行此步骤）。

5) 把歧管压力计上的低压手动阀稍微打开几秒钟，其目的是利用系统内的制冷剂将低压软管内的空气排出，然后将其关闭，再用同样的方法排出高压软管内的空气。

这样，歧管压力计与空调制冷系统就连接起来了。当要卸下歧管压力计时，应先将检修阀调到"后位"，然后卸下注入软管并将其与备用接头连接起来，以免软管内部受到污染。

歧管压力计的压力表一般采用弹簧管式，其结构如图7-2所示。当具有一定压力的制冷剂充到接头弹簧管时，由于弹簧管内外压差的作用，将使弹簧管（膨胀）变形，弹簧管通过拉杆使扇形齿轮转一角度，从而带动小齿轮和指针也转过一个角度，指

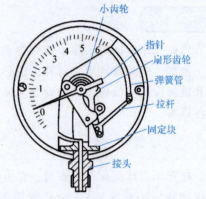

图7-2 弹簧管式压力表结构

针所指的读数即是所测的压力（表压力）；如果被测的制冷剂压力低于大气压力，则弹簧管收缩变形，压力计所指示的读数便是真空度。

7.1.2 真空泵

真空泵是汽车空调制冷系统安装、维修后抽真空不可缺少的设备，它用来去除系统内的空气和水分等物质。常用的用油密封的真空泵，有滑阀式和刮片式两种。用油密封的真空泵真空度较高，用水密封的有水环式等。目前常用的刮片式真空泵的结构如图7-3所示，它主要由定子、转子、排气阀和刮片等组成。工作时，弹簧弹力将两只刮片紧贴在气缸壁上，以

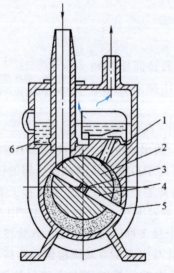

图7-3 刮片式真空泵的结构

1—排气阀 2—转子 3—弹簧 4—刮片 5—定子 6—油

保证其密封性，定子上的进、排气口被转子和刮片分隔成两部分。当转子旋转时，一方面周期性地把进气口附近的容积逐渐扩大而吸入气体；另一方面又逐渐缩小排气口附近的容积，将吸入的气体压出排气阀，从而达到抽真空的目的。

7.1.3 制冷剂罐注入阀

制冷剂罐注入阀是打开小容量（400g左右）制冷剂罐的专用工具，它利用蝶形手柄前部的针阀刺破制冷剂罐，通过螺纹接头把制冷剂引入歧管压力计，如图7-4所示。其使用方法是：

1）在制冷剂罐上安装制冷剂罐注入阀之前，应按逆时针方向转动蝶形手柄，使其前端的针阀完全缩回；再逆时针转动盘形锁紧螺母，使其升高到最高位置。

2）把注入阀装到制冷剂罐顶部的螺纹槽内，顺时针旋下盘形锁紧螺母，并用手充分拧紧，使注入阀固定牢靠，把注入阀接头与歧管压力计上的中间软管接头连接起来。

3）确认歧管压力计上的两个手动阀均处于关闭状态。

4）顺时针转动蝶形手柄，用针阀在制冷剂罐上刺一小孔。

5）如果此时需要加注制冷剂，应逆时针转动蝶形手柄，使针阀收回，同时要打开歧管压力计的相应手动阀，让制冷剂注入汽车空调制冷系统。

6）如要停止充注制冷剂，应顺时针转动蝶形手柄，使针阀下落到制冷剂罐上刚开的小孔上，使小孔封闭，同时要关闭歧管压力计上的相应手动阀。

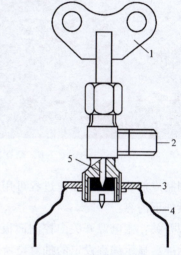

图7-4 制冷剂罐注入阀
1—蝶形手柄 2—螺纹接头 3—盘形锁紧螺母
4—制冷剂罐 5—针阀

7.1.4 制冷剂回收加注机

国内汽车空调维修使用的制冷剂回收加注机有很多类型（图7-5），它们都能够完成汽车

图7-5 制冷剂回收加注机

空调系统制冷剂排放、制冷剂回收、系统排真空、定量添加制冷剂和冷冻机油等各种任务。

制冷剂回收加注机一次连接就能够完成空调系统制冷剂排放、抽真空和重新加注制冷剂的操作。

（1）制冷剂回收加注机的功能 制冷剂回收加注机控制面板的功能如图 7-6 所示。

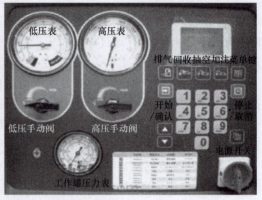

图 7-6　制冷剂回收加注机控制面板的功能

空调制冷剂的回收和加注过程可用加注机上的按钮控制，并通过指示灯监测操作过程，主要包括如下内容：

电源开关：主电源开关向控制面板供电。

显示屏：显示编程设定的抽真空所需时间和重新加注的制冷剂量。

低压表：显示系统低压侧压力。

高压表：显示系统高压侧压力。

控制面板：它包括控制各种操作功能的控制钮。

低压手动阀：用于连接空调系统低压侧和加注机。

湿度指示灯：指示制冷剂是否潮湿。

高压手动阀：用于连接空调系统高压侧和加注机。

（2）制冷剂回收操作 注意：建议使用为加注机专门设计的制冷剂罐；加注机的防过充机构是专为使用这种制冷剂罐而校准的，而制冷剂罐的罐阀也是专门为该装置制造的。

1）将带快速接头的高压侧软管连接到车辆空调系统的高压侧接头上，并打开高压侧接头阀。

2）将带快速接头的低压侧软管连接到车辆空调系统的低压侧接头上，并打开低压侧接头阀。

维修提示：在回收过程中，如果系统中没有制冷剂，则压力表指针显示负压，为抽真空状态，此时应立即停止回收操作，否则会将空气吸入回收罐，甚至损坏回收机中的压缩机。

3）检查加注机控制面板上的高压表和低压表，确保空调系统有压力。如果没有压力，则系统中没有可回收的制冷剂。

4）打开高压侧和低压侧阀门，并打开制冷剂罐上的气体和液体阀。

5）排空气液分离器中的冷冻机油，关闭放油阀。

6）将加注机连接到合适的电源插座上。

7）接通主电源开关。

维修提示：禁止将旧的冷冻机油和新的冷冻机油混合在一起。旧冷冻机油中可能混有铝或其他异物，重新加注空调系统时，务必使用新的冷冻机油。

部分空调系统的冷冻机油可能会随同制冷剂一起被回收。回收的冷冻机油油量不确定。加注机能将冷冻机油和制冷剂分离，因此能确定回收的冷冻机油油量。在重新加注系统时，要添加等量的冷冻机油。

8）开始回收过程。

9）等候 5min，然后检查控制面板低压表。如果空调系统保持真空，则表明回收完毕。

10）如果低压表从零开始回升，则系统中还有制冷剂，回收剩下的制冷剂。重复本步骤，直到系统能保持真空 5min。

（3）空调系统抽真空操作　加注机制冷剂罐必须装有足够量的 R134a 制冷剂以进行加注。检查罐内制冷剂量，如果制冷剂量不到 3.6kg（各种车型有所不同），则向制冷剂罐中添加新的制冷剂。

1）检查高压侧和低压侧软管是否连接到空调系统上，打开加注机控制面板上的高压侧和低压侧阀。

2）打开制冷剂罐上的气体和液体阀。

注意：必须先将系统排空，才能重新加注新制冷剂或经过再生处理的制冷剂。

3）起动真空泵并开始抽真空程序。在回收过程中，不可凝结的气体（大部分为空气）将自动从罐中排出，会听到泄压声。

4）检查系统是否泄漏。

（4）空调系统冷冻机油的加注补充　**注意**：必须补充回收期间从空调系统排出的冷冻机油。

1）使用专供 R134a 系统使用的带刻度的瓶装冷冻机油。

2）向系统添加适量冷冻机油。

3）当注入的机油油量达到要求时，关闭阀门。

维修提示：采用单管加注，关闭低压阀（防液击），打开高压阀。

注意：一定要盖紧冷冻机油瓶盖，以防湿气或污染物进入冷冻机油。这项操作要求空调系统有一定的真空度，因此禁止在空调系统有正压时打开冷冻机油加注阀，否则会导致冷冻机油通过油瓶通气口回流。在加注或补充冷冻机油时，油面不可低于吸油管，否则空气会进入空调系统。

（5）加注制冷剂　加注前先将空调系统抽真空。

1）关闭控制面板上的低压侧阀。

2）关闭控制面板上的高压侧阀。

3）向空调中加注必需的制冷剂量，确保计量单位正确（kg）。

4）开始加注。

注意：进行单管加注，即关闭低压阀，打开高压阀。加注完成后，根据界面显示，应关闭快速接头，取下高、低压管。

5）制冷剂加注完成。

(6) 整理加注机连接

1) 关闭加注机控制面板上的高、低压侧阀。
2) 起动车辆和空调系统。
3) 保持发动机运行,直到高压表和低压表读数稳定,并将读数与系统规格进行比较。
4) 检查蒸发器出口温度,确保空调系统的操作符合系统规格。
5) 保持空调运行。
6) 关闭高压侧快速接头阀,并从车上断开高压侧软管。
7) 在控制面板上打开高压侧和低压侧阀。系统将通过低压侧软管迅速吸入两条软管中的制冷剂。
8) 关闭低压侧快速接头阀。
9) 从车上断开低压侧软管。

(7) 汽车空调制冷剂回收加注机使用注意事项

1) 在打开接头前,应先将接头处和接头周围的油污擦干净,减少油污进入系统的可能性。
2) 在接头断开后,应立即用盖帽、塞子或胶带封住接头两端,防止油污、异物和湿气进入。
3) 保持所有工具清洁、干燥,包括歧管压力计组件和所有替换件。
4) 用清洁、干燥的输送装置和容器来添加冷冻机油,尽可能保证冷冻机油不受湿气影响。
5) 操作时尽可能缩短空调系统内部暴露在空气中的时间。
6) 空调系统内部暴露于空气后必须重新抽真空和加注制冷剂。所有维修件出厂前都进行了干燥和密封,只有在即将安装时才能打开这些密封的零件。拆封前,所有零件应处于室温,以防止空气中的水分凝结在零件上或进入系统内部,并尽快重新密封所有零件。

> **拓展阅读**

7.1.5 其他工具

1. 维修阀

汽车空调制冷系统是一个封闭的系统,为检修方便,通常在制冷系统管路上设置有检修阀,它可与歧管压力计等检修设备连接以便进行故障诊断与维修操作,而不用打开制冷系统管路。

大多数汽车空调制冷系统中都有两个检修阀,分别设置在高压侧和低压侧,某些汽车空调上装有3个检修阀。常用的检修阀有气门阀(自动阀)和手动阀两种。

(1) 气门阀 气门阀又称阀芯型检修阀,也称施拉德尔阀,其结构如图7-7所示,此阀芯类似于汽车轮胎上的气门芯结构。它有开启和闭合两个位置,通常处于闭合状态。当要检修制冷系统时,把带有顶销的注入软管接头连接在气门阀上,顶销就把气门阀的阀芯顶开,系统管路便与注入软管相连通,制冷剂能进入检测用软管,这时,即可进行检测和维修作业。卸去检测用软管时,气门阀则会自动关闭系统接口,起到良好的密封作用。

将检测软管与该阀连接时,应注意的是,只有注入软管一端连接在歧管压力计上后,另一端才能连接在气门阀上。当连接好后,软管的另一端不能从歧管压力计上拆除,否则,将

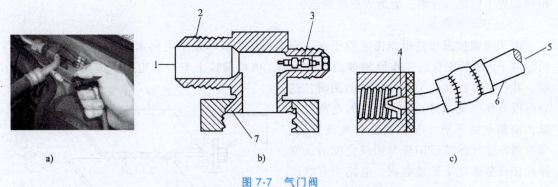

图 7-7 气门阀

a) 实物图 b) 结构图 c) 连接图

1—通向制冷系统管路 2—检修接口 3—气门阀 4—顶销 5—通向压力表 6—注入软管 7—通向压缩机

会引起制冷剂流失。

(2) 手动检修阀　手动检修阀是一种以手动方式控制制冷剂流向的三通阀，通常布置在压缩机上，标有英文字母 S 的为低压侧检修阀，标有英文字母 O 的为高压侧检修阀。

卸下检修阀的保护帽后，可以看到一个方形调节杆，用合适的扳手拧动调节杆时，可使阀处于 3 种不同的位置，即前位、后位和中位（图 7-8）。

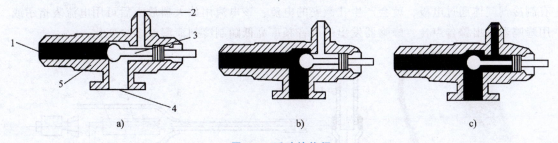

图 7-8 手动检修阀

a) 前位 b) 后位 c) 中位

1—制冷系统管路接口 2—压力表接口 3—柱塞 4—压缩机接口 5—阀体

1) 前位（图 7-8a）：将调节杆顺时针旋到底时，检修阀即处于前位，这时制冷剂不能流到压缩机，压缩机从制冷系统中隔离出来，以便对它进行检修或更换。在这一位置时，压缩机仅与压力表接口相通，如果压力表接口保护帽未去掉而运转压缩机，高压制冷剂将无法排出，会导致压缩机损坏。

2) 后位（图 7-8b）：将调节杆逆时针旋转到底时，检修阀即处于后位，后位是检修阀的正常工作位置，制冷剂能通过压缩机正常循环，此时压力表接口被关闭，制冷剂到达不了压力表，歧管压力计不能测出制冷剂压力值。

3) 中位（图 7-8c）：从后位顺时针（或从前位逆时针）旋转调节杆 1~2 圈，检修阀即处于中位（三通位置），制冷剂可在整个系统内流通，制冷剂可到达压力表口，以便测量压力。中位主要用于对制冷系统进行检修作业，如充注或放出制冷剂，抽真空，此时也可用歧管压力计来判断故障等。

注意：在打开手动检修阀上的压力表接口前或要从检修阀上拆除注入软管时，一定要将检修阀处于后位，否则，会造成制冷剂流失。

2. 电子卤素检漏仪

电子卤素检漏仪是根据卤素原子在一定的电场中极易发生电离而产生电流的原理制成的。电子卤素检漏仪的工作原理如图7-9所示，该检漏仪上有一对电极，加热由铂做的阳极，并在它附近放一个带有负电的阴极，这对电极放在空气中时，由于空气的电离度很低，检测电路不通，电流表没有电流指示。当有制冷剂气体流经阳极与阴极之间时，气体在铱合金催化下迅速电离，电路中有电流通过，制冷剂浓度越大，电离越大，电路中的电流也越大。这些可以通过串联在回路中的电流表反映出来，也可以由蜂鸣器的声音大小反映出来，由此可检测出制冷剂气体的浓度，达到检漏的目的。

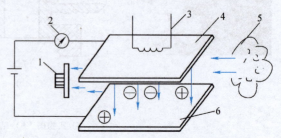

图 7-9　电子卤素检漏仪的工作原理
1—吸气微型风扇　2—电流表　3—加热器
4—阳极　5—气态制冷剂　6—阴极

实际使用中的电子卤素检漏仪结构如图7-10所示。在圆筒状铂阳极里放一个加热器，使阳极温度达800℃左右，在阳极外侧放一只圆筒状的阴极，在阴、阳极之间加直流电压。为使气体在电极间流过，设有一只吸气微型风扇通过吸气管将泄漏部位的气体吸入电极，若有制冷剂气体通过电极，就会产生几微安的电流，该电流用放大器放大后可用电流表指示或用蜂鸣器发出警告声音，蜂鸣器发出的声音频率高低随制冷剂泄漏量多少变化。

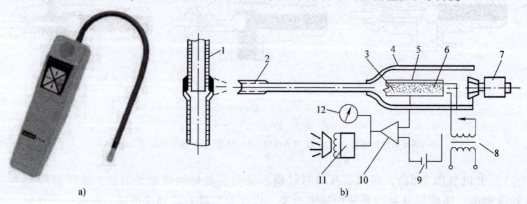

a) 　　　　　　　　　　b)

图 7-10　电子卤素检漏仪结构
a) 实物图　b) 结构图
1—制冷系统管路　2—吸嘴　3—加热器　4—外壳　5—阴极　6—阳极　7—吸气微型风扇
8—升压变压器　9—电源　10—放大器　11—蜂鸣器　12—电流表

> 实践技能 ▶▶▶

7.1.6　汽车空调系统的定期维护

作为汽车上很重要的一个系统，除了由驾驶人进行的一些日常维护和检查工作外，在汽车空调的使用过程中，还应由汽车空调专业维修人员对空调系统各总成和部件做一些必要的定期维护和调整检查工作，才能更好地保证汽车空调的使用寿命和工作可靠性。乘用车空调的定期维护项目主要有以下几项：

（1）压缩机的检查和维护　一般是每3年进行1次，主要检查进、排气压力是否符合要求，各紧固件是否松动，是否有漏气现象。拆开后主要检查进、排气阀片是否有破损和变形现象，如有应修整或更换进排气阀总成。压缩机拆修后必须更换各密封圈和轴封，否则会造成压缩机密封处泄漏。

（2）冷凝器及冷凝器风扇的检查和维护　一般每1年进行1次，维护内容主要是彻底清扫或清洗冷凝器表面的杂质、灰尘，用扁嘴钳扶正和修复冷凝器的散热片，仔细检查冷凝器表面是否有异常情况，并用检漏仪检查制冷剂有无泄漏。若防锈涂料脱落，则应重新涂刷，以防止生锈穿孔而泄漏。检查冷凝器风扇是否运转正常，检查风扇电动机的电刷是否磨损过量。

（3）蒸发器的检查和维护　一般应每1年用检漏仪进行1次检漏作业，每2~3年应打开蒸发器盖，对蒸发器内部进行清扫，清除送风通道内的杂物。

（4）电磁离合器的检查和维护　每1~2年应检修1次，重点检查其动作是否正常，是否有打滑现象，接合面是否磨损，离合器轴承是否严重磨损。同时，还必须用塞尺检查其电磁离合器间隙是否符合要求。

（5）储液干燥器的更换　乘用车空调在正常使用情况下，一般每3年左右应更换1个储液干燥器，若因使用不当使系统进入水分，则应及时更换。另外，若系统管路被打开，则一般也应更换储液干燥器。

（6）膨胀阀的维护　一般每1~2年检查1次其动作是否正常，开度大小是否合适，进口滤网是否被堵塞，若不正常应更换或做适当调整。

（7）制冷系统管路的维护

1）管接头：每1年检查1次，并用检漏仪检查其密封情况。

2）软管：检查其是否与其他部件相碰，检查软管是否有老化、裂纹现象，一般每3~5年应更换软管。

（8）驱动机构的检查和维护

1）V带：每使用100h应检查1次张紧度和磨损情况，使用3年左右应更换新品。

2）张紧轮及轴承：每1年检查1次，并加注润滑油。

（9）冷冻机油的更换　一般每2年左右检查或更换，若管路有较大泄漏，应及时检查或补充冷冻机油。

（10）安全装置的检查与更换　高压开关、低压开关、冷却液温度开关等关系到空调系统是否能安全、可靠地工作的安全装置，一般应每1年检查1次，每5年更换1次。

（11）怠速提升装置应每年检查和调整1次

（12）其他事项

1）装配螺栓、螺母等紧固件应每3个月紧固1次。

2）防振隔振橡胶应每年检查其是否老化、变形，若有故障应及时更换。

3）管道保温材料应每年检查1次是否老化失效。

4）制冷状况的检查应每2年进行1次，一般测量进、出风口温差应在7~10℃。

上述定期检查和维护周期应根据空调运行的具体情况执行，不可生搬硬套。例如，对于空调使用十分频繁的南方地区，可适当缩短维护周期，而对于北方地区，每年空调运行时间相对较短，可适当延长维护周期。

7.1.7 压缩机压力异常故障诊断

1. 吸气压力过高，排气压力正常隐含故障的排除

1) 车内温度过高（引起制冷负荷加大）。此时应采取的措施是关闭车门窗和外部气源门；若还不能恢复正常，则应检查门窗和气源门的密封性，若密封性不良应予维修。

2) 膨胀阀感温包松动或绝热不良，此时应将松动的感温包扎紧，并加强绝热，以保证接触良好。

3) 膨胀阀常开，应更换。

4) 膨胀阀感温包内制冷剂漏光，应更换感温包。

5) 压缩机阀门簧片损坏，更换阀门簧片。

6) 压缩机气缸垫漏气，更换气缸垫。

2. 吸气压力正常，排气压力过高隐含故障的排除

1) 管路堵塞（制冷剂中含有杂物），堵塞处有结霜，此时应将不洁的制冷剂全部换掉。

2) 储液干燥器堵塞。

3) 冷凝器表面有杂物，应除去杂物和灰尘。

4) 发动机散热器和冷凝器距离过小，应卸开重新进行安装，以增加它们的距离，降低冷凝器温度。

5) 冷凝器风扇风量不够，应更换风扇。

6) 制冷剂充注过量，应排除多余的制冷剂。

3. 吸气压力过高，排气压力也过高的故障排除

1) 车内温度过高。关闭外循环阀门，维修门窗密封不良处。

2) 冷凝器风量不够，应增加冷凝器处冷却风量。

3) 冷凝器风扇不转或不对中。检查原因，维修风扇。

4) 冷凝器和发动机散热器距离太近。用前述方法调整两者距离。

5) 系统充注制冷剂过量，排出过量的制冷剂。

6) 系统内混入空气应排出空气。

4. 吸气压力过高、排气压力过低故障排除

1) 压缩机阀门或阀片故障，应更换阀门或阀片。

2) 压缩机气缸垫损坏，更换气缸垫。

3) 恒温开关失准或在蒸发器中安装不正确，此时应重新校准恒温开关，感温包或热敏电阻应安装良好，并安装在最能代表蒸发器温度之处。

4) 蒸发器压力控制器压力调定过高，应重新调整。

5. 吸气压力过低，排气压力也过低隐含故障的排除

1) 系统制冷剂量不足，先查是否泄漏，补漏后补足制冷剂。

2) 压缩机气缸泄漏，应更换气缸垫。

3) 压缩机吸气阀泄漏，应更换阀板。

4）排气阀变软或损坏，应更换阀板或簧片。
5）压缩机活塞磨损，应更换压缩机。

可以看出，某一故障的表现，有时可能是多种多样；有时一种表现却是系统里多种故障的表征。

7.1.8 制冷剂泄漏检测

（1）泄漏故障产生的原因　泄漏故障容易发生在汽车空调制冷系统中的原因如下：

1）空调制冷系统的运行环境处在不断运动的汽车上，所以它一直在振动的状况中工作，这样便容易造成部件、管路的松动，致使制冷剂泄漏。

2）空调制冷系统各部件的连接绝大多数是螺纹连接，螺纹在振动中容易松动，致使制冷剂产生泄漏。

3）空调制冷系统中管路与部件的密封是靠管口的喇叭口，而喇叭口多为手工制作，质量不易达到要求，所以使用不久后密封便会受到破坏，致使制冷剂泄漏。

对汽车空调制冷系统进行泄漏检测时，应对整个系统的各零部件（如压缩机、冷凝器、蒸发器、储液干燥器、各手动工作阀、制冷管道）以及拆检或维修过的制冷机件连接处等重点部位（表7-1）进行系统检测，记下查到的泄漏部位并做好标记。经过全面检测后，再进行统一修理，不要检查一处就修理一处，以免造成检漏测试作业（排液、抽真空、充液、检漏）的多次重复。

表7-1　汽车空调制冷系统重点部位检漏

部　件	重点检漏部位	部　件	重点检漏部位
压缩机	1. 压缩机轴封 2. 前、后盖密封垫 3. 工作阀 4. 安全阀 5. 与制冷回路连接的柔性软管连接处	蒸发器	1. 进气管与排气管的连接部位 2. 蒸发器盘管，特别是碰撞、碰穿处 3. 膨胀阀
冷凝器	1. 冷凝器管装配部位 2. 冷凝器进气管与排气管连接处 3. 冷凝器散热片，特别是碰划、碰穿处	储液干燥器	1. 易熔塞 2. 高压或泄漏检查阀 3. 管道连接喇叭口

（2）常用的检漏方法　目前，常用的检漏方法主要有以下几种：

1）检漏仪器检漏。检漏仪器检漏是汽车空调检漏作业中最常用、最主要的检漏手段，即用卤素检漏灯或电子卤素检漏仪对制冷系统各部件或连接管路进行检漏。采用检漏仪检漏的前提是制冷系统管路内必须有一定的制冷剂压力（294kPa以上），因此，在进行检漏作业之前，应适当加入一定量的制冷剂（对乘用车空调来说，在抽真空作业完成后，从高压侧注入200g左右的液态制冷剂即可），或不放出系统内原有的制冷剂以备检漏之用。

2）肥皂泡沫法检漏。当没有检漏设备时，可利用肥皂水对可能产生泄漏的部位进行直接检查，方法是通过歧管压力计给制冷系统内充入压力为784～1172kPa的干燥氮气，然后把肥皂水或其他起泡剂涂在需要检查的部位（如各连接头、焊缝等），若发现有排气声或吹出肥皂泡，则说明该处有泄漏。若没有氮气瓶，也可充入一定压力的制冷剂进行检漏，但这将造成制冷剂的浪费。这种方法简单、实用、安全，尤其适用于检漏灯不易接近的部位，但灵敏度较差,操作完毕后应清除干净。

3)油迹法。制冷剂与冷冻机油能互溶,若因密封不良而使制冷剂泄漏,也会带出少量的冷冻机油,泄漏处便会形成油斑,时间一长又粘上尘土便形成油泥。根据这种现象就能找到泄漏部位,不过只有在泄漏量较大时,这种现象才明显。

4)着色法。将某种颜色的染料加入制冷系统中并使其随制冷剂一起在管路中循环流动,当系统管路或部件发生泄漏时,加入的染料也会随之渗漏出来并粘在泄漏部位使之变色,通过观察制冷系统管路和部件的颜色,就能很容易地发现泄漏部位。

5)真空保压法。在抽真空作业完成之后,不要急于加注制冷剂,而应保持系统真空状态一定的时间(一般数十分钟至数小时)后,观察歧管压力计上的低压表真空度是否发生变化。若真空指示没有变化,则说明系统无泄漏;若真空指示回升,则说明系统有泄漏。这种方法只能判断系统有无泄漏,而无法具体指示泄漏部位,因此,只用于加注制冷剂前的初步检漏。

6)气体压差检漏。这种方法是将系统内外的气压差通过传感器放大,以数字、声音或电子信号的方式表达检漏结果。此方法也是只能定性了解系统是否渗漏,而不能准确地找到漏点。

7)荧光检漏。它是利用荧光剂在紫外线检漏灯照射下会发出明亮的黄绿光的原理,对各类系统中的流体渗漏进行检测的。在使用时,只需将荧光剂按一定比例加入到系统中,系统运作后,戴上专用眼镜,用检漏灯照射系统的外部,就可看见泄漏处呈黄绿色荧光。

任务工单

见任务工单16。

学习小结

1. 歧管压力计也称压力表组,它由两个压力表(低压表和高压表)、两个手动阀(低压手动阀和高压手动阀)、3个软管接头(一个接低压手动阀,一个接高压手动阀,一个接制冷剂罐或真空泵吸入口)和歧管座组成。

2. 大多数汽车空调制冷系统中都有两个检修阀,分别设置在高压侧和低压侧,某些汽车空调上装有3个检修阀。常用的检修阀有气门阀(自动阀)和手动阀两种。

3. 电子卤素检漏仪是根据卤素原子在一定的电场中极易发生电离而产生电流的原理制成的。

自我测试

复 习 题

1. 请叙述歧管压力计的使用方法。
2. 请叙述制冷剂罐注入阀的使用方法。
3. 请叙述空调系统的检漏方法。
4. 请叙述空调系统的定期维护内容。

任务 7.2　空调系统基本检修操作内容

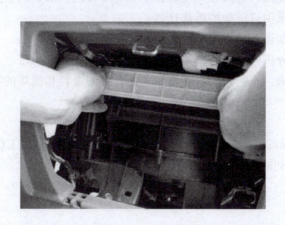

 任务载体

故障现象：一辆夏利汽车，在接通风机开关和空调开关时，发动机的急速转速提高了，但是空调压缩机不工作。起动发动机，接通风机开关和空调开关，发动机的急速转速提高，仪表板上的风口正常吹风，这说明空调开关和风机工作正常。但此时空调压缩机不工作，而且冷凝器风扇也不转动。

故障诊断：检修时，首先将歧管压力计的高、低压软管与制冷系统中对应的检测阀连接好，此时歧管压力计的高、低压表均指示为 0.6MPa，在正常静态压力值范围内。起动发动机，接通风机开关和空调开关，从蓄电池的正极电源线直接接通空调压缩机的电磁线圈后，其压盘吸合，说明空调压缩机的电磁离合器未损坏，此时制冷系统正常工作，冷凝器风扇也转动起来，同时仪表板上的风口也吹冷风。再观察歧管压力计的低压表指示值和高压表指示值，均在正常范围；高压管道上的视液窗内无气泡，证实了制冷系统中制冷剂充足。

空调压缩机的电磁离合器和冷凝器风扇都受该车的空调放大器控制，两者均不能正常工作，其故障根源可能就在空调放大器上。空调放大器为电子式，其正常的工作过程如下：在发动机正常运转时，接通风机开关和空调开关，在制冷剂充足的条件下，空调放大器会首先发出提高急速转速的电信号来驱动急速真空电磁阀，使发动机急速转速提高到 1200r/min；此时空调放大器接收到发动机的相应转速脉冲信号和蒸发器出风侧的相应温度电信号后，再接通空调压缩机电磁离合器和冷凝器风扇控制继电器电路，使得制冷系统进入正常工作状态。

经试验，该车空调放大器工作正常；再检查空调放大器的线束插接器，首先确认点火开关控制的电源线和搭铁线均正常，压力开关也正常，然后逐线检查插接器各端子到各传感器和执行器之间的电路通断情况。发现转速滤波器的导线断损，使空调放大器无法得到发动机的转速信号，因而空调放大器无法接通空调压缩机电磁离合器和冷凝器风扇控制继电器的电路，使得空调系统不能正常工作。将转速滤波器的导线焊好，再将空调放大器复位。起动发动机，接通风机开关和空调开关，随着发动机转速的提高，空调压缩机的电磁离合器吸合，冷凝器风扇也转动起来，驾驶室内仪表板上的风口吹出冷风，空调系统恢复了正常工作。

学习目标

1. 能通过与客户交流、查阅相关维修技术资料等方式获取车辆信息。
2. 能根据故障现象制订正确的维修计划。
3. 能正确选择诊断设备对汽车空调进行检修操作。
4. 能正确记录、分析各种检测结果并做出故障判断。
5. 能根据环保要求，正确处理对环境和人体有害的废料和损坏的零部件。

理论知识

汽车空调系统检修的基本操作一般包括充注制冷剂，制冷系统工作压力的检测，加注冷冻机油，从制冷系统内排出制冷剂、抽真空等。

7.2.1 制冷剂充注程序

对于新安装的汽车空调制冷系统，在因修理或更换制冷系统零部件而放空制冷剂后须在完成安装或维修作业后重新充注制冷剂，一般可按图 7-11 的步骤或程序进行。

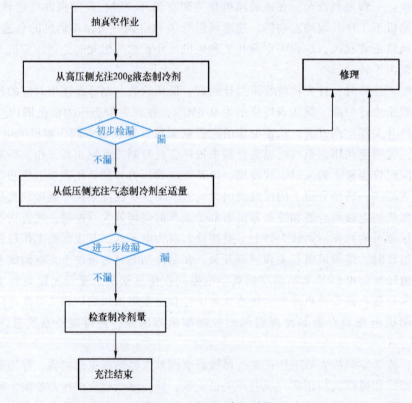

图 7-11 充注制冷剂步骤

可以看出，制冷剂的充注包括抽真空作业、从高压侧充注液态制冷剂、检漏作业、从低压侧充注气态制冷剂和检查制冷剂量 5 项基本作业。

（1）抽真空作业　汽车空调制冷系统修理之后，由于接触了空气，必须用真空泵抽真空，排出制冷系统内的水分和空气，以维护空调制冷系统的正常工作，抽真空并不能直接把水分抽出制冷系统，而是产生真空后降低了制冷剂的沸点，水以蒸汽的形式被抽出制冷系统。

抽真空之前，应进行制冷剂泄漏检查。抽真空也可进一步检查系统在真空情况下的气密性能。

抽真空的步骤如下：

1）将制冷系统、歧管压力计以及真空泵连接好，压缩机高、低压检修阀处于微开位置，歧管压力计上的高、低压手动阀处于闭合状态，拆除真空泵吸、排气口护盖，将歧管压力计上的中间软管和真空泵进口相连接。

2）打开歧管压力计的高、低压手动阀，起动真空泵，观察低压表指针，应有真空显示。

3）操作 5min 后低压表应达到 33.6kPa（绝对压力），高压表指针应略低于零刻度；如果高压表指针不能低于零刻度，表明系统内有堵塞，应停止并清理好堵塞后，再抽真空。

4）真空泵工作 15min 后观察压力表，如果系统无泄漏，低压值应达到 13.28~20.05kPa 的绝对压力。

5）如果达不到此数值，应关闭低压侧手动阀，观察低压表指针，如果指针上升，说明真空有损失，要查泄漏部位，进行检修后才能继续抽真空。这一步也就是真空试漏法。

6）抽真空总的时间应不少于 30min，抽真空后要关闭低压手动阀，然后才可以向系统中充注制冷剂。

（2）从高压侧充注液态制冷剂　液态制冷剂可以从高压侧注入，其充注方法如下：

1）抽真空作业完成后，将中间注入软管从真空泵上卸下，改接到制冷剂注入阀接口上，装好制冷剂罐并用注入阀打开制冷剂罐，然后将与歧管压力计相连接的中间软管接头稍微松开一些，直到听到"嘶嘶"声后再拧紧，以排出中间注入软管内的空气。

2）打开歧管压力计高压侧手动阀，制冷剂便经高压侧注入软管进入系统高压侧，这时观察低压表指针是否随高压表指针一起升高，若低压表指针不回升或回升很慢，说明系统内部有堵塞处，应停止充注并进行检修。

若低压表指针随高压表一起正常回升，则可将制冷剂罐倒立，使制冷剂呈液态进入系统。注入规定量的制冷剂，关闭高压侧手动阀和注入阀后，即可进行检漏或试运行。图 7-12 所示为从高压侧充注液态制冷剂。

从高压侧注入一定量的液态制冷剂（一般为 200g 左右），一般在抽真空后初步检漏之前进行，以使制冷系统有一定量的制冷剂并保持一定的压力，便于用卤素检漏仪进行检漏作业。另外应注意，采用这种方式充注制冷剂时，不允许打开歧管压力计上的低压手动阀，也决不允许运转压缩机，否则，有可能造成制冷剂罐爆裂。

（3）检漏作业　由于汽车空调制冷系统各部件及管路均采用可拆式连接，压缩机也是开式结构，而制冷剂的渗透能力很强，因此，制冷系统的泄漏是不可避免的。据统计，汽车空调不制冷或制冷不足故障中，70%~80% 都是由系统泄漏所造成的。

重点检漏的部位主要有：

1）拆修过的制冷系统部件及各连接部位。

2）压缩机轴封、前后端盖密封垫、检修阀和过热保护器。

3）冷凝器散热片及制冷剂进出连接管口。
4）制冷系统各管路及连接部位。

（4）从低压侧充注气态制冷剂　气态制冷剂一般从制冷系统低压侧检修阀注入，用于初步检漏后充注制冷剂或给系统内补充制冷剂，其加充方法如下：

将歧管压力计连接于制冷系统检修阀上，将中间注入软管与制冷剂注入阀和制冷剂罐连接好。

起动发动机并使之保持在 1500~2000r/min 转速下运转，接通空调 A/C 开关使压缩机工作，此时风机以高速旋转，将温度调节推杆或旋钮调至最大冷却位置。

用注入阀打开制冷剂罐并保持罐体直立，缓慢打开歧管压力计低压手动阀，气态制冷剂便由制冷剂罐经注入软管、低压侧检修阀被压缩机吸入制冷系统低压侧（图 7-13）。同时调节低压侧手动阀开度，使低压表读数不超过 411.6kPa。为加快充注速度，可将制冷剂罐直立放在温度为 40℃ 左右的温水中，以保证制冷剂罐内的液态制冷剂具有一定的蒸发速度。

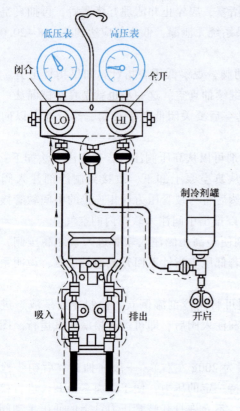

图 7-12　从高压侧充注液态制冷剂

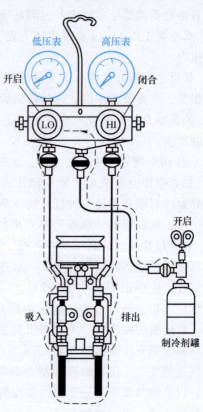

图 7-13　从低压侧充注制冷剂

若使用的是小容量罐，在加注一罐后仍需加注时，可关闭歧管压力计上的低压侧手动阀，从空罐上卸下注入阀，把它装到待用的制冷剂罐上，排出中间注入软管内的空气后，再继续加注到适量为止。

充注完毕后，关闭歧管压力计低压侧手动阀，关闭注入阀，关闭空调 A/C 开关和风机开关，让发动机熄火，卸下歧管压力计即可。

（5）检查制冷剂量 起动发动机，将发动机转速稳定在 1500~2000r/min，把空调功能键置于最大制冷状态，蒸发器风机和冷凝器风扇置于最高转速，开动空调系统 5min 后通过视液窗进行观察。从视液窗观察制冷剂量的现象、结论和处理方法见表 7-2。

表 7-2 从视液窗观察制冷剂量的现象、结论和处理方法

现 象	结 论	处理方法
视液窗下一片清晰，送风口有冷气吹出。在发动机转速提高或降低时，可能有少量气泡出现，关闭空调后随即起泡，然后渐渐消失（约 45s 内消失）	制冷剂量合适	
视液窗下有少量气泡出现，或者每隔 1~2s 就可看到气泡	制冷剂量不足	检漏，并补充制冷剂至适量
视液窗下一片清晰，并有冷气输出。关闭空调后 15s 内不起泡	制冷剂量过多	回收多余制冷剂
视液窗下有许多气泡或气泡消失，视液窗内呈油雾状或出现油条纹	制冷剂量严重不足，冷冻机油过多	检漏，修理泄漏部位，重新充注制冷剂至适量
视液窗下出现云堆状景象	干燥剂已分散，并随制冷剂流动	更换干燥剂

拓展阅读

7.2.2 制冷系统工作压力的检测

要了解汽车空调制冷系统工作循环进行的情况，必须测量制冷系统工作时高压侧和低压侧的压力。制冷系统工作压力的检测方法如下：

1）将歧管压力计正确连接到制冷系统相应的检修阀上，如果是连接到手动检修阀上，应使阀处于中位。

2）关闭歧管压力计上的两个手动阀。

3）用手拧松歧管压力计上高、低压注入软管的连接螺母，让系统内的制冷剂将高、低压注入软管内的空气排出，然后再将连接螺母拧紧。

4）起动发动机并使发动机转速保持在 1000~1500r/min，然后打开空调 A/C 开关和风机开关，设置到空调最大制冷状态，使风机高速运转，将温度调节在最低。

5）关闭车门、车窗和发动机舱盖，使发动机预热。

6）把温度计插进中间出风口并观察空气温度，在外界温度为 27℃ 时，运行 5min 后出风温度应接近于 7℃。

7）观察高、低压侧压力，压缩机的吸气压力应为 207~24000Pa，排气压力应为 1103~1633kPa。应当注意，外界高温高湿将造成高温高压的条件。如果离合器工作，则在离合器分离之前记录下压力数值。

8）如果制冷系统工作压力异常，则其原因与检修方法见表 7-3。

表7-3 制冷系统工作压力异常的原因与检修方法

现象	原因	检修方法
低压侧压力低 高压侧压力高	1. 膨胀阀损坏 2. 制冷剂软管堵塞 3. 储液干燥器堵塞 4. 冷凝器堵塞	1. 更换膨胀阀 2. 检查软管有无死弯，必要时更换 3. 更换储液干燥器 4. 更换冷凝器
高、低压侧压力正常 （冷量不足）	1. 系统中有空气 2. 系统中冷冻机油过量	1. 抽空、检漏并充注系统 2. 排放并抽冷冻机油，恢复正常油位，抽空检漏并充注系统
低压侧压力低 高压侧压力低	1. 系统制冷剂不足 2. 膨胀阀堵塞	1. 抽空、检漏并充注系统 2. 更换膨胀阀
低压侧压力高 高压侧压力低	1. 压缩机内部磨损渗漏 2. 气缸盖密封垫泄漏 3. 压缩机传动带打滑	1. 拆下压缩机气缸盖，检查压缩机，必要时更换阀板总成。如果压缩机堵塞或气缸体磨损、损伤，更换压缩机 2. 更换气缸盖密封垫 3. 调整传动带张力
低压侧压力高 高压侧压力高	1. 冷凝器翅片堵塞 2. 系统中有空气 3. 风扇传动带松动或磨损 4. 制冷剂充注过量	1. 清扫冷凝器翅片 2. 抽空、检漏并充注系统 3. 调整或更换传动带 4. 释放一些制冷剂

7.2.3 冷冻机油的加注

汽车空调制冷系统在一般情况下，冷冻机油的消耗量很少，可以每两年更换一次，每次加入规定的数量。添加时一定要保证是同一牌号的冷冻机油，因为不同牌号的冷冻机油混合会生成沉淀物。如果制冷系统制冷剂泄漏速度很慢，则对冷冻机油泄漏影响不大；如果制冷剂泄漏速度很快，则冷冻机油也会随之很快泄漏。

如果压缩机内冷冻机油存油过少，则压缩机会过热，甚至发生卡缸现象；系统内冷冻机油过多，会导致膨胀阀、蒸发器发生故障，因此，压缩机内必须保持正常的存油量。

1. 压缩机冷冻机油量的检查

压缩机冷冻机油油量的检查方法：

(1) 观察视液窗　通过压缩机上安装的视液窗，可观察压缩机冷冻机油油量。如果压缩机冷冻机油油面达到视液窗高度的80%位置，一般认为是合适的。如果油面在此界限之上，应引出多余的冷冻机油；如果油面在此界限之下，则应添加冷冻机油。

(2) 观察油尺　未装视液窗的压缩机，可用油尺检查其油量。有的压缩机只有一个油塞，油塞下面有的装有油尺，有的没有油尺，有油尺的可通过油尺检查，没有油尺的须另外用专用油尺插入检查，观察油面的位置是否在规定位置的上、下限之间。

2. 添加冷冻机油

添加冷冻机油可用以下两种方法：

(1) 直接加入法　将冷冻机油按标准称好或用洁净的量杯量好，直接倒入压缩机内，这种方法只在更换蒸发器、冷凝器和储液干燥器时采用。需注意的是：在将冷冻机油直接倒入压缩机时，最好倒入高压管中；若从低压管中倒入，则必须手动将压缩机转动几圈，以免发生液击现象。

(2) 真空吸入法 真空吸入法是先将系统抽真空到98kPa,用带有刻度的量杯准备比需要补充量多一些的冷冻机油,然后开始加冷冻机油,之后再抽真空。表7-4为更换部件时的冷冻机油补充量。

表 7-4 更换部件时的冷冻机油补充量

更换的零部件		冷冻机油补充量/mL
冷凝器	无渗漏油迹	10～30
	有大量渗漏油迹	40～60
蒸发器		40～50
储液干燥器		10～20
制冷管路	无渗漏油迹	不加油
	有大量渗漏油迹	10～20
系统漏气	无渗漏油迹	不加油
	有大量渗漏油迹	10～20

真空吸入法操作程序如下:先对系统抽真空,之后关闭真空泵和高、低压手动阀;将所要加注的冷冻机油放入量杯中;按图7-14所示连接整个系统,即将低压软管从歧管压力计

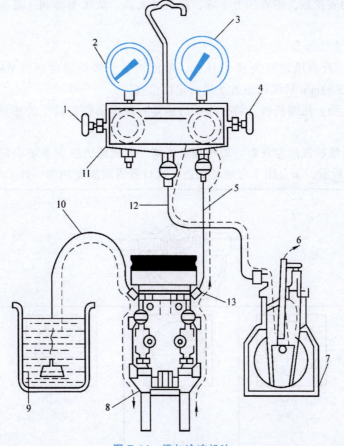

图 7-14 添加冷冻机油
1—手动低压阀手柄 2—低压表 3—高压表 4—手动高压阀手柄 5—高压侧软管 6—排气口 7—真空泵
8—压缩机 9—油杯 10—低压侧软管 11—歧管压力计 12—中间软管 13—检修阀

一端卸下并插入冷冻机油中,高压软管仍接高压检修阀,中间软管仍接真空泵;开启真空泵,打开高压手动阀,冷冻机油便被徐徐吸入压缩机中。此时,冷冻机油在高压侧,系统运转后,冷冻机油就返回压缩机。加注完毕后,关闭真空泵及高压手动阀。

7.2.4 其他检修操作

1. 从制冷系统内排出制冷剂

排放制冷剂有两种方法,一是将制冷剂放到大气中,但这会污染环境;二是回收制冷剂,但要有回收装置。排放时,周围环境一定要通风良好,不能接近明火,否则会产生有毒的气体。制冷剂排放的具体操作步骤如下:

1)关闭歧管压力计上的高、低压手动阀,并将其高、低压软管分别接在压缩机高、低压检修阀上,将中间软管的自由端放在干净的软布上。

2)慢慢打开高压手动阀,让制冷剂从中间软管布上排出,阀门不能开得太大,否则压缩机内的冷冻机油会随制冷剂流出。

3)当压力表读数降到 0.35MPa 以下时,再慢慢打开低压手动阀,使制冷剂从高低压两侧同时排出。

4)观察压力表读数,随着压力下降,逐渐开大高、低压手动阀,直至低压表的读数指到零为止。

2. 空调系统定性检查

起动发动机,开启风量开关置于 H 档,温度调节至最低温度档(MAX COOL),按下 A/C 开关,运转 2~3min 后按以下方法进行定性检查:

1)用手感检测:压缩机吸入管有冰手的感觉,而排出管有烫手的感觉,两管之间有明显的温差。

2)在储液干燥器视液窗观察:通过观察可知,无故障的空调系统中储液干燥器内是透明的,如图 7-15 所示,而且用手可感觉到进、出口管道的温度均匀一致。

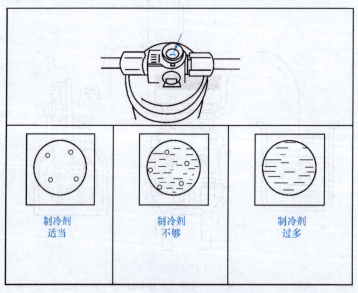

图 7-15 储液干燥器视液窗观察

3）用手感比较冷凝器流入管和流出管温度，流入管的温度较流出管的温度高。

4）用手来感觉膨胀阀前后应有明显的温差，即前热后冷。

5）用手来感觉冷凝器流出管至膨胀阀输入端之间的高压区的管道及部件温度应均匀一致。

6）用手来感觉膨胀阀流出口到压缩机吸入口的管道应有冰手而不结霜的感觉，即使结霜也随即融化。用目测只能看到化霜后的小水珠。

7）冷气出口有冰凉的感觉。

如果检查结果符合以上条件，那么汽车空调系统工作是正常的。

3. 空调系统定量检测

在环境温度为 20~35℃ 条件下，起动发动机，按下 A/C 开关，风量开关置于最高档（H），温度开关置于最低温度（MAX COOL）位置，打开车门，使发动机在 2000r/min 左右运转 15~20min 后，用高、低压力表组检测，其高、低压力值应符合规定的范围。压力表的指示压力随环境温度变化，例如，在环境温度为 30℃ 时，压力表的指示压力如下：

高压侧压力值：1.176~1.47MPa。

低压侧压力值：0.196~0.294MPa。

中央出风口的温度也应在规定的范围内。例如，蒸发器入风口温度应为 24℃，中央出风口吹风温度应为 4℃。

若制冷效果不佳，可透过储液干燥器的视液窗检查制冷剂的量，并拧紧各管接头处。

必须指出，由于受每一种车所用的压缩机不同、冷凝器的布置位置不同等因素的影响，高、低压力值可能相差较大，并且由于系统中蒸发器、冷凝器的匹配参数不同，每种车出风口温度也相差较大。

7.2.5 空调系统常见故障诊断

1. 确定空调制冷系统中是否混入空气及排出空气的方法

空气进入空调制冷系统后，一般都留存在冷凝器或储液干燥器中，因为在这两个部件内部有液态制冷剂存在，会形成液封，所以空气不会进入蒸发器。另外当低压系统不严密漏入空气时，空气也会随制冷剂蒸气一起被压缩机吸入而排至冷凝器或储液干燥器中。由于空气不会凝结，又比制冷剂蒸气轻，所以空气都存在于冷凝器或储液干燥器内部。制冷系统中混有空气后的异常表现如下：

1）压缩机排气压力表指针出现摆动。但应注意压力表指针摆动有时也出现在排气量不均匀时。所以，应该把两种情况区分开来，后者指针摆动较快，摆幅也小；而制冷系统有空气存在时，指针摆幅略大，摆动较慢。

2）空气混入制冷系统后，排气压力和排气温度均大于正常值，吸气压力亦高于正常值。

3）空气混入制冷系统后，因制冷量下降，会使送出的冷风温度降不下来。

空气进入制冷系统后，分离比较困难，所以对一些小型制冷系统（如乘用车空调），因制冷剂充注量较少，大部分是采用全部放掉制冷剂后，重新抽真空，重新充装制冷剂的方法。对于大型空调制冷系统，因其充注的制冷剂较多，因而采取排放空气的办法。因为空气的密度小于制冷剂，所以，空气总是处于冷凝器或储液干燥器上部。但冷凝器或储液干燥器上方又不全是空气，而是制冷剂蒸气、冷冻机油蒸气、空气三者组合而成的混合气，排出空气应按如下方式进行（否则制冷剂亦会被排出制冷系统）：

1) 首先关闭冷凝器或储液干燥器的出液阀，并使压缩机运转，以将制冷系统中的制冷剂混合气都积聚在冷凝器中，当低压值达到 0.005～0.006MPa 时，即可停止压缩机运行，但应继续对冷凝器吹风。

2) 停机 1h 左右，使冷凝器中制冷剂蒸气冷凝，这样使系统内的空气与制冷剂逐渐分离。

3) 慢慢松开压缩机高压阀的多用孔口，使制冷系统中的气体排出。用手接触排放的气体，若感到排出的气体比较热，则说明排出的为空气；若排出的气体使手感到凉，则应立即拧紧多用孔口螺栓，并封闭多用孔口。

4) 最后开机运行，观察排气压力表指针是否仍然摆动，冷凝压力、排气压力是否已达正常值，若不符合要求则继续重复上述过程排放空气。

上述方法在操作过程中，要求每次放出少量气体，反复多次进行，以避免将制冷剂排出。

2. 判断汽车空调制冷系统脏堵部位及排除的方法

汽车空调制冷系统的脏堵故障经常发生在制冷系统内通道截面较小的位置。当脏物随制冷剂流经小截面处时，通路不畅便会形成堵塞。这种堵塞故障有别于冰堵故障，冰堵通常发生在制冷系统特定的位置，所以容易判断。制冷系统产生脏堵故障后，首先表现为制冷能力下降，甚至不制冷，同时高压端及低压端的压力均低于正常值，另外带有低压保护装置的制冷系统还会使压缩机自动停止。制冷系统中还会出现局部地方温度下降，偶尔还会出现结霜或结露现象。

易于脏堵的部件绝大部分处于制冷系统的高压侧，如位于储液干燥器与膨胀阀之间的电磁阀、在高压侧的毛细管入口，这些部件在正常工作时，其温度都应比环境温度高，用手触摸时有温热的感觉。而当脏堵发生在某一处时，该处就会形成局部的节流现象，温度会迅速下降，用手触摸有冷感，由此即可判断该处发生堵塞。

膨胀阀的脏堵应按如下方式判断：膨胀阀在正常运行时，应有轻微的连续的均匀气流声。其阀体以节流孔处为界限，在出口附近成 45°的斜线上有结霜，而其进口端的小滤网处则不应结霜。但其若在进口小滤网部位发生结霜现象，又听到气流声断断续续，则应当用小扳手轻敲膨胀阀阀体，此时如果气流声发生变化，与此同时膨胀阀以节流孔为界限处所结的白霜层亦逐渐融化，则可判断膨胀阀进口滤网堵塞。

故障部位确定后即可按如下方式予以排除：

1) 放出制冷系统中的制冷剂，而对带储液干燥器的较大型制冷系统，则可将制冷剂抽到储液干燥器中。

2) 拆下制冷系统中脏堵的部件进行清洗或更换。

3) 脏堵严重时，应将制冷系统全部拆卸，并进行分段清洗，清洗液可用工业汽油或四氯化碳。对于冷凝器或蒸发器，可按图 7-16 所示方法清洗，洗后用氯气将残留的清洗剂吹干，有条件时最好烘干。清洗完部件后，经组装即可重新对制冷系统充注制冷剂然后试车。

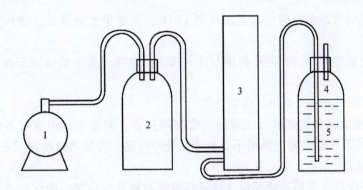

图7-16 清洗冷凝器或蒸发器示意图
1—真空泵 2、4—广口瓶 3—蒸发器或冷凝器 5—清洗液

3. 判定汽车空调制冷系统发生了冰堵及排除的方法

冰堵一般是指空调制冷系统工作时，在膨胀阀处发生水分结冰而形成的堵塞现象。冰堵只能发生在制冷系统中的特定位置，即膨胀阀节流孔处。因为制冷剂与水一般是互不相溶的，当液态制冷剂流经膨胀阀的节流小孔时，温度突然下降，混合在液态制冷剂中的水分就容易在节流小孔处结成很多小冰粒（呈球状或半球状）。当冰粒凝结到一定程度时，便阻塞了节流通道，形成了冰堵故障。

当液态制冷剂中水分较少时，会产生轻微冰堵故障。而在水分较多时，会将膨胀阀节流孔全部堵死，造成空调制冷系统低压压力极低（有时会达到 0.006~0.007MPa 的真空度），出现制冷系统制冷量严重下降，甚至不制冷现象。对于装有低压保护装置且压缩机由电磁离合器控制运转的小客车空调制冷系统，在压力开关的作用下，会出现间歇性切断或接合离合器的现象。出现这种现象是因为冰堵是在制冷系统工作正常运行时发生的，此时膨胀阀节流，液态制冷剂吸热蒸发，使水分结冰。而当结冰产生冰堵后，制冷系统不能正常工作，制冷效果明显下降，甚至不制冷，于是在冰堵处温度回升，冰堵的冰粒又会融化成水，使冰堵现象消失，制冷系统又恢复正常工作。在工作正常后制冷剂中的水分又结冰，产生冰堵，制冷系统又不能工作，这样压缩机电磁离合器在压力开关的作用下，便会产生间歇性的离、合动作，使制冷系统无法正常工作。

膨胀阀的冰堵与脏堵在现象上很相似，对它们的区分可用以下方法：用小棉球蘸上酒精，点燃后烤膨胀阀阀体，若烤后堵塞现象消失即为冰堵，若烤后堵塞现象仍存在即为脏堵。

制冷系统产生冰堵不仅会破坏空调制冷系统的正常工作，而且制冷剂与水分作用后还会产生盐酸和氢氟酸，对制冷系统的部件起腐蚀作用，将会使部件损坏。因此，制冷系统中有水分是极为有害的。制冷系统进入水分均是操作不当造成的，例如拆卸部件后不封口、抽真空不彻底、所加的制冷剂和冷冻机油中混有水分等都是造成水分进入制冷系统的原因。

排出空调制冷系统中水分的方法如下：
1) 放出制冷剂。
2) 更换储液干燥器，可拆卸的储液干燥器则只需更换干燥剂。
3) 烘干或用热风直接吹干制冷剂系统内部。

4）加冷冻润滑油前，应在火上加热到130℃，使油中水分蒸发，进行沉淀后加入压缩机油底壳。

5）加新的制冷剂时，在制冷剂罐与注入阀之间串接一支大的储液干燥器，以滤除制冷剂中的水分。

4. 依据空调系统温度检测故障的方法

（1）空调系统高压管路和低压管路的温度都正常，但是车厢内感觉不凉　既然高压管路和低压管路的温度都正常，说明不是制冷系统的问题，可能是温度调节系统不正常，为此需要检查以下部位。

1）由于现代汽车空调系统都包含冷风和暖风两种基本功能，因此应当检查暖气水阀是否在关闭位置。可以用手触摸该水阀的前后，正常情况应当是靠近发动机一侧温度高，靠近车身一侧温度低。如果不是这样，应当把暖气水阀调至关闭位置；如果无效，说明它不能截止冷却液的进入，应当更换暖气水阀。

2）车厢内不凉的原因之一是混入了暖气，即在需要冷气的情况下，因为冷暖调节板故障而混入了过多的暖气。该情况的判断方法是：触摸发动机舱内的低压管路（通常管径比较粗，而且表面覆盖有隔热材料），若感觉很冷，但是车厢内的冷气却不足，说明混入了暖气。为此需要检查暖气开关的控制拉线是否脱落。调节仪表板上的温度旋钮，如果温度不发生变化，说明暖气开关的控制拉线已经松脱，应当重新安装和调整。

3）感知蒸发器出风口的风量。如果出风量很小，且将风机转速开关开到最高档也没有强风送出，其可能的原因有：蒸发器滤清器脏堵或蒸发器内部堵塞，需要拆卸蒸发器进行清理；风机损坏；风机的调速器发生故障等。

（2）空调系统高压管路很热，低压管路不凉，压缩机频繁通断，在发动机高速运转时压缩机根本不吸合

1）检查制冷剂是否过多。可以向冷凝器上浇少量水，或者试用大风扇对着冷凝器吹风，若温度仍然烫手，则可能是制冷剂过多，再查看视液窗，若能够看到液体流动，但是看不到任何气泡，则说明制冷剂加注过多，需要按规定做一次制冷剂"抽真空加注"。

2）检查冷凝器的冷却性能是否良好，冷凝器风扇的风力是否过小，冷凝器表面、冷却液散热器表面以及两者之间是否被污物堵塞，若堵塞，应当加以清除。

3）检查压缩机下方是否有油渍，若有油渍，说明压缩机的限压阀已经损坏，需要更换压缩机。

（3）空调系统低压管路有霜冻现象的可能原因

1）膨胀阀感温包内的液体泄漏，需要更换一个膨胀阀。

2）制冷剂充注太多，需要放掉一部分制冷剂。

3）蒸发器表面温度传感器或恒温箱出了故障。

4）蒸发器控制器损坏，调整的压力过低，应当更换损坏的传感器或控制器。

（4）汽车空调不制冷，出风口出热风，膨胀阀的进出口处几乎没有温差，低压压力很低的处理方法　一般该故障是由于膨胀阀上的感温包被磨破，引起制冷系统的制冷剂全部泄漏，致使膨胀阀的阀孔关闭，无法实现制冷循环。此时，可重新更换感温包，然后进行检漏、抽真空、充注制冷剂，完成后故障即可排除。

（5）汽车空调运行时降温极慢的处理方法　若测试中发现高压压力与低压压力均正常，

且储液干燥器视液窗显示制冷剂量正常，则应再检查带动压缩机的 V 带。这种情况一般是由 V 带老化松弛导致的。V 带故障会影响压缩机的正常转速，降低在单位时间内压缩机的制冷量，从而会使车内降温极慢。排除故障时只需将 V 带张紧到适当的紧度，使压缩机达到正常转速，故障即可排除；若是 V 带老化，则须更换 V 带。

（6）汽车空调运行开始时，制冷正常，但过一段时间制冷性能下降直至不制冷，停止运行一段时间后再起动又恢复正常，过一段时间又重复上述现象的检测和排除方法　出现上述情况是典型冰堵现象。此时，查看高低压力表，即可发现高压压力较高，低压压力可以低于 0.04MPa。这是因为膨胀阀节流孔处结冰，堵住了制冷剂的流通。此时，压缩机仍在不断运转，高压管路中的制冷剂密度逐渐增大，高压表上的读数升高；而低压部分，由于压缩机不断吸气，使蒸发器中气态制冷剂的密度逐渐减小，所以表现出低压表上的读数偏低。排除上述故障应更换储液干燥器，然后检漏、抽真空、充注制冷剂。

 任务工单

见任务工单 17。

 学习小结

1. 汽车空调制冷系统检修的基本操作一般包括充注制冷剂，制冷系统工作压力的检测，加注冷冻机油，从制冷系统内放出制冷剂、抽真空等。

2. 制冷剂的充注包括抽真空作业、从高压侧充注液态制冷剂、检漏作业、从低压侧充注气态制冷剂和检查制冷剂量 5 项基本作业。

3. 汽车空调制冷系统修理之后，由于接触了空气，必须用真空泵抽真空，排出制冷系统内的水分和空气，以维护空调制冷系统的正常工作。

4. 空调系统重点检漏的部位主要有：①拆修过的制冷系统部件及各连接部位；②压缩机轴封、前后端盖密封垫、检修阀和过热保护器；③冷凝器散热片及制冷剂进出连接管口；④制冷系统各管路及连接部位。

5. 从高压侧注入一定量的液态制冷剂，不允许打开歧管压力计上的低压手动阀，也决不允许运转压缩机，否则，有可能造成制冷剂罐爆裂。

6. 由于修理或其他原因需将系统内的制冷剂排放掉时，有两种方法，一是将制冷剂放到大气中，但这会污染环境；二是回收制冷剂，但要有回收装置。

7. 起动发动机，开启风量开关置于 H 档，温度调节至最低温度档（MAX COOL），按下 A/C 开关，运转 2~3min 后，可以对空调系统进行定性检查。

8. 在环境气温为 20~35℃条件下，起动发动机，按下 A/C 开关，风量开关置于最高档（H），温度开关置于最低温度（MAX COOL）位置，打开车门，使发动机在 2000r/min 左右运转 15~20min 后，可以对空调系统进行定量检查。

 自我测试

复 习 题

1. 请叙述制冷剂的充注步骤。

2. 如何检测空调系统的压力？
3. 如何充注冷冻机油？
4. 请叙述冷冻机油量的检查方法。
5. 如何对空调系统抽真空？
6. 如何对空调系统进行定性检查？
7. 如何对空调系统进行定量检查？

参 考 文 献

［1］ 孙西峰，韩杨. 汽车空调替代制冷剂的比较［J］. 制冷与空调，2015（5）：60-63.
［2］ 刘汉森. 北汽 EV160 电动汽车空调压缩机电控原理及故障分析［J］. 汽车维修与保养，2017（8）：72-74.
［3］ 王树礼. 电动汽车空调与暖风系统结构原理与维修［J］. 汽车维修技师，2017（5）：35-40.
［4］ 韩光杰. 电动汽车热泵空调系统［J］. 汽车实用技术，2016（6）：109-111.
［5］ 陈锋，骆强，葛存其. 日本电装 R134a 电动汽车空调系统探析［J］. 科技促进发展，2012（s1）：81-83.
［6］ 谭婷，吴书龙. 新能源车辆暖风和空调系统浅析：上［J］. 汽车维修与保养，2018（7）：66-67.
［7］ 谭婷，吴书龙. 新能源车辆暖风和空调系统浅析：下［J］. 汽车维修与保养，2018（8）：80-81.